职业教育商用车维修专业 "1+X" 活页式创新教材

商用车
底盘构造与维修

主　编　杨长征　马　伟
副主编　叶新娜　刘庆华
参　编　李冬会　姚　青　袁洪川

机械工业出版社
CHINA MACHINE PRESS

本书以目前市场上常见的商用车车型为主要依据，系统介绍了商用车底盘总体及各部件的构造、拆装、检修及常见典型故障的诊断与排除方法。全书包含 8 个项目、24 个工作任务，每个工作任务又包含情境描述、学习目标、任务分组、获取信息、工作实施、评价反馈和相关知识。8 个项目分别为认识商用车底盘、离合器的构造与检修、变速器的构造与检修、万向传动装置的构造与检修、驱动桥的构造与检修、行驶系统的构造与检修、转向系统的构造与检修，以及制动系统的构造与检修。

本书采用活页式编写方式，配套丰富的动画、视频、微课等数字资源，扫描书中二维码即可观看学习。

本书可作为高等职业院校、高等专科学校商用车检测维修及相关专业的专业课教材，也可作为行业有关人员培训学习用书，还可供相关技术管理人员学习参考。

图书在版编目（CIP）数据

商用车底盘构造与维修 / 杨长征，马伟主编.
北京 ：机械工业出版社，2025.7. -- (职业教育商用车维修专业"1+X"活页式创新教材). -- ISBN 978-7-111-78772-3

Ⅰ. U463.1；U472.41
中国国家版本馆CIP数据核字第2025KW8205号

机械工业出版社（北京市百万庄大街22号　邮政编码100037）
策划编辑：母云红　　　　　　　　责任编辑：母云红
责任校对：高凯月　王小童　景　飞　封面设计：张　静
责任印制：单爱军
中煤（北京）印务有限公司印刷
2025年9月第1版第1次印刷
184mm×260mm・12印张・289千字
标准书号：ISBN 978-7-111-78772-3
定价：59.90 元

电话服务　　　　　　　　　　网络服务
客服电话：010-88361066　　　机　工　官　网：www.cmpbook.com
　　　　　010-88379833　　　机　工　官　博：weibo.com/cmp1952
　　　　　010-68326294　　　金　书　网：www.golden-book.com
封底无防伪标均为盗版　　　　　机工教育服务网：www.cmpedu.com

前　言

《商用车底盘构造与维修》根据商用车维修行业对高职高专层次维修技术人才的要求，引入商用车前沿技术和维修思路，并根据我国商用车维修的技术标准和规范，结合北汽福田、东风、一汽解放、中国重汽和陕汽等知名品牌的商用车实际维修案例，运用简练的文字、实用的维修技巧介绍了商用车底盘各部件的构造和维修方法，着重对学生进行基本知识的传授和基本维修技能的培养。

本书采用新型活页式教材编写形式，开启了"教与学"的新模式；书中插入了链接商用车各部件结构及工作原理视频等学习资源的二维码，可以利用手机等终端设备扫码查看重要知识点，随时随地学不停，极大提高了学生的学习兴趣和学习效率。全书数字资源总码见下。

本书力求与我国高等职业教育要求相适应，采用任务驱动、项目教学、理实一体化的方法组织编写，遵循学生的认知习惯，注重学生的技能培养。本书以目前市场上常见的商用车车型为主要依据，系统地介绍了商用车底盘的总体及各部件的构造、拆装、检修及常见典型故障的诊断与排除方法。全书共包含8个项目、24个工作任务，8个项目分别为认识商用车底盘、离合器的构造与检修、变速器的构造与检修、万向传动装置的构造与检修、驱动桥的构造与检修、行驶系统的构造与检修、转向系统的构造与检修、制动系统的构造与检修。

本书由河南交通职业技术学院杨长征和湖北工业职业技术学院马伟担任主编，其中杨长征编写项目1和项目7，马伟编写项目3；河南交通职业技术学院叶新娜和宁波技师学院刘庆华担任副主编，其中叶新娜和刘庆华共同编写项目2，叶新娜编写项目6；河南交通职业技术学院李冬会编写项目4和项目5；深圳市爱夫卡科技股份有限公司姚青、安阳猎鹰消防科技有限公司袁洪川共同编写项目8。本书在编写过程中，还得到了诸多高职院校的老师和商用车维修企业多位有丰富维修经验的技术人员的大力支持和帮助，在此表示衷心感谢，同时也对书中参考的相关书籍和论文的作者表示感谢。

本书可作为高等职业院校、高等专科学校商用车检修及相关专业的专业课教材，也可作为行业有关人员培训学习用书，还可供相关技术管理人员学习参考。

由于商用车技术发展迅速，编者收集资料的深度和广度有限，加之编者的经验、水平有限，书中难免存在疏漏和缺点，恳请广大读者不吝指正。

编者

数字资源总码

二维码索引

页码	二维码名称	二维码图形	页码	二维码名称	二维码图形	页码	二维码名称	二维码图形
9	离合器的构成及工作原理		79	普通锥齿轮差速器结构及工作原理		128	机械转向系统的组成	
29	锁环式同步器结构及工作原理		83	主减速器齿侧间隙的测量		128	动力转向系统概述	
29	锁销式同步器结构及工作原理		88	轮边减速器的结构及工作原理		136	液压常流滑阀式转向系统的工作过程	
52	十字轴不等速万向节		94	车轮与轮胎的结构类型及作用		139	液压常流转阀式转向系统的工作过程	
53	万向节分类及结构		101	轮胎的负荷能力		153	制动系统的分类、组成及工作原理	
55	等速万向节的结构及工作原理		108	悬架的组成结构及类型		157	鼓式制动器结构及工作原理	
63	驱动桥的组成、作用及结构类型		119	车轮定位参数		160	钳盘式制动器的结构及工作原理	
75	主减速器结构及工作原理		125	转向盘自由行程的测量		163	气压制动系统的组成及工作原理	

活页式教材使用注意事项

 根据需要，从教材中选择需要夹入活页夹的页面。

 小心地沿页面根部的虚线将页面撕下。为了保证沿虚线撕开，可以先沿虚线折叠一下。注意：一次不要同时撕太多页。

选购孔距为80mm的双孔活页文件夹，文件夹要求选择竖版，不小于B5幅面即可。将撕下的活页式教材装订到活页夹中。

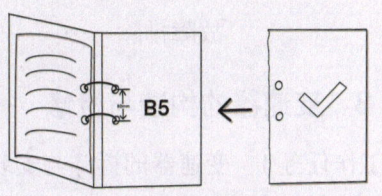

 也可将课堂笔记和随堂测验等学习资料，经过标准的孔距为80mm的双孔打孔器打孔后，和教材装订在同一个文件夹中，以方便学习。

温馨提示：在第一次取出教材正文页面之前，可以先尝试撕下本页，作为练习

目 录

前言

二维码索引

项目1 认识商用车底盘 ………… 1
  工作任务　商用车底盘基础知识 … 1

项目2 离合器的构造与检修 …… 8
  工作任务1　离合器的拆卸与安装 … 8
  工作任务2　离合器打滑故障
           排除 …………… 14
  工作任务3　离合器分离不彻底
           故障排除 ………… 19

项目3 变速器的构造与检修 …… 24
  工作任务1　变速器的拆卸与安装 … 24
  工作任务2　变速器齿轮油更换及
           保养 …………… 31
  工作任务3　变速器跳档故障
           排除 …………… 35
  工作任务4　变速器换档机构的
           检修 …………… 40

项目4 万向传动装置的构造与
      检修 ……………………… 48
  工作任务1　万向传动装置的拆卸与
           安装 …………… 48
  工作任务2　万向传动装置检修 … 56

项目5 驱动桥的构造与检修 …… 61
  工作任务1　驱动桥的拆装 …… 61

  工作任务2　驱动桥齿轮油更换及
           保养 …………… 65
  工作任务3　主减速器的调整 …… 73
  工作任务4　驱动桥漏油故障
           排除 …………… 84

项目6 行驶系统的构造与检修 … 90
  工作任务1　车轮总成的拆装及
           动平衡的检测 …… 90
  工作任务2　悬架及轮胎维护 … 102
  工作任务3　前轮定位的
           检查与调整 …… 116

项目7 转向系统的构造与检修 … 125
  工作任务1　转向盘自由行程的
           检测与调整 …… 125
  工作任务2　循环球式液压助力转向
           器的拆装 ……… 130
  工作任务3　转向助力油的
           更换与排气 …… 144

项目8 制动系统的构造与检修 … 152
  工作任务1　制动器拆装 ……… 152
  工作任务2　低气压报警
           故障排除 ……… 161
  工作任务3　制动跑偏故障
           排除 …………… 171
  工作任务4　液力缓速器的
           保养 …………… 175

参考文献 …………………………… 186

项目 1
认识商用车底盘

工作任务　商用车底盘基础知识

【情境描述】

商用车底盘是支承、安装商用车发动机及其各部件、总成，形成商用车的整体造型，并接受发动机的动力，使商用车产生运动并按驾驶员的操控而正常行驶的部件的总称。普通载货商用车的基本结构如图 1-1-1 所示。

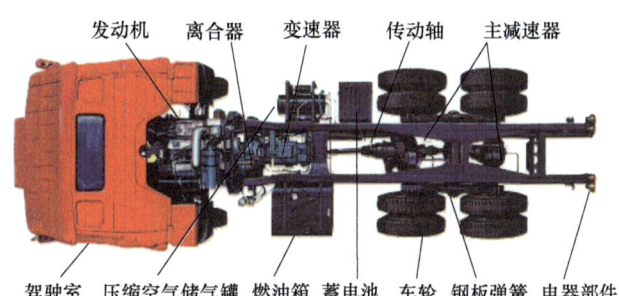

图 1-1-1　普通载货商用车的基本结构

【学习目标】

1. 学生应以小组工作的方式完成本项工作任务。
2. 学生应能在小组成员的配合下，利用车辆维修手册（或实训指导书），制订工作计划，实施工作计划。
3. 会描述商用车底盘各组成部分的作用。
4. 树立 S（安全）+5S 理念 + 质量意识。

【任务分组】

班级		组号		指导教师	
组长		组员			
任务分工					

【获取信息】

引导问题 1：商用车底盘由哪几个系统组成？分别有什么功用？
_____
_____

引导问题 2：商用车底盘的布置形式有哪些？各有什么特点？
_____
_____

引导问题 3：驱动力是怎么产生的？
_____
_____

引导问题 4：商用车行驶时受到的阻力有哪些？
_____
_____

引导问题 5：商用车行驶的基本条件是什么？
_____
_____

引导问题 6：商用车底盘结构中 6×6、6×4、6×2 分别代表什么含义？图 1-1-2 所示底盘结构为 8×4，如何理解？

图 1-1-2　8×4 底盘结构

_____
_____

【工作实施】

第一步：查找维修手册。
第二步：制定操作方案。
_____
_____

第三步：实施操作。
1）准备好实训车辆，要求底盘各部件齐全。
2）在车上找出传动系统各部件并能说出其功用。
3）在车上找出行驶系统各部件并能说出其功用。

4）在车上找出转向系统各部件并能说出其功用。
5）在车上找出制动系统各部件并能说出其功用。

第四步：学生分组及工作实施和总结。

1）每 5~8 名学生组成 1 个工作小组，确定 1 名小组长，接受工作任务，做好工作准备。
2）准备好实训用的离合器台架。
3）研读工单，查阅维修手册（或实训指导书）。
4）介绍商用车底盘四大系统的组成及功用。
5）回答指导教师的现场提问，接受指导教师的技能考核。
6）完成工作任务后，对工作过程进行自我评价和小组互评，听取指导教师的点评。
7）清洁工作场所，清点保养工具设备，完成任务交接。

【评价反馈】

检查评估	维修资料、工具、设备的正确使用	A	B	C	D
	操作规范和任务完成情况	A	B	C	D
	任务工单填写	A	B	C	D
	纪律和回答现场提问	A	B	C	D
	团队合作	A	B	C	D
	安全和环保	A	B	C	D
成绩					
评语				教师签字：_____ 日期：_____	

【相关知识】

知识点 1：商用车定义

商用车（commercial vehicle）是指在设计和技术特性上用于运送人员和货物的车辆，并且可以牵引挂车，乘用车不包括在内。

1. 客车（bus）

客车是指在设计和技术特性上用于载运乘客及其随身行李的商用车辆，包括驾驶员座位在内的座位数超过 9 座。客车有单层的或双层的，也可牵引一挂车。

2. 半挂牵引车（semi-trailer towing vehicle）

半挂牵引车是指装备有特殊装置用于牵引半挂车的商用车辆，此类车辆较长，可以通过改变其后部的挂车装载各种集装箱和大型设备。

3. 载货商用车（goods vehicle）

载货商用车是一种主要为载运货物而设计和装备的商用车辆，可按实际用途决定是否牵引挂车。

1）普通载货商用车（general purpose goods vehicle）。一种在敞开（平板式）或

封闭（厢式）载货空间内载运货物的商用车。普通载货商用车的基本结构如图 1-1-1 所示。

2）多用途载货商用车（multi purpose goods vehicle）。在其设计和结构上主要用于载运货物，但在驾驶员座椅后带有固定或折叠式座椅，可载运 3 个以上的乘客的载货商用车。小型多用途载货商用车又称"皮卡"（pick up），大多由轿车或越野车变型而来。

3）全挂牵引车（trailer towing vehicle）。一种牵引杆式挂车的载货商用车。它本身可在附属的载运平台上运载货物。

4）越野载货商用车（off-road goods vehicle）。在其设计上所有车轮同时进行驱动（包括一个驱动轴可以脱开的车辆）或其几何特性（接近角、离去角、纵向通过角、最小离地间隙）、技术特性（驱动轴数、差速锁止机构或其他形式机构）及其性能（爬坡度）允许在非道路上行驶的一种车辆。

5）专用作业车（special goods vehicle）。在其设计和技术特性上用于特殊工作的货车。例如：消防车、救险车、垃圾车、应急车、街道清洗车、扫雪车、清洁车等。

6）专用载货商用车（specialized goods vehicle）。在其设计和技术特性上用于运输特殊物品的货车。例如：罐式车、乘用车运输车、集装箱运输车等。

知识点 2：商用车底盘的组成和功用

商用车底盘由传动系统、行驶系统、转向系统和制动系统四部分组成。

1. 传动系统

传动系统主要由离合器、变速器、万向传动装置、主减速器、差速器和半轴等机件组成，如图 1-1-3 所示。根据需要，有些车上还装有分动器和轮边减速器。传动系统的功用是将发动机的动力传递给驱动轮。

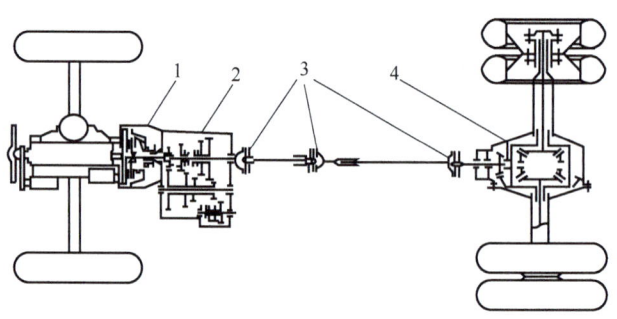

图 1-1-3　传动系统
1—离合器　2—变速器　3—万向传动装置　4—驱动桥

2. 行驶系统

行驶系统主要由车架、车桥、车轮和悬架等组成。为提高载重量和缩短长度，商用车多采用平头驾驶室设计。行驶系统的功用是安装商用车部件、支承商用车、缓和冲击、吸收振动、传递和承受发动机与地面传来的各种力和力矩，并保证商用车正常行驶。

3. 转向系统

转向系统均采用动力转向助力装置，由转向助力系统、转向操纵机构和转向传动机构组成，功用是控制商用车的行驶方向，使车辆按照驾驶员给定的方向行驶。

4. 制动系统

制动系统主要由主制动（行车制动）、应急制动、驻车制动和辅助制动四种制动装置组成，功用是使商用车减速、停车或驻车。

> **【责任意识】**
>
> ### 维修工作任重道远
>
> 传动、行驶、转向、制动系统共同构成了商用车的底盘，如同商用车的"骨骼"一样，承载着车辆动力传递、行驶控制等关键性能，其性能好坏直接关乎车辆安全与运输效率。因此大家将来若从事商用车维修相关工作，将肩负着保障道路运输安全、推动行业发展的重任，从现在起就一定要树立强烈的责任意识。

知识点3：商用车底盘的布置形式

机械式传动系统常见布置形式主要与发动机的安装位置及商用车的驱动形式有关。在重型货车、越野商用车或大型货车上，当要求有较大的主传动比和较大的离地间隙时，往往将双级主减速器中的第二级减速器齿轮机构制成同样的两套，分别装在两侧驱动轮的近旁，称为轮边减速器。

发动机的位置分为前置、中置和后置，即发动机分布在车辆的前轴之前、前轴与后轴之间以及后轴之后的布置方式。所谓驱动形式，是指发动机的布置方式以及驱动轮的数量、位置。一般的车辆都有前、后两排车轮，其中直接由发动机驱动转动，从而推动或拉动商用车前进的车轮就是驱动轮。

传动系统布置可以分为五类：发动机前置后轮驱动（简称FR）、发动机前置前轮驱动（简称FF）、发动机中置后轮驱动（简称MR）、发动机后置后轮驱动（简称RR）和四轮驱动（简称4WD）。

前置后驱（FR）的布置形式如图1-1-4所示。其中前排车轮负责转向，由后排车轮来承担整个车辆的驱动工作。在这种驱动形式中，发动机输出的动力全部输送到后驱动桥上，驱动后轮使商用车前进。也就是说，实际的行进中是后轮"推动"前轮，带动车辆前进。这种驱动形式主要应

图1-1-4　前置后驱（FR）布置形式

用在中、高级轿车及载货商用车中。FR的优点是轴荷分配均匀，即整车的前后重量比较平衡，操控稳定性较好。缺点是传动部件多、传动系统质量大，传动轴占据较大空间。

知识点4：商用车行驶的基本原理

1. 驱动力的产生

当商用车行驶时，发动机输出的转矩，通过传动系统传给驱动车轮，使驱动车轮得到一个转矩；由于商用车轮胎与地面接触，形成一个接触面，在转矩作用下，接触面上的轮胎边缘对地面产生一个圆周力F_0，它的方向与商用车行驶方向相反。根据作用力与

反作用力的关系,路面必然对轮胎边缘施加一个反作用力 F_t,其大小与 F_0 相等,方向相反,即外界对商用车施加的一个推动力,这就是驱动力,也叫牵引力,如图 1-1-5 所示。当牵引力增大到能克服商用车静止状态的最大阻力时,商用车便开始起步。

2. 行驶阻力

商用车行驶阻力包括滚动阻力、加速阻力、坡度阻力、空气阻力。商用车在水平道路上直线等速行驶时,必须克服来自地面的滚动阻力和来自空气的空气阻力。滚动阻力以符号 F_f 表示,空气阻力以符号 F_w 表示。当商用车在坡道上,直线上坡行驶时,还必须克服重力沿坡道的分力,称为坡度阻力,以符号 F_i 表示。商用车直线加速行驶时,还需要克服加速阻力,以符号 F_j 表示。因此,商用车行驶的总阻力为

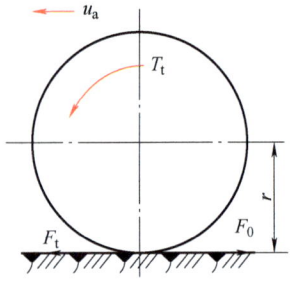

图 1-1-5 商用车的驱动力

$$\sum F = F_f + F_w + F_i + F_j$$

上述各阻力中,滚动阻力和空气阻力始终作用于行驶的商用车上,坡度阻力和加速阻力仅在相应行驶条件下存在。在水平道路上等速行驶时没有坡度阻力和加速阻力。商用车下坡时,F_i 为负值,这时商用车重力沿路面方向的分力已不是商用车的行驶阻力,而是动力。商用车减速行驶时,惯性作用力是使商用车前进的力,此时 F_j 也为负值。

(1) 滚动阻力 在实际中,用滚动阻力系数 f 来表征滚动阻力的大小,在轮胎所受的法向力等条件相等的情况下,滚动阻力系数 f 越大,则滚动阻力就越大。影响滚动阻力系数 f 的因素较多,比如:路面的种类、行驶车速以及轮胎的构造、材料、气压等。商用车用同一轮胎在不同路面上以中低速行驶试验所得到的滚动阻力系数见表 1-1-1。

表 1-1-1 滚动阻力系数

路面类型	滚动阻力系数	路面类型	滚动阻力系数
良好的沥青或混凝土路面	0.010~0.018	雨后压紧土路	0.050~0.150
一般的沥青或混凝土路面	0.018~0.020	泥泞土路	0.100~0.250
碎石路面	0.020~0.025	干砂路面	0.100~0.300
良好的卵石路面	0.025~0.030	混砂路面	0.060~0.150
坑洼的卵石路面	0.030~0.050	结冰路面	0.015~0.030
干燥的压紧土路	0.025~0.035	压紧雪道	0.030~0.050

(2) 空气阻力 商用车行驶时所受的空气作用力在行驶方向上的分力称为空气阻力。空气阻力与商用车相对速度的平方成正比,相对速度越高,空气阻力越大。空气阻力系数 C_D 和迎风面积 A 取决于商用车的外形。通过合理的商用车外形设计,降低空气阻力系数是减小空气阻力的主要手段。

(3) 坡度阻力 当商用车上坡行驶时,商用车重力沿坡道方向的分力称为商用车的坡度阻力,用符号 F_i 表示,单位为 N。坡度阻力按下式计算:

$$F_i = G \sin \alpha$$

式中 G 是商用车的总重力,单位为 N;α 是坡道角度,单位为(°)。

（4）加速阻力　商用车加速行驶时，需要克服商用车质量加速运动的惯性力，这就是加速阻力 F_j。

3. 商用车行驶的基本条件

商用车的行驶情况取决于商用车的受力情况，其关系如下：

1）当牵引力等于行驶总阻力，商用车匀速行驶或处于静止状态。
2）当牵引力大于行驶总阻力，商用车加速行驶。
3）当牵引力小于行驶总阻力，商用车则减速行驶或无法起步。

4. 商用车的行驶方程及驱动条件

行驶方程：

$$F_t = F_{阻} = F_f + F_w + F_i + F_j$$

驱动条件：

$$F_t \geq F_f + F_w + F_i$$

商用车行驶的附着条件：

$$F_t \leq F_\sigma = F_z \sigma$$

附着力是阻止车轮打滑的路面阻力，为使车轮在路面上不打滑，附着力必须大于或等于商用车牵引力。路面与轮胎间的附着性能决定了路面所能提供反作用力（即附着力）的最大值。

商用车驱动—附着条件：

$$F_f + F_w + F_i \leq F_t \leq F_\sigma$$

此式表示商用车直线行驶的必要和充分条件，称为商用车行驶的驱动附着条件，也是商用车的行驶原理。

【科技创新】

技术前沿　为我所用

目前底盘最新技术——线控底盘技术，是一种将传统底盘机械部件用电子系统替代，通过电信号实现车辆控制的先进技术。

1）构成与原理：由线控转向、线控制动、线控悬架、线控驱动等子系统构成。以线控制动为例，制动踏板位置传感器感知踏板动作，ECU 据此计算制动力，再由电机驱动制动卡钳实现制动。

2）优势：响应快速精准，能提升车辆操控性与安全性；可实现底盘各系统间智能协同，优化车辆整体性能；利于汽车智能化与自动驾驶发展，为其提供基础支持；因减少机械部件，便于车辆布局与轻量化设计。

3）应用现状：新能源汽车领域应用较多，部分高端车型已采用线控底盘技术提升竞争力；在自动驾驶测试车辆与特定场景车辆（如园区无人车）上广泛应用，为自动驾驶功能实现提供保障。

4）挑战：电子系统可靠性要求高，需多重冗余设计防止故障；系统安全性关乎重大，要防范网络攻击与数据泄露；成本居高不下，限制其大规模普及。

项目 2
离合器的构造与检修

工作任务 1　离合器的拆卸与安装

【情境描述】

一辆陕汽德龙 X3000 商用车经过技师诊断，发现其离合器从动盘摩擦片磨损超限，需要拆下离合器更换从动盘。离合器从动盘如图 2-1-1 所示。

【学习目标】

1. 学生应以小组工作的方式完成本项工作任务。
2. 学生应能在小组成员的配合下，利用车辆维修手册（或实训指导书），制订工作计划，实施工作计划。
3. 会说明离合器的更换过程。
4. 树立 S（安全）+5S 理念 + 质量意识。

图 2-1-1　离合器从动盘

【任务分组】

班级		组号		指导教师	
组长		组员			
任务分工					

【获取信息】

引导问题 1：商用车离合器有什么功用？

引导问题 2：摩擦离合器的工作原理是什么？

引导问题 3：离合器的自由间隙和踏板自由行程分别指的是什么？

8

引导问题 4：离合器拆装有哪些注意事项？
_____
_____

【工作实施】

第一步：查找维修手册。

第二步：制定操作方案。

离合器的构成及工作原理

_____
_____

第三步：实施操作。

1）准备好常用维修工具、专用维修工具、检测工具和易耗材料。

2）首先拆下传动轴和变速器。

3）离合器总成的拆卸与分解。

① 在离合器盖及飞轮上作装配标记。

② 从发动机飞轮上拆下离合器。

用定位芯棒或变速器输入轴插入离合器从动盘及曲轴后端的滚针轴承孔内。用对角线交叉法旋下螺栓，取下离合器盖及压板总成，再取下离合器从动盘。

③ 在离合器盖与压盘及膜片弹簧之间作装配标记，并进行分解。

④ 拆下膜片弹簧装配铆钉（或螺栓），将膜片弹簧、压盘及离合器盖分解。

4）离合器及操纵机构的安装。

① 将从动盘装在发动机飞轮上，用定位芯棒定位（以便于从动盘在装进变速器输入轴时对中），将从动盘上减振弹簧凸出的一面朝外。

② 装上离合器盖及压盘总成，按对角的顺序分几次旋紧螺栓，最后用扭力扳手按规定力矩拧紧螺栓。

③ 附件安装。最后安装变速器、传动轴、排气管等外围附件。

5）注意事项。

① 安装离合器应用专用工具（或变速器一轴）装合。

② 离合器盖与飞轮拆卸时应作标记，按拆卸时的标记安装。

③ 离合器盖与压盘分解时应作标记，组装时对好标记。

④ 分离轴承、从动轴应加少许润滑脂（锂基）。

⑤ 离合器液压管路安装后，应进行排放空气并调整自由行程。

第四步：学生分组及工作实施和总结。

1）每 5~8 名学生组成 1 个工作小组，确定 1 名小组长，接受工作任务，做好工作准备。

2）准备好实训用的离合器台架。

3）研读工单，查阅维修手册（或实训指导书）。

4）介绍离合器从动盘的更换工艺过程。

5）回答指导教师的现场提问，接受指导教师的技能考核。

6）完成工作任务后，对工作过程进行自我评价和小组互评，听取指导教师的点评。

7）清洁工作场所，清点保养工具设备，完成任务交接。

【评价反馈】

检查评估	维修资料、工具、设备的正确使用	A	B	C	D
	操作规范和任务完成情况	A	B	C	D
	任务工单填写	A	B	C	D
	纪律和回答现场提问	A	B	C	D
	团队合作	A	B	C	D
	安全和环保	A	B	C	D
成绩					
评语				教师签字：_____ 日期：_____	

【相关知识】

知识点 1：商用车离合器的功用

1）使发动机与传动系统逐渐接合，保证商用车平稳起步。机械式传动系统中离合器的安装位置如图 2-1-2 所示。商用车起步时，驾驶员缓慢抬起离合器踏板，使离合器的主、从动部分逐渐接合，与此同时，逐渐踩下加速踏板，以增加发动机的输出转矩，这样发动机的转矩便可由小到大传给传动系统。当牵引力足以克服商用车起步时的行驶阻力时，商用车便由静止开始缓慢逐渐加速，实现平稳起步。

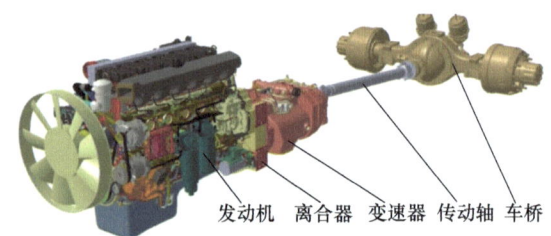

图 2-1-2　机械式传动系统

2）暂时切断发动机的动力传动，保证变速器换档平顺。商用车在行驶过程中，由于行驶条件的变换，需要不断变换档位。对于普通齿轮变速器，换档时不同的齿轮副要退出啮合或进入啮合，这就要求换档前踩下离合器踏板，中断发动机的动力传动，便于退出原有齿轮副的啮合、进入新齿轮副的啮合。

3）限制所传递的转矩，防止传动系统过载。商用车紧急制动时，如果发动机与传动系统刚性连接，发动机转速将急剧下降，其所有零件将产生很大的惯性力矩，这一力矩作用于传动系统，会造成传动系统过载而使其机件损坏。有了离合器，当传动系统承受载荷超过离合器所能传递的最大转矩时，离合器会通过主、从动部分之间的打滑来消除这一危险，从而起到过载保护的目的。

4）降低扭振冲击。汽车发动机的工作原理决定了其输出转矩的不平稳。在做功行程，燃烧室气体做功会产生极大冲击转矩，而在其他行程却需要靠惯性反拖发动机，因此离合器能够有效地降低传动系统的扭振冲击。

根据离合器的功用，它应满足下列主要要求：
1）保证可靠地传递发动机的最大转矩，又能防止传动系统过载。
2）接合时应平顺柔和，保证商用车平稳起步，减少冲击。
3）分离时应迅速彻底，保证变速器换档平顺和发动机起动顺利。
4）旋转部分的平衡性好，且从动部分的转动惯量小。
5）具有良好的通风散热能力，防止离合器温度过高。
6）操纵轻便，以减轻驾驶员的疲劳。

知识点 2：离合器的分类

汽车上应用的离合器主要有以下三种形式。

1. 摩擦离合器

摩擦离合器是指利用主、从动部分的摩擦作用来传递转矩的离合器。摩擦离合器又分为湿式和干式两种。
1）按照从动盘的数目来分：单片式、双片式和多片式。
2）按照操纵机构来分：机械式、液压式和气压式。
3）按照压紧弹簧形式来分：周布弹簧式，中央弹簧式和膜片弹簧式。

目前在商用车上广泛采用的是干式、液压式、单片式、膜片弹簧式离合器。

2. 液力耦合器

液力耦合器是指利用液体作为传动介质的离合器。液力耦合器原来多用于自动变速器，目前在汽车上几乎不采用。

3. 电磁离合器

电磁离合器是指利用磁力传动的离合器，如在空调中应用的就是这种离合器。

知识点 3：摩擦离合器的基本组成

摩擦离合器由主动部分、从动部分、压紧机构和操纵机构四部分组成，如图 2-1-3 所示。

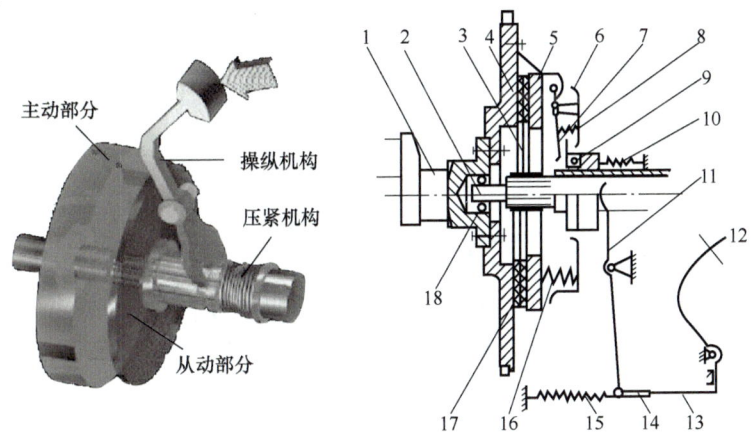

图 2-1-3　摩擦离合器的基本组成示意图

1—曲轴　2—从动轴（变速器一轴）　3—从动盘　4—飞轮　5—压盘　6—离合器盖　7—分离杠杆　8、10、15—回位弹簧　9—分离轴承和分离套筒　11—分离叉　12—离合器踏板　13—分离拉杆　14—分离拉杆调节叉　16—压紧弹簧　17—从动盘摩擦片　18—轴承

1. 主动部分

主动部分包括飞轮、离合器盖、压盘等机件，如图 2-1-4 所示。这部分与发动机曲轴连在一起。离合器盖与飞轮靠螺栓连接，压盘与离合器盖之间是靠三四个传动片传递转矩的。

2. 从动部分

从动部分由单片、双片或多片从动盘组成，它将主动部分通过摩擦传来的动力传给变速器的输入轴。从动盘由从动盘本体、摩擦片和从动盘毂三个基本部分组成，如图 2-1-5 所示。为了避免转动方向的共振，缓和传动系统受到的冲击载荷，大多数商用车都在离合器的从动盘上附装有扭转减振器。离合器接合时，发动机发出的转矩经飞轮和压盘传给了从动盘两侧的摩擦片，带动从动盘本体和与从动盘本体铆接在一起的减振器盘转动，从动盘本体和减振器盘又通过四个减振器弹簧把转矩传给了从动盘毂。由于弹簧的作用，所以传动系统受到的转动冲击可以在此得到缓和。传动系统中的扭转振动会使从动盘毂相对于从动盘本体和减振器盘来回转动，夹在它们之间的阻尼片靠摩擦消耗扭转振动的能量，将扭转振动衰减下来。

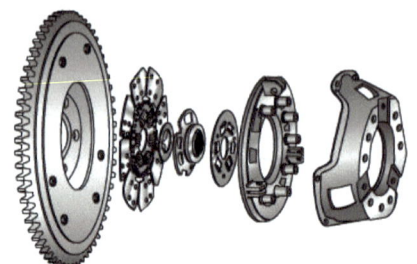

图 2-1-4　主动部分

图 2-1-5　从动盘

为了使商用车能平稳起步，离合器应柔和接合，这就需要从动盘在轴向具有一定弹性。为此，往往在从动盘本体圆周部分，沿径向和周向切槽，再将分割形成的扇形部分沿周向翘曲成波浪形，两侧的两片摩擦片分别与其对应的凸起部分相铆接，这样从动盘被压缩时，压紧力随翘曲的扇形部分被压平而逐渐增大，从而达到接合柔和的效果。

3. 压紧机构

压紧机构主要由压盘、分离杠杆、离合器盖和压紧弹簧等组成，如图 2-1-6 所示。压紧机构与主动部分一起旋转，它以离合器盖为依托，将压盘压向飞轮，从而将处于飞轮和压盘间的从动盘压紧。

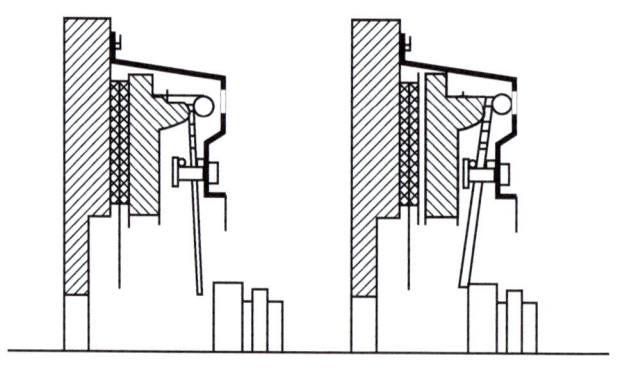

图 2-1-6　压紧机构

4. 操纵机构

操纵机构包括离合器踏板、分离拉杆、调节叉、分离叉、分离套筒、分离轴承、分离杠杆、回位弹簧等。

知识点 4：摩擦离合器的工作原理

1. 接合状态

离合器在接合状态下，操纵机构各部件在回位弹簧的作用下回到图 2-1-7 所示的各自位置，分离杠杆内端与分离轴承之间保持一定的间隙，压紧弹簧将飞轮、从动盘和压盘三者压紧在一起，发动机的转矩经过飞轮及压盘通过从动盘两摩擦面的摩擦作用传给从动盘，再由从动轴输入变速器。

2. 分离过程

分离离合器时，驾驶员踩下离合器踏板，分离套筒和分离轴承在分离叉的推动下，先消除分离轴承与分离杠杆内端之间的间隙，然后推动分离杠杆内端前移，使分离杠杆外端带动压盘克服压紧弹簧作用力后移，摩擦作用消失，离合器的主、从动部分分离，中断动力传动，如图 2-1-7a 所示。

3. 接合过程

接合离合器时，驾驶员缓慢抬起离合器踏板，在压紧弹簧的作用下，压盘向前移动并逐渐压紧从动盘，使接触面间的压力逐渐增加，摩擦力矩也逐渐增加；当飞轮、压盘和从动盘之间接合还不紧密时，所能传动的摩擦力矩较小，离合器的主、从动部分有转速差，离合器处于打滑状态；随着离合器踏板的逐渐抬起，飞轮、压盘和从动盘之间的压紧程度逐渐紧密，主、从动部分的转速也渐趋相等，直到离合器完全接合而停止打滑，接合过程结束，如图 2-1-7b 所示。

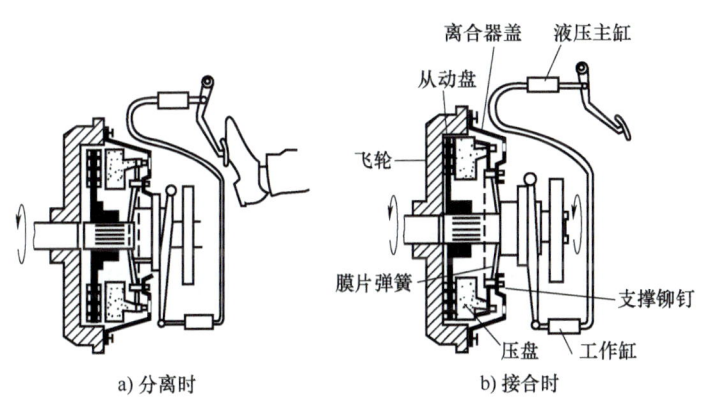

图 2-1-7　分离与接合过程

知识点 5：离合器自由间隙和离合器踏板自由行程

1. 离合器自由间隙

离合器在正常接合状态下，分离杠杆内端与分离轴承之间应留有一个间隙，一般为几毫米，这个间隙称为离合器自由间隙。如果没有自由间隙，从动盘摩擦片磨损变薄后压盘将不能向前移动压紧从动盘，这将导致离合器打滑，使离合器所能传动的转矩下降，车辆行驶无力，而且会加速从动盘的磨损。

2. 离合器踏板自由行程

为了消除离合器的自由间隙和操纵机构零件的弹性变形所需要的离合器踏板行程称为离合器踏板自由行程。可以通过调节叉来改变分离拉杆的长度对踏板自由行程进行调整。

工作任务 2　离合器打滑故障排除

【情境描述】

一辆北汽福田重型货车猛踩加速踏板时，发动机转速上升很快，但是车速提升不起来，有明显的加速无力现象，并且爬坡时打滑更为明显，且散发出浓烈的焦煳味，经过技师诊断，发现其离合器存在严重打滑现象，需要拆下离合器进行检修。离合器从动盘如图 2-2-1 所示。

图 2-2-1　离合器从动盘

【学习目标】

1. 学生应以小组工作的方式完成本项工作任务。
2. 学生应能在小组成员的配合下，利用车辆维修手册（或实训指导书），制订工作计划，实施工作计划。
3. 会排除离合器打滑故障。
4. 树立 S（安全）+5S 理念 + 质量意识。

【任务分组】

班级		组号		指导教师	
组长		组员			
任务分工					

【获取信息】

引导问题 1： 简述膜片弹簧离合器的结构。

_____

_____

引导问题 2： 膜片弹簧离合器的工作原理是什么？

_____

_____

引导问题 3： 离合器打滑的原因有哪些？

_____

_____

【工作实施】

第一步：查找维修手册。

第二步：制定操作方案。

_____

_____

第三步：实施操作。

1）确认离合器打滑故障现象。离合器打滑即压盘与从动片、从动片与飞轮之间在传递动力的时候发生滑转而不能完全将动力传递出去的故障现象。它主要表现在：

① 当商用车起步、爬坡、载重量较大时，离合器踏板虽已完全放开，但发动机的动力不能完全地传递给驱动轮，使车轮运转。

② 当商用车需加速时车速提不上来。

③ 当打滑现象严重或打滑时间较长时都会造成摩擦片产生大量的热，甚至散发出焦味。

2）离合器打滑故障诊断与排除。当我们怀疑商用车离合器打滑时，首先在商用车发动时踏下离合器踏板，把变速杆移入低速档并拉紧驻车制动，稍微踏一下加速踏板，然后缓缓抬起离合器踏板，使离合器接合，看发动机是否熄火，如果发动机不熄火，则可判断离合器打滑。如果4s后熄火，则离合器刚开始打滑。

经判断确认离合器打滑时要加以修理。首先应找到造成离合器打滑的具体原因，切记不要盲目下手，如果是因为离合器踏板自由行程过小或没有自由行程造成的，则要调整离合器踏板的自由行程；如果是由于操纵机构卡滞则要查明原因予以排除。经检查，如果不是上述原因造成的，应对离合器进行拆解，看具体发生故障的部位在哪里，是离合器从动盘、弹簧的原因，还是压盘等部位的原因，视具体情况予以排除。

第四步：学生分组及工作实施和总结。

1）每3~5名学生组成1个工作小组，确定1名小组长，接受工作任务，做好工作准备。

2）准备好实训用的车辆。

3）研读工单，查阅维修手册（或实训指导书）。

4）分析离合器打滑故障原因，确定故障排除方案。

5）回答指导教师的现场提问，接受指导教师的技能考核。

6）完成工作任务后，对工作过程进行自我评价和小组互评，听取指导教师的点评。

7）清洁工作场所，清点保养工具设备，完成任务交接。

【评价反馈】

检查评估	维修资料、工具、设备的正确使用	A	B	C	D
	操作规范和任务完成情况	A	B	C	D
	任务工单填写	A	B	C	D
	纪律和回答现场提问	A	B	C	D
	团队合作	A	B	C	D
	安全和环保	A	B	C	D
成绩					
评语				教师签字：_____ 日期：_____	

【相关知识】

知识点：膜片弹簧离合器的结构和工作原理

膜片弹簧离合器目前在各种类型的商用车上都广泛应用，其构造如图 2-2-2~ 图 2-2-4 所示。

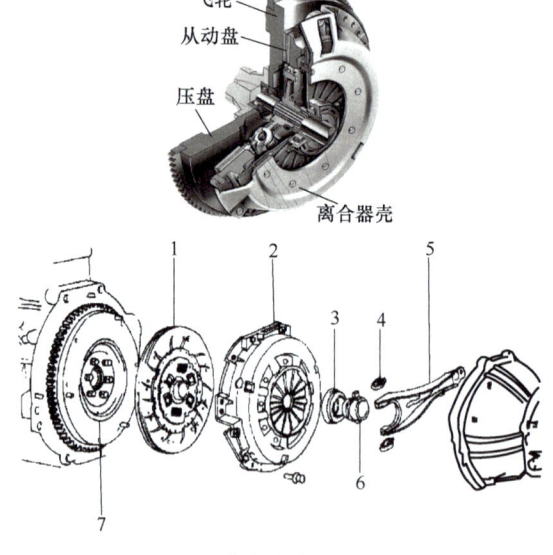

图 2-2-2　膜片弹簧离合器的构造

1—从动盘　2—离合器盖和压盘　3—分离轴承　4—卡环　5—分离叉　6—分离套筒　7—飞轮

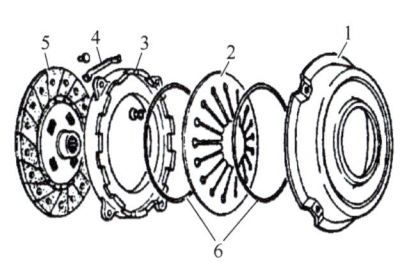
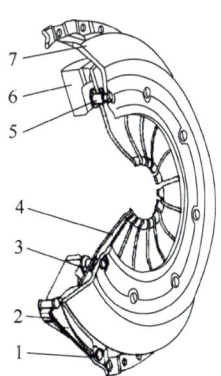

图 2-2-3　膜片弹簧离合器盖和压盘分解图
1—离合器盖　2—膜片弹簧　3—压盘　4—传动片
5—从动盘　6—支承环

图 2-2-4　膜片弹簧离合器盖和压盘示意图
1—铆钉　2—传动片　3—支承环　4—膜片弹簧
5—支承铆钉　6—压盘　7—离合器盖

1. 构造

膜片弹簧离合器由主动部分、从动部分、压紧机构和操纵机构组成，操纵机构将在稍后进行介绍。

主动部分由飞轮、离合器盖和压盘组成。离合器盖通过螺栓固定在飞轮上，为了保持正确的安装位置，离合器盖通过定位销进行定位。压盘与离合器盖之间通过周向均布的三组或四组传动片来传递转矩。传动片用弹簧钢片制成，每组两片，一端用铆钉铆在离合器盖上，另一端用螺钉连接在压盘上。

从动部分包括从动盘和从动轴，从动盘一般都带有扭转减振器。发动机传到传动系统的转速和转矩是周期性变化的，使传动系统产生扭转振动，这将导致传动系统的零部件受到冲击性交变载荷，使寿命下降、零件损坏。采用扭转减振器可以有效地防止传动系统的扭转振动。带扭转减振器的从动盘的结构如图 2-2-5 所示。

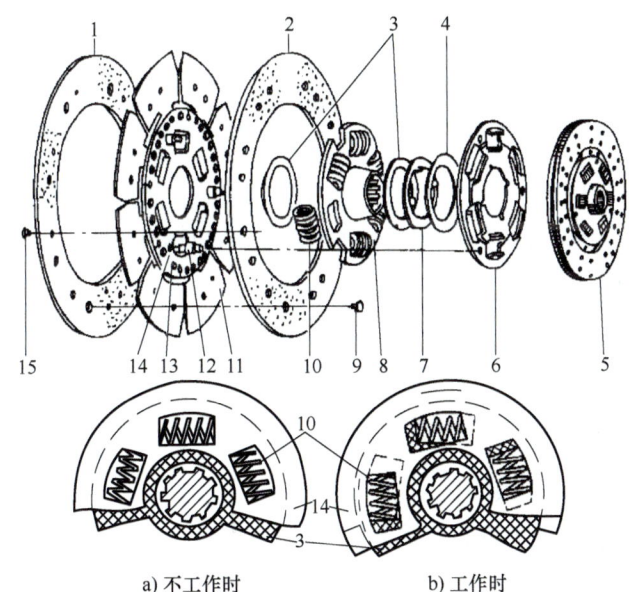

图 2-2-5　带扭转减振器的从动盘的结构

1、2—摩擦片　3—摩擦垫圈　4—碟形垫圈　5—装合后的从动盘总成　6—减振器盘　7—摩擦板　8—从动盘毂
9、13、15—铆钉　10—减振弹簧　11—波浪形弹簧钢片　12—止动销　14—从动盘钢片

从动盘钢片外圆周铆接有波浪形弹簧钢片，摩擦片分别铆接在弹簧钢片上，从动盘钢片与减振器盘铆接在一起，这两者之间夹有摩擦垫圈和从动盘毂。从动盘毂、从动盘钢片和减振器盘上都有六个圆周均布的窗孔，减振弹簧装在窗孔中。

当从动盘受到转矩时，转矩从摩擦片传到从动盘钢片，再经减振弹簧传给从动盘毂，此时弹簧被压缩，吸收发动机传来的扭转振动。

压紧机构是膜片弹簧，其径向开有若干切槽，形成弹性杠杆。切槽末端有圆孔，固定铆钉穿过圆孔，并固定在离合器盖上。膜片弹簧两侧装有钢丝支承环，这两个钢丝支承环是膜片弹簧工作时的支点。膜片弹簧的外缘通过分离钩与压盘联系起来。

2. 原理

当离合器盖未安装到飞轮上时，膜片弹簧不受力而处于自由状态，此时离合器盖与飞轮之间有一距离 S，如图 2-2-6a 所示。当离合器盖通过螺栓固定在飞轮上时，膜片弹簧在支承环处受压产生弹性变形，此时膜片弹簧的外圆周对压盘产生压紧力使离合器处于接合状态，如图 2-2-6b 所示。当踩下离合器踏板时，分离轴承推动膜片弹簧，使膜片弹簧以支承环为支点外圆周向后翘起，通过分离钩拉动压盘后移使离合器分离，如图 2-2-6c 所示。

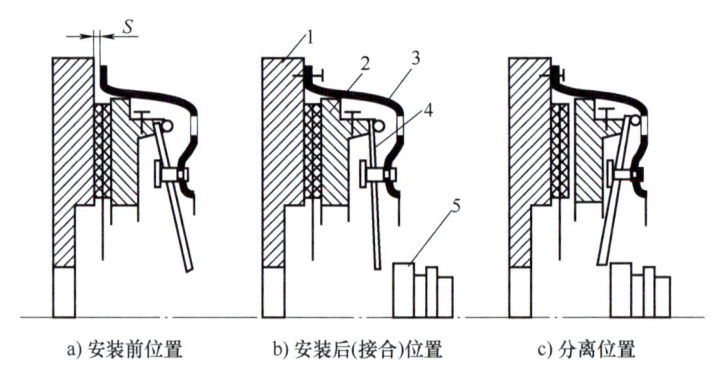

a) 安装前位置　　b) 安装后(接合)位置　　c) 分离位置

图 2-2-6　膜片弹簧离合器的工作原理
1—飞轮　2—压盘　3—离合器盖　4—膜片弹簧　5—分离轴承

从上面的介绍可以看出，膜片弹簧既是压紧弹簧，又是分离杠杆，使离合器结构简化。另外膜片弹簧的弹簧特性优于圆柱螺旋弹簧，所以膜片弹簧离合器的应用越来越广泛，在各种车型上都有应用。

【民族自豪感】

从无到有　从弱到强

20世纪中叶至后期，我国汽车工业处于初步发展阶段，膜片弹簧离合器技术主要依赖于引进和模仿国外产品，自主研发能力较弱。

1988年，我国第一套膜片弹簧离合器顺利下线，标志着我国在膜片弹簧离合器制造领域实现了零的突破。

20世纪90年代至21世纪初，随着我国汽车工业的快速发展，膜片弹簧离合器的需求不断增加，国内企业通过引进国外先进技术和设备，不断提升生产工艺和产品质量，逐渐实现了部分产品的国产化替代。

2015年，我国离合器年产达358万套，位居全球领先水平，表明我国膜片弹簧离合器在产量上已经具备了较强的竞争力。同年，自主研发湿式双离合器——sgmndct项目样件，显示了我国在离合器技术创新方面的积极探索。

近年来，我国膜片弹簧离合器行业在技术创新方面取得了显著进展，部分企业通过自主研发掌握了核心技术，产品性能不断提升，如湖北三环离合器有限公司在2024年申请的"一种膜片弹簧及其回火工艺、离合器压盘总成及其装配方法"专利，在不增加材料厚度的情况下提升了膜片弹簧的性能。

在市场方面，我国膜片弹簧离合器不仅满足了国内汽车市场的需求，还出口到印度、伊朗、俄罗斯、巴基斯坦、韩国等10多个国家和地区，如湖北大帆汽车零部件有限公司，其产品在国际市场上具有一定的竞争力。

从最初引进国外技术，到自主研发高性能离合器，打破国外垄断，助力中国汽车走向世界，一代又一代中国人在努力！

工作任务3　离合器分离不彻底故障排除

【情境描述】

一辆陕汽德龙X3000商用车在行驶过程中，驾驶员发现换档时将离合器踏板踩到底仍然不能平顺换档，维修技师诊断后判断是离合器分离不彻底，需要维修。

【学习目标】

1. 学生应以小组工作的方式完成本项工作任务。
2. 学生应能在小组成员的配合下，利用车辆维修手册（或实训指导书），制订工作计划，实施工作计划。
3. 会排除离合器分离不彻底故障。
4. 树立S（安全）+5S理念＋质量意识。

【任务分组】

班级		组号		指导教师	
组长		组员			
任务分工					

【获取信息】

引导问题1：商用车离合器操纵机构由哪些部分组成？

引导问题 2：离合器分离不彻底的原因有哪些?

【工作实施】

第一步：查找维修手册。
第二步：制定操作方案。

第三步：实施操作。

1）确认离合器分离不彻底故障现象。在商用车起步或运行过程中需要换档时，离合器踏板已踩到底，但还是挂档困难，出现嗒嗒的打齿声，强行挂入档后，离合器踏板还没有抬起，商用车就出现前冲现象，发动机熄火。

2）离合器分离不彻底故障诊断与排除。当察觉离合器有分离不彻底现象时，首先将变速器推至空档位置，一个人踏住离合器踏板，另一人从车下拨动离合器从动盘，看是否能够移动，如果难于移动则可确定离合器确实分离不彻底，那么就要有针对性地进行检查。

① 检查离合器踏板自由行程是否过大，如果过大要按规定调整。
② 分离杠杆安装是否牢固及杠杆高度是否一致，不符合规定应进行调整。
③ 分离离合器观察从动片是否装反，它的平面度及厚度等方面是否符合标准，如果不符合应进行修理或更换。
④ 液压式操纵系统的检查，首先踩下离合器踏板，如果感觉很轻且工作缸中推杆不动则说明液压系统中存有空气，需进行排除。
⑤ 对于双片式离合器，查看其中的压盘限位螺钉是否调整合适，不合适应进行调整。
⑥ 检查双片式离合器的中间压盘的分离弹簧是否过软或折断，如果不合规定应进行更换。

第四步：学生分组及工作实施和总结。

1）每 3~5 名学生组成 1 个工作小组，确定 1 名小组长，接受工作任务，做好工作准备。
2）准备好实训用的车辆或实训台架。
3）研读工单，查阅维修手册（或实训指导书）。
4）分析离合器分离不彻底故障原因，确定故障排除方案。
5）回答指导教师的现场提问，接受指导教师的技能考核。
6）完成工作任务后，对工作过程进行自我评价和小组互评，听取指导教师的点评。
7）清洁工作场所，清点保养工具设备，完成任务交接。

【评价反馈】

检查评估	维修资料、工具、设备的正确使用	A	B	C	D
	操作规范和任务完成情况	A	B	C	D
	任务工单填写	A	B	C	D
	纪律和回答现场提问	A	B	C	D
	团队合作	A	B	C	D
	安全和环保	A	B	C	D
成绩					
评语				教师签字：_____ 日期：_____	

【相关知识】

知识点1：商用车离合器液压操纵机构

液压操纵机构的示意图如图 2-3-1 所示，主要由主缸、工作缸和管路系统等组成。目前液压操纵机构在各类型车辆上应用广泛，在中重型车辆中也使用"液压+气压助力"的混合模式。

下面介绍液压操纵机构的构造。离合器液压操纵系统由离合器踏板、储液罐、进油软管、离合器主缸、离合器工作缸、油管总成、分离叉、分离轴承等组成，如图 2-3-2 所示。

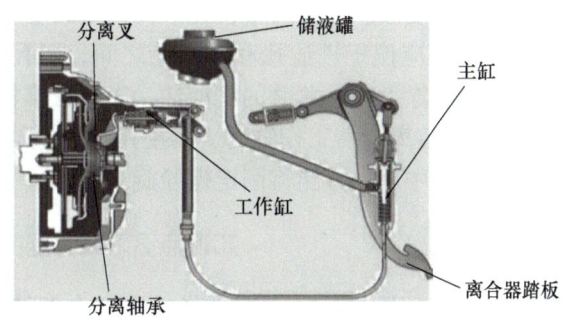

图 2-3-1 液压操纵机构示意图

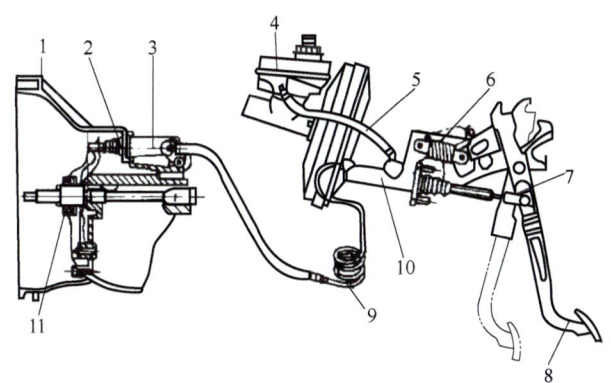

图 2-3-2 离合器液压操纵系统

1—变速器壳体 2—分离叉 3—工作缸 4—储液罐 5—进油软管 6—助力弹簧 7—推杆接头
8—离合器踏板 9—油管总成 10—主缸 11—分离轴承

储液罐有两个出油孔,分别把制动液供给制动主缸和离合器主缸。

知识点 2:离合器液压操纵系统的拆装、检修

1. 离合器主缸的拆卸与分解

取下离合器踏板与主缸推杆叉的连接销轴。从主缸上拧下进油管和出油管接头。拧下主缸固定螺栓,拉出主缸。在解体离合器主缸前,应排净主缸中的制动液。

取下防尘罩,用旋具或卡环钳拆下卡环,拉出主缸推杆、压盖和活塞。

2. 离合器工作缸的拆卸与分解

拧下工作缸进油管接头,再拆下工作缸固定螺栓,即可拉出工作缸。拉出工作缸推杆,拆下防尘罩,然后用压缩空气将工作缸活塞从缸筒内压出来。

3. 主缸、工作缸的检修

主缸和工作缸是离合器液压操纵系统的主要部件,其工作性能的好坏直接影响离合器的工作性能。当出现缸筒内壁磨损超过 0.125mm,活塞与缸筒的间隙超过 0.20mm,皮碗老化及回位弹簧失效等情况时,应更换相应零件。

4. 离合器主缸、工作缸的装配

主缸和工作缸的装配,按拆卸与分解相反顺序进行,但装配时应注意以下事项。

1)零件在装配前要用非腐蚀性液体清洗干净,并在活塞、皮碗、挡圈、缸套等零件上涂一层制动液。装备后推杆在缸筒内运动应灵活。在放松(不工作)位置时,主缸皮碗和活塞头部应位于进油孔和补偿孔之间,两孔都开放。工作缸上带有塑料支承环,安装时外表面要涂上一层薄薄的润滑油,工作缸推杆末端也要涂上润滑脂。

2)安装离合器工作缸时,需要用一个适当的杠杆克服弹簧的弹力,将其压向变速器壳相应的孔中后,方能将固定螺栓旋入。

知识点 3:离合器的维护检查项目

离合器的维护检查主要包括检查离合器踏板自由行程、检查离合器的工作情况、检查离合器储液罐液面高度等。

1. 离合器储液罐液面高度检查

检查主缸储液罐内离合器液(制动液)面的高度,如果低于"MAX"标记,则应补加,并要进一步检查离合器液压操纵机构是否有泄漏的部位。

2. 离合器液压操纵机构泄漏检查

液压操纵机构泄漏检查主要是检查主缸与油管、工作缸与油管及油封等部位是否有离合器液的痕迹。

3. 离合器踏板检查

1)踩下离合器踏板,检查是否存在故障:踏板回弹无力、异响、踏板过度松动、踏板沉重等。

2)检查离合器踏板高度。

① 离合器分离间隙:离合器处于完全分离状态时,离合器片与飞轮、压盘三者之间的间隙总和。

② 离合器踏板自由行程:消除离合器自由间隙及杆件传动副间隙所对应的踏板行程,一般为 30~40mm。

③ 离合器踏板工作行程：与摩擦面分离间隙所对应的行程。
④ 离合器踏板总行程等于自由行程与工作行程之和。

离合器踏板高度的检查如图 2-3-3 所示，掀起地毯或地板革，用直尺测量地面到离合器踏板上表面的距离。如果超出标准，应调整踏板高度。

离合器踏板高度可以通过踏板后的限位螺栓进行调整。

3）检查离合器踏板自由行程。用一个直尺抵在驾驶室地板上，先测量踏板完全放松时的高度，再用手轻按踏板，当感到阻力增大时再测量踏板高度，两次测量的高度差即为踏板的自由行程。

液压操纵机构一般是调整主缸推杆的长度，先将主缸推杆锁紧螺母旋松，然后转动主缸推杆，从而调整踏板自由行程，调整后应将锁紧螺母旋紧。

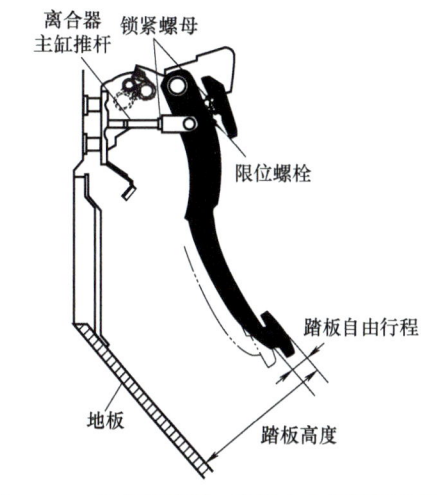

图 2-3-3 离合器踏板、踏板自由行程及其调整

4．离合器工作情况检查

车辆可靠驻停，拉起驻车制动手柄。起动发动机，发动机怠速运转，踩下离合器踏板，换到 1 档或倒档，检查是否有噪声、是否换档平稳。如果有，说明离合器分离不彻底。

5．离合器液压系统中空气的排出

离合器液压操纵系统在经过检修之后，管路内可能进入空气；在添加制动液时也可能使液压系统中进入空气。空气进入后，由于缩短了主缸推杆行程即踏板工作行程，从而使离合器分离不彻底。因此，液压系统检修后或怀疑液压系统进入空气时，就要排除液压系统中的空气。排除方法如下：

1）将主缸储液罐中的制动液加至规定高度，升起商用车。
2）在工作缸的放气阀上安装一软管，接到一个盛有制动液的容器内。
3）排空气需要两个人配合工作，一人慢慢地踏离合器踏板数次，感到有阻力时踏住不动，另一人拧松放气阀直至制动液开始流出，然后再拧紧放气阀。
4）连续按上述方法操作几次，直到流出的制动液中不见气泡为止。
5）空气排除干净之后，需要再次检查及调整踏板自由行程。
6）再次检查主缸储液罐液面高度，必要时添加。

项目 3
变速器的构造与检修

工作任务 1　变速器的拆卸与安装

【情境描述】

一辆东风天龙牵引车驾驶员反映该车挂档困难，经过技师初步诊断，需要拆下变速器进行拆卸检查，以确认故障点，进行相关换件等维修作业。商用车变速器如图 3-1-1 所示。

图 3-1-1　商用车变速器

【学习目标】

1. 学生应以小组工作的方式完成本项工作任务。
2. 学生应能在小组成员的配合下，利用车辆维修手册（或实训指导书），制订工作计划，实施工作计划。
3. 能够认识商用车多档变速器的结构，判断出档位布局。
4. 能够分析多档变速器的动力传递路线。
5. 能够规范完成多档变速器的拆卸与装配作业。
6. 树立 S（安全）+5S 理念 + 质量意识。

【任务分组】

班级		组号		指导教师	
组长		组员			
任务分工					

【获取信息】

引导问题 1： 中重型商用车上配置的多档位变速器的常见类型有哪些？档位数目有哪些？

_____

_____

引导问题 2： 常见多档位变速器的典型结构有哪些？

_____

_____

引导问题 3： 请说明多档位变速器的编号规则，以 12JS160TA 为例。

_____

_____

引导问题 4： 多档位变速器目前常用的同步器有哪些类型？

_____

_____

引导问题 5： 变速器常用的操纵机构形式有哪些？

_____

_____

引导问题 6： 多档位变速器的拆装注意事项有哪些？

_____

_____

引导问题 7： 图 3-1-2 所示为_____档的动力传递路线。

图 3-1-2　12JS160T 变速器动力传递路线

引导问题 8： 拆卸输出轴凸缘螺母的方法是什么？利用的是什么原理？

_____

_____

【工作实施】

第一步：查找维修手册。
第二步：制定操作方案。

_____

_____

第三步：实施操作。

1）准备好常用维修工具、专用维修工具、检测工具和易耗材料。

2）首先断开传动轴，拆下变速器总成。

3）变速器总成的拆卸与分解。

① 断开换档机构上的气管接头，对角拧松换档机构的固定螺栓，拆卸换档机构。

② 对角拧松上盖总成的固定螺栓，拆卸上盖总成。

③ 断开后副箱气缸上的气管接头；手动使主箱内两个同步器分别与齿轮啮合，利用自锁原理，拆卸输出轴凸缘螺母；翻转变速器使输出轴朝上，对角拧松后盖壳体与主箱的连接螺栓，利用三颗螺栓将后副箱总成后顶10mm，用吊具将后副箱总成抬下，完成后副箱总成的拆卸。

④ 拆卸离合器壳体内的螺栓，取下离合器壳体总成。

⑤ 拆卸一轴轴承盖；手动使主箱内两个同步器分别与齿轮啮合，利用自锁原理，利用专用工具拆卸一轴紧固螺母，拆卸一轴总成。拆卸主箱部分-副箱驱动齿轮总成。

⑥ 用专用工具拆掉倒档介轮轴后端的轴承，松掉倒档介轮轴上的自锁螺母，用专用工具拔轴器，拆卸倒档介轮轴和倒档齿轮垫片。

⑦ 拆卸主箱二轴右上侧中间轴的前端轴承压板，拆掉该中间轴后轴承，使该中间轴可活动，留出空间，便于二轴总成的取出。

⑧ 用专用吊具吊出二轴总成。

4）变速器总成的安装。

① 用专用吊具将二轴总成吊入变速器壳体内。

② 安装主箱二轴右上侧中间轴后轴承，安装此中间轴前端轴承压板，将此中间轴固定好。

③ 安装倒档介轮轴。

④ 安装主箱部分-副箱驱动齿轮总成，安装一轴总成，安装一轴轴承盖。

⑤ 装上离合器壳体总成，按对角的顺序分几次旋紧螺栓，最后用扭力扳手按规定力矩拧紧螺栓。

⑥ 翻转变速器使输出轴朝上，用专用吊具将后副箱总成吊至主箱连接处，按顺序紧固后盖壳体与主箱的连接螺栓，按规定力矩安装输出轴凸缘螺母，完成后副箱总成的装配。连接后副箱气缸上的气管接头。

⑦ 安装上盖总成和换档机构，按对角的顺序分几次旋紧固定螺栓，连接换档机构上的气管接头。

5）注意事项。

① 拆卸上盖总成时，注意防止上盖孔内的弹簧和钢球掉落丢失或混淆。

② 副箱总成在拆装时应使用吊具，同时注意不允许将手伸进主副箱壳体连接处。

③ 拆卸一轴后，应使用一个压板（可自制）和一颗螺栓将一轴齿轮固定在二轴总成上。

④ 二轴总成吊出时，应使其前端向上倾斜，尽可能靠近壳体后，吊出箱体。

⑤ 装配时注意做好一轴齿轮啮合两根中间轴齿轮的"对齿"。

⑥ 应正确规范使用专用工具。

第四步：学生分组及工作实施和总结。

1) 每5~8名学生组成1个工作小组，确定1名小组长，接受工作任务，做好工作准备。
2) 准备好实训用的底盘台架。
3) 研读工单，查阅维修手册（或实训指导书）。
4) 介绍变速器的拆装工艺过程。
5) 回答指导教师的现场提问，接受指导教师的技能考核。
6) 完成工作任务后，对工作过程进行自我评价和小组互评，听取指导教师的点评。
7) 清洁工作场所，清点保养工具设备，完成任务交接。

【团队协作】

配合默契　安全高效

实际维修中，变速器拆装常需多人团队协作。因为商用车变速器体积比较大、重量也大，需要多人配合拆装；在装配过程中，不同人员负责不同部件的安装与检查，相互协作方能确保拆装工作顺利进行。维修团队成员间只有配合默契，才能高效完成复杂变速器拆装任务，靠个人单打独斗是不现实的。

【评价反馈】

检查评估	维修资料、工具、设备的正确使用	A	B	C	D
	操作规范和任务完成情况	A	B	C	D
	任务工单填写	A	B	C	D
	纪律和回答现场提问	A	B	C	D
	团队合作	A	B	C	D
	安全和环保	A	B	C	D
成绩					
评语				教师签字：_____ 日期：_____	

【相关知识】

知识点1：常见多档位变速器的典型结构

多档位变速器的典型结构有三种。

1) 主箱单中间轴，副箱行星齿轮结构。代表产品有德国采埃孚（ZF）、瑞典沃尔沃（Volvo）、德国奔驰（BenZ）、中国东风（DFCV）。

副箱行星齿轮机构的高低档，动力由太阳轮输入，输出状态有两种。

① 低档：齿圈固定，行星架输出。
② 高档：行星架和齿圈锁在一起，三者被锁成一体。

2）主箱双中间轴，副箱双中间轴结构。代表产品有美国伊顿（EATON）、中国法士特（Fast）。

3）主箱单中间轴，副箱单中间轴结构。代表产品有日本日产柴（UD）。

知识点 2：中重型变速器产品分类

1）手动变速器（MT）：机械式手动变速器，是其余两种变速器的基础，也是目前广泛采用的形式。

2）机械式自动变速器（AMT）：在手动变速器的基础上加装电控、气控单元，实现自动换档。

3）全自动变速器（AT）：在行星齿轮机构前加装液力变矩器，实现无冲击、无动力中断换档。采用电子控制系统实现自动换档。

知识点 3：变速器的编号规则

1）东风变速器产品型号规则，如图 3-1-3 所示。

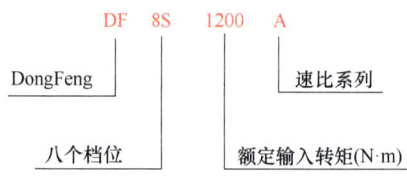

图 3-1-3　东风变速器产品型号规则

2）陕汽变速器产品型号规则，如图 3-1-4 所示。

3）ZF 变速器产品型号规则，如图 3-1-5 所示。

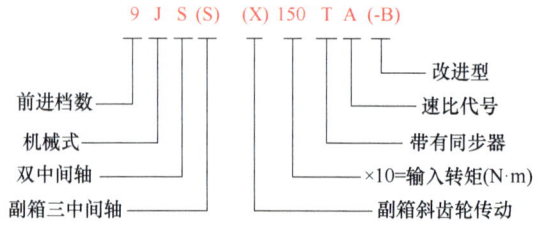

图 3-1-4　陕汽变速器产品型号规则

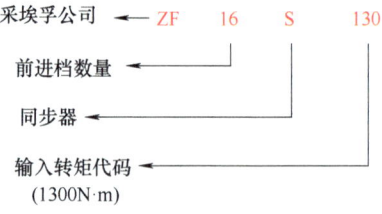

图 3-1-5　ZF 变速器产品型号规则

知识点 4：同步器

汽车变速器内的同步器使变速器换档轻便、迅速、无冲击、无噪声，且可延长齿轮寿命，提高汽车的加速性能并节油，故变速器除倒档外，其他档位多装用同步器。要求同步器转矩容量较大、性能稳定、耐用。惯性同步器能确保同步器啮合换档，性能稳定、可靠。它分为惯性锁止式和惯性增力式两种，使用最广泛的是锁环式、锁销式等惯性锁止式同步器。

1. 双锥面锁环式同步器

双锥面锁环式同步器结构如图 3-1-6 所示，由于其结构紧凑、性能良好、使用可靠、成本低，目前得到广泛应用。其不足之处在于同步器摩擦力矩偏小。双锥面锁环式同步器是在工作原理和结构布置与锁环式同步器基本类似的基础上,开发设计的一种新型同步器装置,它既继承了锁环式同步器的优点,又在提高同步器摩擦力矩上弥补了其不足,主要用于主箱。

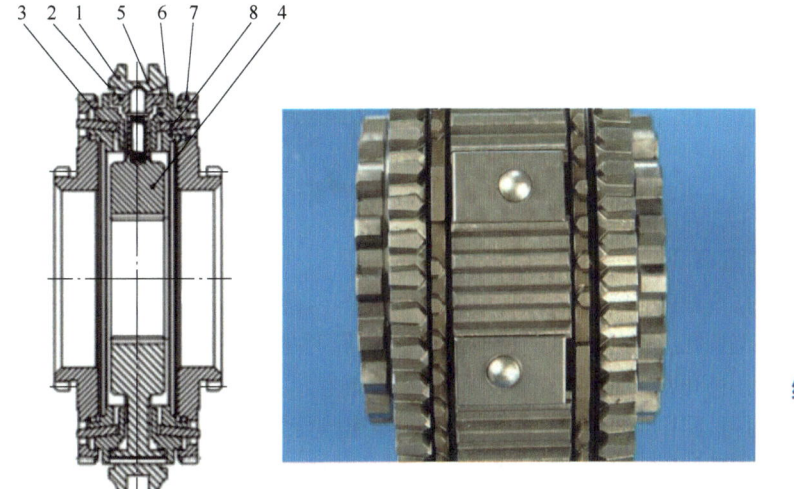

图 3-1-6　双锥面锁环式同步器

1—同步器齿套　2—定位块　3—弹簧　4—同步器齿毂　5—同步器外锥　6—同步器双锥
7—同步器接合齿　8—同步器内锥

2. 锁销式同步器

锁销式同步器要比锁环式同步器耐冲击力。后副箱速比级差大(4.55),需要的同步容量大,因而在转换高低档时气缸的推力大,这样就造成了挂档时的冲击力相应增大,因此后副箱通常选用锁销式同步器,如图3-1-7所示。因为是气操纵,该同步器为单向式,摩擦面材料选用碳纤维。

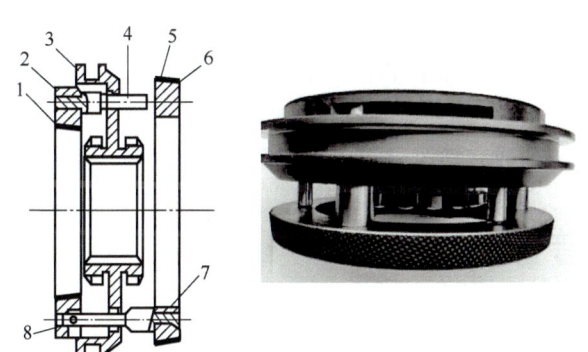

图 3-1-7　锁销式同步器

1—高档摩擦带　2—高档同步环　3—滑动齿套　4—高档锁止销　5—低档摩擦带　6—低档锥环
7—低档锁止销　8—弹簧

知识点5:变速器常用的操纵机构形式

变速器常用的操纵机构形式如图3-1-8所示。国内大多数车辆都采用的是远距离操纵机构。

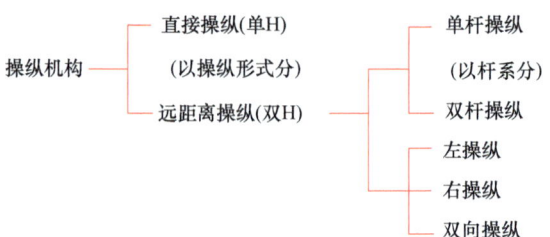

图 3-1-8 变速器操纵机构形式

知识点 6：多档变速器的拆装注意事项

1. 拆卸注意事项

1）拆卸时，应使用专用工具，切勿野蛮操作，避免损坏零件。

2）在拆卸各种总成时，要把所有零件按拆卸时的顺序放在干净的工作台上。这样会方便后期装配，还可减少丢失、漏装零件的可能性。

3）一轴可以不用拆卸中间轴、二轴和一轴齿轮而被拆下来。

4）应在一个干净的场地进行维修，不要让灰尘或其他杂物进入变速器内部。在开始拆卸之前应该仔细地清理变速器外部。

5）对一些装配标记进行确认，或自行制作装配标记。

6）在拆卸同步器总成之前，必须标记同步器齿毂和同步器齿套的安装方向。

7）拆卸输出轴凸缘螺母时，应使主箱内两个同步器分别与齿轮啮合，如图 3-1-9 所示（实际操作中如果接合套或滑套不容易拨动，可以用铜棒卡住齿轮不让其转动）。

2. 装配注意事项

1）重新装配变速器时，要全部使用新的衬垫。

2）在安装上盖总成之前，应将各档滑套、各档拨叉置于空档位置，以便容易安装到位。

3）为了防止漏油，所有的螺钉都要使用螺纹密封胶；所有的 O 形圈在安装前都应用硅脂润滑剂润滑。

4）初始润滑装配过程中，所有的止推垫圈都要涂上润滑脂进行初始润滑，可以防止划伤或磨损。

5）为防止轴无法转动或转动沉重，应检查确保对齿标记正确，如图 3-1-10 所示。

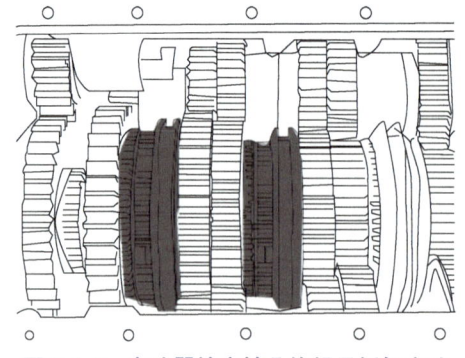

图 3-1-9 变速器输出轴凸缘螺母拆卸方法

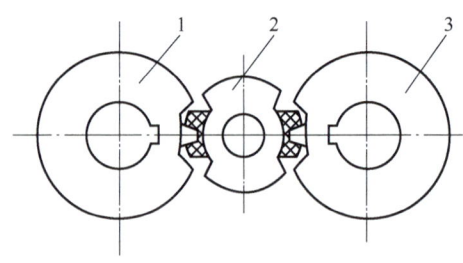

图 3-1-10 变速器总成对齿示意图

1—左中间轴齿轮 2—一轴齿轮 3—右中间轴齿轮

对齿是装配过程中非常重要的一环。只有把齿轮按照标记安装好，才能保证齿轮正确啮合，动力正常传递，否则会造成中间轴挤压壳体，导致事故发生。

6）按规定力矩拧紧各螺栓和螺母。

知识点7：多档变速器结构简图和动力传递路线图

图3-1-11所示为法士特12JS160T变速器结构简图和动力传递路线图。

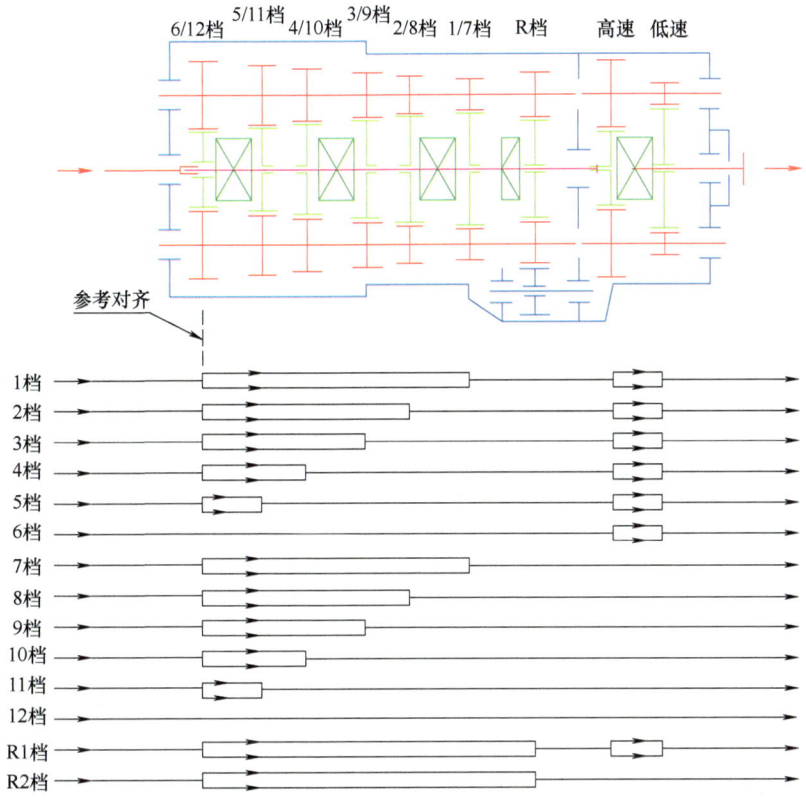

图3-1-11　法士特12JS160T变速器结构简图和动力传递路线图

工作任务2　变速器齿轮油更换及保养

【情境描述】

一辆东风天龙牵引车驾驶员反映该车到达保养周期，经过技师初步检查，确认需对该车的变速器齿轮油等进行更换，同时对变速器进行相关保养作业。

【学习目标】

1. 学生应以小组工作的方式完成本项工作任务。
2. 学生应能在小组成员的配合下，利用车辆维修手册（或实训指导书），制订工作计划，实施工作计划。

3. 能够规范正确地完成商用车变速器齿轮油的更换。
4. 能够规范完成变速器的其他保养作业。
5. 树立 S（安全）+5S 理念 + 质量意识。

【任务分组】

班级		组号		指导教师	
组长		组员			
任务分工					

【获取信息】

引导问题 1：变速器的保养内容有哪些？

引导问题 2：变速器齿轮油的正确油面位置如何确认？

引导问题 3：变速器齿轮油更换的注意事项有哪些？

【工作实施】

第一步：查找维修手册。
第二步：制定操作方案。

第三步：实施操作。
1）准备好常用维修工具、专用维修工具、检测工具和易耗材料。
2）先清洁变速器总成表面，拆下通气塞。
3）变速器齿轮油的排放和滤芯的拆卸。
① 选择合适工具拧松放油螺塞，将旧齿轮油排放到专用容器中。
② 待旧齿轮油基本排放干净后，使用专用工具拆卸变速器滤芯。
4）变速器齿轮油和滤芯的更换。
① 更换新的规定型号的变速器滤芯，使用扭力扳手按规定力矩拧紧螺栓。
② 使用扭力扳手按规定力矩拧紧放油螺塞。
③ 加入规定牌号和数量的变速器齿轮油。
④ 安装通气塞。
5）注意事项。

① 更换变速器齿轮油应先热车后静置至变速器壳体外温度降至50℃以下方可进行。

② 变速器齿轮油更换完成后，需热车至30~40℃，检查滤芯和放油螺塞处是否渗漏，确认油面高度。

③ 放油螺塞应按车辆维修手册的规定予以整体更换或更换密封垫片。

第四步：学生分组及工作实施和总结。

1）每5~8名学生组成1个工作小组，确定1名小组长，接受工作任务，做好工作准备。

2）准备好实训用的底盘台架。

3）研读工单，查阅维修手册（或实训指导书）。

4）介绍变速器保养的工艺过程。

5）回答指导教师的现场提问，接受指导教师的技能考核。

6）完成工作任务后，对工作过程进行自我评价和小组互评，听取指导教师的点评。

7）清洁工作场所，清点保养工具设备，完成任务交接。

【评价反馈】

检查评估	维修资料、工具、设备的正确使用	A	B	C	D
	操作规范和任务完成情况	A	B	C	D
	任务工单填写	A	B	C	D
	纪律和回答现场提问	A	B	C	D
	团队合作	A	B	C	D
	安全和环保	A	B	C	D
成绩					
评语				教师签字：_____ 日期：_____	

【相关知识】

知识点1：变速器的保养内容

1. 油量检查及润滑油路的保养

按照厂家规定定期检查壳体表面及各密封面处是否有油渗出痕迹，若有，需要补充适量齿轮油；定期更换变速器齿轮油，以免因油的变质、稀释而造成齿面磨损或因油的结胶堵塞各处的润滑油孔，使旋转件因缺油而失效；同时油结胶还会填满同步器锥环外缘的齿纹，使摩擦系数下降，导致同步器失效。与更换变速器齿轮油有关的"孔"如图3-2-1所示。

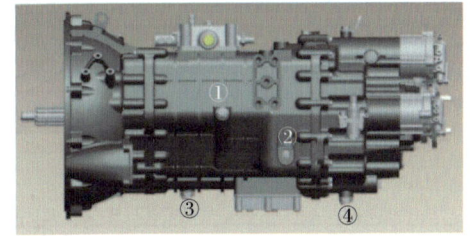

图3-2-1 与更换变速器齿轮油有关的"孔"

1—加油孔 2—油面观察孔 3—主箱放油孔
4—副箱放油孔

2. 通气塞检查

发现有污泥堵塞情况，应随时清理，通气塞堵塞会使变速器内压升高，造成油封及接合面漏油。

3. 润滑脂加注

润滑变速器一轴的前支撑轴承（曲轴后中心孔内），润滑脂嘴装在发动机飞轮上，将离合器壳底盖卸下，转动曲轴使润滑脂嘴向下即可加注；注入润滑脂不能过多，只注四五下即可，以免沾污离合器摩擦片。

4. 气路检查

冷凝块、锈渣和其他杂质经过气管停留在气路中，损坏气路零件，造成变速器无法正常选、换档操作。

应将储气筒定期排空，变速器上的减压阀，气路控制阀，前、后气缸及集成在气缸盖总成上的换档控制阀也要进行相应清理。

知识点 2：变速器齿轮油的正确油面位置

油面确认根据变速器结构不同分为加油孔确认和观察孔确认两种。

1. 加油孔确认

如图 3-2-2 所示，要确保油面与注油口下沿平齐。油面高度由壳体侧面的锥形加油孔检查，油面注至孔口处出现溢出即可。过多的加油量将会导致变速器温度升高和漏油；过少的加油量将会导致零件润滑不良，严重者将会发生烧箱事故。

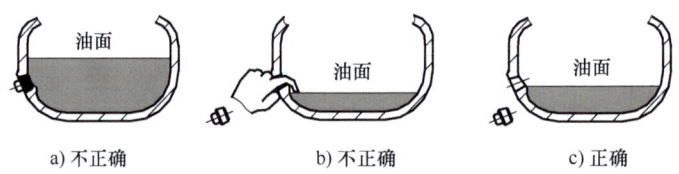

图 3-2-2　商用车变速器油面检查

2. 观察孔确认

如图 3-2-3 所示，通过观察孔观察油面高度时，油面高度在中心线和最大油面高度之间时为合适状态。

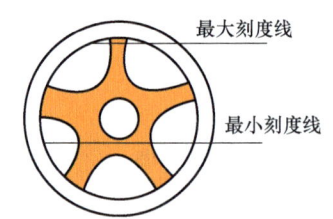

图 3-2-3　商用车变速器加油量观察孔

知识点 3：变速器齿轮油更换的注意事项

1）使用厂家推荐牌号的齿轮油，更换齿轮油前，必须将变速器内原有的齿轮油排放干净。

2）为延长变速器各部件的使用寿命，保证变速器在清洁的环境中运行，在进行换油保养时，需更换滤清器中的滤芯，清理过滤网中的杂质。

3）车辆换油时必须停置于水平路面上并熄火，为避免换油过程中油温过高带来的风险，同时由于热油的体积膨胀会造成测量不准，行驶后的车辆不能立刻检查，只有在油面稳定和稍冷一些时才可以进行。

4）如果变速器安装了取力器或缓速器，使用时间超过 50% 的驾驶时间，换油里程和滤芯更换的时间需要根据工况调整确定。

5）如果变速器总成需要修理，开箱检查后，例如修理取力器或冷却器，需要在 4 周内额外地更换齿轮油和滤芯，确保变速器清洗干净。

【环保与节约】

回收利用　持续发展

变速器油属于危险废弃物，如果随意排放，会对土壤、水源造成严重污染，危及生态平衡与人类健康。因此应正确处理工业用废油，将其对环境的污染降至最小。我们应树立起生态保护意识，明白每一个小小的操作都关乎地球家园，在未来工作中要严格遵循环保法规，正确处理变速器油。

变速器废油仍有部分可回收利用价值，可以通过正规的途径合理再利用，既能节约企业成本，又符合我国可持续发展战略。

日常生活中，我们也应该珍惜资源，不铺张浪费，一粥一饭当思来之不易，养成勤俭节约的好习惯，将这种理念贯穿到整个职业生涯，为建设资源节约型社会出一份力。

工作任务 3　变速器跳档故障排除

【情境描述】

一辆东风天龙牵引车驾驶员反映该车变速器存在跳档现象，经过技师初步检查，确认需对该车的变速器进行拆检，确认故障点，并予以排除。

【学习目标】

1. 学生应以小组工作的方式完成本项工作任务。
2. 学生应能在小组成员的配合下，利用车辆维修手册（或实训指导书），制订工作计划，实施工作计划。
3. 能够具备分析判断导致变速器跳档原因的能力。
4. 能够规范完成变速器跳档的检修作业。
5. 树立 S（安全）+5S 理念 + 质量意识。

【任务分组】

班级		组号		指导教师	
组长		组员			
任务分工					

【获取信息】

引导问题 1：变速器常见的故障现象有哪些？

___

引导问题 2：导致变速器跳档的原因有哪些？

___

引导问题 3：变速器在检修作业中的检查测量项目有哪些？

___

【工作实施】

第一步：查找维修手册。
第二步：制定操作方案。

___

第三步：实施操作。
1）准备好常用维修工具、专用维修工具、检测工具和易耗材料。
2）首先确认跳档档位，检查换档机构的调整和驾驶室内的变速杆是否过于沉重。
3）变速器总成的检修。
① 用百分表检查变速器输入轴的跳动量，应不大于 0.4mm。
② 拆卸变速器上盖，检查变速器拨叉轴的自锁弹簧压力是否正常和钢球是否损坏，拨叉轴定位凹槽是否磨损异常。
③ 检查跳档档位对应同步器啮合的锥齿轮和接合套是否磨损异常。
4）变速器及总成的装复。
① 将异常磨损或损坏的零部件按照标准要求予以更换。
② 装复变速器总成。
5）注意事项。
① 参照车辆维修手册的标准值进行检修。
② 按照变速器跳档故障检修流程进行作业。
③ 安装零部件时注意装配标记和紧固力矩。
第四步：学生分组及工作实施和总结。
1）每 5~8 名学生组成 1 个工作小组，确定 1 名小组长，接受工作任务，做好工作准备。

2）准备好实训用的底盘台架。
3）研读工单，查阅维修手册（或实训指导书）。
4）介绍变速器跳档的检修作业过程。
5）回答指导教师的现场提问，接受指导教师的技能考核。
6）完成工作任务后，对工作过程进行自我评价和小组互评，听取指导教师的点评。
7）清洁工作场所，清点保养工具设备，完成任务交接。

【评价反馈】

检查评估	维修资料、工具、设备的正确使用	A	B	C	D
	操作规范和任务完成情况	A	B	C	D
	任务工单填写	A	B	C	D
	纪律和回答现场提问	A	B	C	D
	团队合作	A	B	C	D
	安全和环保	A	B	C	D
成绩					
评语				教师签字：_____ 日期：_____	

【相关知识】

知识点1：变速器常见的故障部位、故障现象及原因

1. 常见故障部位

常见故障部位包括同步器、自锁装置、互锁装置、轴承和花键等。

2. 常见故障现象及原因

（1）变速器异响　可能原因有齿轮油变质、输入轴花键磨损、对齿不当、一轴齿轮和轴承磨损或有裂纹、二轴齿轮和轴承磨损或有裂纹、中间轴齿轮和轴承磨损或有裂纹等。

（2）变速器过热　可能原因有车辆长期低速、超速或超载行驶，齿轮油牌号或液位不合格，轴承损坏，装配间隙不当等。

（3）变速器跳档

1）主变速器跳档。可能原因有变速杆异常，变速器操纵换档机构调整不当、松动、干涉，输入轴与发动机飞轮内的导向轴承连接异常，拨叉或拨叉定位槽磨损，各轴齿轮磨损，同步器异常等。

2）副变速器跳档。可能原因有传动轴与变速器输入端连接异常、副箱气路系统压力异常、各轴齿轮磨损、同步器异常等。

（4）变速器换档困难或不能换档　换档困难，大多数发生在平头车所用的远距离操纵装置上，所以在检查变速器换档困难的原因时，必须首先检查远距离操纵装置的连接杆件。而连接杆件中的问题又是由于连接叉或衬套的磨损、咬合、调整不当和关节润滑不良或机

械障碍限制了杠杆的自由运动等原因造成的。为了确定换档困难是否是由于变速器本身引起的，就需要把变速杆或连接杆从变速器上边拆掉，然后用撬杠或螺丝刀移动换档导块，使其啮合入各个档位。如果拨叉轴能轻松地滑动，说明故障存在于变速器外部，反之故障存在于变速器内部。在挂倒档时出现此问题，也要注意是否为倒档开关故障。

1）主变速器换档困难或不能换档。可能原因有离合器工作异常、飞轮导向轴承磨损或损坏、换档机构壳体或内部损坏、整车操纵杆装配异常、拨叉轴异常、中间轴齿轮异常、一轴与中间轴"对齿"异常、二轴及齿轮异常、同步器损坏、变速器油不当或油位低等。

2）高低档滞缓或不能换档。可能原因有调压阀异常、气管异常、双H阀异常、气缸活塞异常、同步器异常等。

（5）变速器漏油

1）变速器输入端漏油。可能原因有一轴油封异常、一轴盖板密封性异常、一轴后轴承异常、通气塞异常等。

2）变速器输出端漏油。可能原因有输出轴油封和端面O形密封圈异常、输出轴轴承座端面密封性异常、输出轴法兰损坏、输出轴轴承异常、通气塞异常、后壳体与主箱体间密封性异常、后壳体或输出轴轴承盖状况异常等。

3）变速器壳体漏油。可能原因有变速器壳体状况异常，变速器加、放油口问题。

知识点2：变速器跳档

1. 主变速器跳档

当移动接合齿座（二轴滑套）与主轴齿轮啮合时，相啮合的齿必须平行。如果接合齿有锥度或已磨损，在旋转时便有分离的趋势，在一定的条件下就会引起跳档。

跳档原因可能有：

1）变速器输入轴与发动机飞轮内的导向轴承不同心（轴承损坏、发动机与变速器不对中、发动机支撑损坏、变速器或飞轮壳螺栓松动）。

2）换档撞击和长期使用后的正常磨损或松动（换档时齿轮之间猛烈碰撞，引起接合齿端面磨损成锥状、拨叉磨损、拨叉轴定位槽过度磨损、滑套插槽磨损；选换档拨块、选换档轴或拨叉轴松动），尤其考虑同步器的损坏或过度磨损。

3）由于锁止弹簧弹力变弱或损坏造成拨叉轴定位钢球上的压力不够。

4）远距离换档操纵机构的连杆调整不当，引起齿轮接合齿与滑套不能全长啮合。

5）当车辆以全功率牵引或在有负荷推动的情况下，减速时常会发生跳档。

6）当车辆行驶在不平路面上时，太长太重的变速杆会产生像钟摆一样的摆动。变速杆的摆动会克服锁止弹簧的压力，引起掉档。

7）中间轴的轴向间隙过大。

2. 副变速器跳档

引起副变速器跳档的原因可能有：

1）换档撞击和长期使用后的正常磨损，副箱驱动齿轮和同步器滑套接合齿磨损、有锥度或非全长啮合引起（齿轮受轴扭曲影响离开"对齿"位置、接合齿有锥度等）。

2）由于传动轴安装不当所产生的振动。

3）气路系统压力不够（调压阀有缺陷、气管或接头松动、气管或接头被夹扁）也会引起跳档。

知识点 3：变速器在检修作业中的检查测量项目

变速器进行再装配之前应当对各个零件进行仔细的检查，避免将损坏件装入箱内，造成不必要的损失。需检查测量的项目如下。

1. 轴承

1）把所有的轴承放在干净的溶液中清洗。检查钢球、滚柱和轴承滚道是否有麻坑或剥落。

2）洗净未损坏的轴承，检查轴向和径向间隙（极限 0.2mm），如图 3-3-1 所示。更换间隙过大的轴承。

3）检查轴承与壳体孔的配合。如果外环能在孔内自由地转动，壳体就应当予以更换。

2. 齿轮

1）检查轮齿的齿面是否有点蚀，应当更换产生齿面点蚀的齿轮。

2）检查所有的啮合齿轮。齿轮磨损成锥形或因换档撞击而减少了啮合长度的齿轮都应予以更换。

3）检查齿轮的轴向间隙。发现间隙过大的部位应检查齿轮的开口环、垫圈、调整垫和齿轮的凸缘是否有过量的磨损。二轴前进档齿轮要保持 0.13~0.30mm 的轴向间隙，倒档齿轮为 0.30~0.90mm。

4）检查齿轮的内孔径，如图 3-3-2 所示，磨损极限 0.2mm。

图 3-3-1 轴承径向圆跳动检查

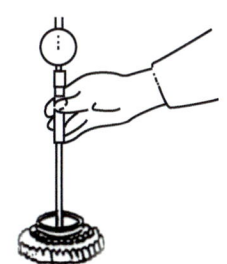

图 3-3-2 齿轮内孔径检查

3. 轴

1）检查轴的径向圆跳动，如图 3-3-3 所示，跳动量极限 <0.1mm。

2）检查所有轴上花键的磨损程度。如果滑动齿套、输出法兰盘由于磨损偏向花键的一侧，就应更换。

4. 止推垫圈

检查所有止推垫圈的表面情况，有划伤或者厚度减薄的垫圈应予更换。

5. 灰铸铁零件

检查所有的灰铸铁零件是否有裂纹或者损坏。大型铸件可以进行熔焊或者铜焊，但所产生的热裂纹不得延展到轴承孔或螺栓连接表面。

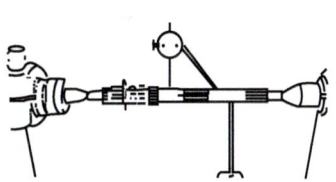

图 3-3-3 轴的检查

6. 轴承盖

1）检查止口的磨损情况。

2）检查一轴轴承盖内的油封和里程表壳体内的油封，如果唇部的密封作用失效，要更换密封件。

7. 同步器

1）检查高低档同步器是否有毛刺，不平整处和接触面是否有过度磨损情况。

2）检查锁止销是否过度磨损。

3）检查高低档同步器的接触面是否过度磨损。烧伤的同步器或者接触面烧伤的高低档齿轮应当予以更换。

4）同步器后备行程的检查：以双锥面锁环式同步器为例，双锥面同步器装配前，应使用塞尺进行间隙测量，即同步器后备行程检查，如图 3-3-4 所示。前副箱高、低半档同步器后备行程最小为 1.6mm；主箱两套双锥面同步器后备行程最小为 2.0mm；后置副箱高低档同步器后备行程最小为 2.2mm。间隙过大会影响同步器的效果和寿命；间隙过小会造成锥面的润滑不好，严重者会造成锥面烧死。注意：如果测量值小于规定的间隙，需分别检查同步器锥环和同步环的磨损情况，确定单独更换或全部更换。

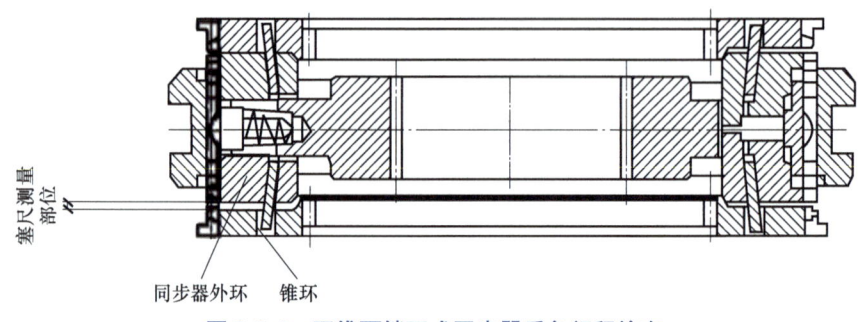

图 3-3-4　双锥面锁环式同步器后备行程检查

5）同步器齿毂和滑块的间隙检查，如图 3-3-5 所示。

6）检查所有的拨叉和接合套的拨叉槽是否过度磨损或者由于过热而变色；检查接合套的花键齿，看其接触区是否偏斜。

7）限位弹簧自由长度检查，如图 3-3-6 所示。

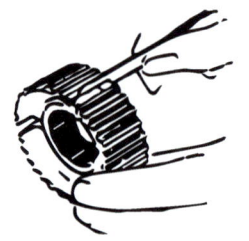 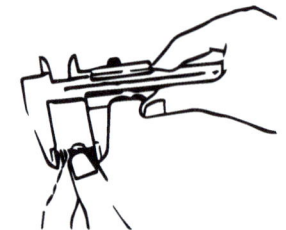

图 3-3-5　同步器齿毂和滑块的间隙检查　　图 3-3-6　限位弹簧的检查

8. O 形圈

检查所有 O 形圈的破裂和变形情况，如果磨损或破损要予以更换。

工作任务 4　变速器换档机构的检修

【情境描述】

一辆东风天龙牵引车驾驶员反映该车变速器存在挂档困难现象，经过技师初步检查，确认需对该车的变速器进行拆检，确认故障点，并予以排除。

【学习目标】

1. 学生应以小组工作的方式完成本项工作任务。
2. 学生应能在小组成员的配合下，利用车辆维修手册（或实训指导书），制订工作计划，实施工作计划。
3. 能够具备分析判断导致变速器挂档困难原因的能力。
4. 能够规范完成变速器换档机构的检修作业。
5. 树立 S（安全）+5S 理念 + 质量意识。

【任务分组】

班级		组号		指导教师	
组长		组员			
任务分工					

【获取信息】

引导问题 1： 变速器换档装置有哪些结构形式？

引导问题 2： 商用车变速器操纵机构操纵手球位置有哪些布局？

引导问题 3： 商用车多档变速器换档机构中的气路控制工作原理是什么？

引导问题 4： 变速器换档机构出现问题会造成哪些故障现象？

引导问题 5： 变速器换档机构的检查测量项目有哪些？

【工作实施】

第一步：查找维修手册。
第二步：制定操作方案。

第三步：实施操作。

1）准备好常用维修工具、专用维修工具、检测工具和易耗材料。

2）首先确认挂档困难的档位。

3）变速器总成的检修。

① 检查变速器调压阀后气压是否满足要求，确定副箱工作气压。

② 拆卸变速器总成。

③ 检查双H阀柱塞是否工作正常。

④ 检查后副箱气缸气密性及活塞和拨叉是否正常。

⑤ 检查自锁弹簧压力和钢球是否异常，拨叉轴磨损是否异常。

⑥ 检查跳档档位对应同步器摩擦锥环、锥齿轮和接合套的磨损情况。

4）变速器及总成的装复。

① 将异常磨损或损坏的零部件按照标准要求予以更换。

② 装复变速器总成。

5）注意事项。

① 参照车辆维修手册的标准值进行检修。

② 按照变速器挂档困难故障检修流程进行作业。

③ 安装零部件时注意装配标记和紧固力矩。

第四步：学生分组及工作实施和总结。

1）每5~8名学生组成1个工作小组，确定1名小组长，接受工作任务，做好工作准备。

2）准备好实训用的底盘台架。

3）研读工单，查阅维修手册（或实训指导书）。

4）介绍变速器挂档困难的检修作业过程。

5）回答指导教师的现场提问，接受指导教师的技能考核。

6）完成工作任务后，对工作过程进行自我评价和小组互评，听取指导教师的点评。

7）清洁工作场所，清点保养工具设备，完成任务交接。

【评价反馈】

检查评估	维修资料、工具、设备的正确使用	A	B	C	D
	操作规范和任务完成情况	A	B	C	D
	任务工单填写	A	B	C	D
	纪律和回答现场提问	A	B	C	D
	团队合作	A	B	C	D
	安全和环保	A	B	C	D
成绩					
评语				教师签字：_____ 日期：_____	

项目 3　变速器的构造与检修

【相关知识】

知识点 1：商用车多档变速器操纵机构

1. 手动变速器

1）以 9 档变速器为例，双中间轴变速器操纵机构分为直接操纵（单 H）和远距离操纵（双 H）两种形式。单 H 换档机构有一个空档，如图 3-4-1 所示。双 H 换档机构有两个空档，一个在低档区的 3/4 档位置，另一个在高档区的 5/6 档位置，如图 3-4-2 所示。

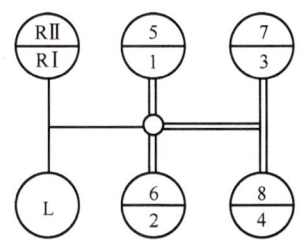

图 3-4-1　单 H 换档机构操纵手球位置　　图 3-4-2　双 H 换档机构操纵手球位置

2）12 档全同步器系列变速器基本操纵机构为单 H 型远距离操纵机构，结构紧凑，档位清晰，手感好，R1、1、2、3、4、5、6 档在低档区，R2、7、8、9、10、11、12 档在高档区，低档区空档位置在 3/4 档，高档区空档位置在 9/10 档，如图 3-4-3 所示。

3）14 档变速器操纵手球及其档位如图 3-4-4 所示。

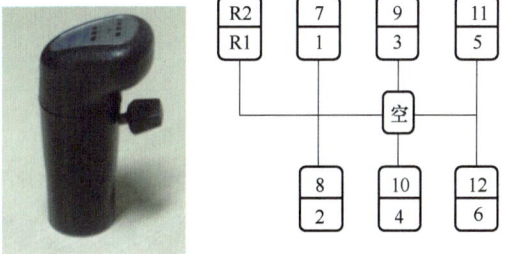

图 3-4-3　12 档变速器操纵手球及其档位

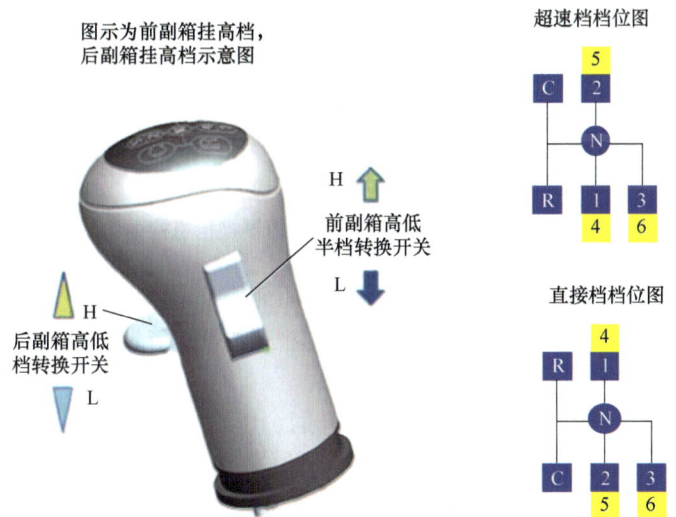

图 3-4-4　14 档变速器操纵手球及其档位

2. 自动变速器

自动变速器换档操纵机构及各按键如图 3-4-5 所示。

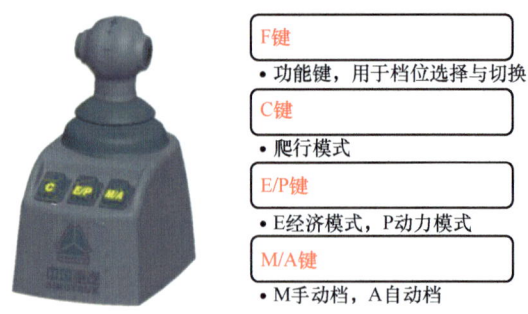

图 3-4-5　自动变速器换档操纵机构及各按键

知识点 2：变速器换档机构中的气路控制工作原理及检修

1. 气路控制

以法士特 12JSD200T［A］变速器换档机构气路控制为例，其气路控制如图 3-4-6 所示。

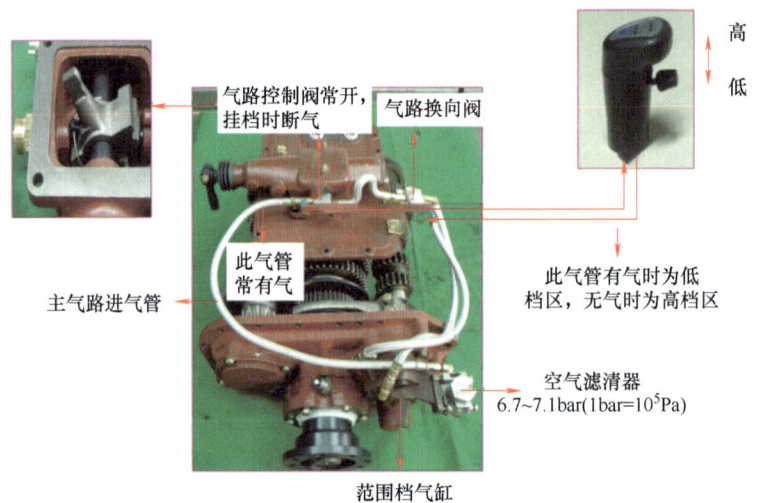

图 3-4-6　法士特 12JSD200T［A］变速器换档机构中的气路控制

2. 气路控制工作原理

1）来自整车的 0.7~0.8MPa 压缩空气，经空气滤清调节器调压为 0.67~0.71MPa 后，进入主气管和控制气管。

2）当主箱处于空档位置时，气路控制阀开通，压缩空气继而进入气路换向阀。

3）预选开关手柄选低档，手柄的拨头处于低位，控制出气管有气，推动气路换向阀打开低档气路，如图 3-4-7 所示。压缩空气通过低档气管进入换档气缸的低档进气口，换档气缸活塞带动副箱同步器滑套和副箱减速齿轮的接合齿接合，此时变速器全部呈现出低档，分别为 R1、1、2、3、4、5、6 档。

4）预选开关手柄选高档，手柄的位置处于高位，控制出气管无气，则压缩空气通过气路换向阀高档出气口进入高档气管至副箱换档气缸的高档进气口，换档气缸活塞带动副箱同步器滑套和副箱驱动齿轮的接合齿接合，此时变速器全部呈现高档，分别为 R2、7、8、9、10、11、12 档。

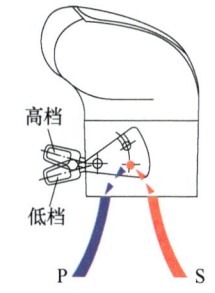

图 3-4-7 预选阀工作原理

3. 气路系统故障的检修

（1）气路检修

1）检查各气管安装是否正确，有无交叉。

2）检查所有气管的接头处有无泄漏。

3）检查所有气管有无裂缝，是否被别的构件夹扁而影响气流的通过。

（2）气路系统零部件检查

1）空气滤清器有无缺陷、泄漏：在车辆气压达到 0.7~0.8MPa 时，在出口处装一气压表，观察是否气压调节为 0.41~0.44MPa，如果读数不符合要求，应更换。

2）双 H 气阀有无缺陷：柱销是否往复自如或磨损过大。柱销在原始位置时，压缩空气通入后，是否仅从出气口 4 流出；柱销受力退到最低位置时，通入压缩空气后，是否仅从出气口 2 流出，如图 3-4-8 所示。如果如此，则双 H 气阀可用，否则应更换。

3）副箱换档气缸的检查：在修复完空气滤清器和双 H 气阀后仍有换档问题，则检查气缸活塞上的 O 形圈或其他密封件是否有缺陷。

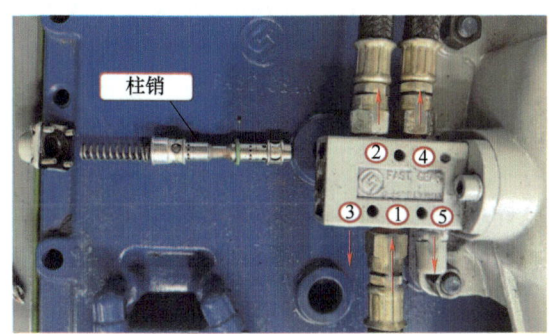

图 3-4-8 双 H 气阀柱销及气口示意图

知识点 3：变速器换档机构检修注意事项

1）装配时不要漏掉零部件。

2）拆卸完双 H 气阀总成后，用铜棒敲击上盖，使其与衬垫分离时，应用手堵住自锁弹簧防止其掉入变速器壳体内，如图 3-4-9 所示。

上盖分解检修时，应注意拨叉轴孔内自锁弹簧粗细设计上存在不一致的情况，维修完成后应按照原状进行装配，切勿混装，如图 3-4-10 所示。

图 3-4-9 拆卸变速器上盖时的注意事项

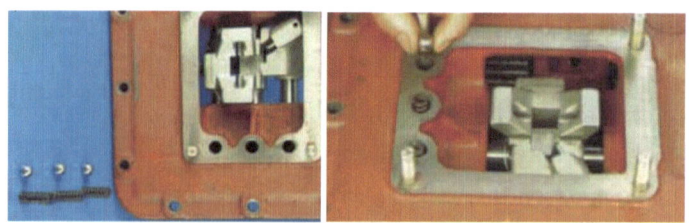

图 3-4-10　变速器自锁弹簧设计上可能存在不一致

3）对气路系统的检查应在发动机熄火,车辆气压为最大名义值时进行。

知识点 4：变速器换档机构问题造成的故障及可能原因

1. 挂档困难

1）主箱挂档困难可能原因有整车操纵杆系连接松动、干涉,拨叉断裂,拨叉叉脚磨损,拨叉轴弯曲、划伤或烧蚀,拨叉轴衬套磨损,拨头、拨块磨损严重,零件错装、漏装,操纵机构调整不当等。

2）副箱挂档困难可能原因有调压阀漏气或损坏、气管损坏或弯曲、双 H 阀柱塞卡塞、气缸破裂或螺母松动、同步器磨损或损坏等。

2. 跳档

1）主箱跳档可能原因有变速杆过长,整车操纵杆系连接松动、干涉,锁止装置中的自锁定位钢球和定位槽等磨损,定位弹簧疲软或折断,拨叉变形,拨叉叉脚和拨叉槽磨损等。

2）副箱跳档可能原因有预选手柄预选阀和气管及气管接头问题、同步器磨损或损坏等。

3. 乱档

可能原因有锁止装置中的互锁定位钢球和互锁销等磨损或丢失等。

4. 换档有噪声

可能原因有整车操纵杆系连接松动、干涉,换档机构壳体损坏,拨叉变形或损坏等。

知识点 5：变速器换档机构的检查测量项目

1）自锁、互锁和倒档锁等锁止装置。

2）换档拨叉与同步器接合套拨叉槽的配合间隙,拨叉磨损极限 <1mm,如图 3-4-11、图 3-4-12 所示。

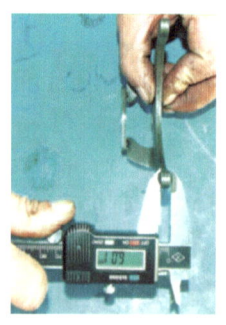 

a) 测量拨叉端部厚度　　b) 测量接合套拨叉槽宽度

图 3-4-11　换档拨叉与同步器接合套拨叉槽配合间隙测量方法一

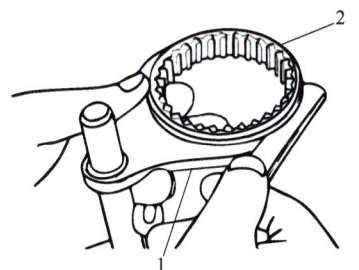

图 3-4-12 换档拨叉与同步器接合套拨叉槽配合间隙测量方法二
1—拨叉 2—接合套

项目 4
万向传动装置的构造与检修

工作任务 1　万向传动装置的拆卸与安装

【情境描述】

一辆陕汽德龙 X3000 商用车在行驶过程中，出现传动轴有响声，且在高速行驶时响声加剧的故障，经过售后服务人员诊断，初步判断为传动轴中间支撑轴承损坏，需要对传动轴进行拆检维修。万向传动装置如图 4-1-1 所示。

图 4-1-1　万向传动装置

【学习目标】

1. 学生应以小组工作的方式完成本项工作任务。
2. 学生应能在小组成员的配合下，利用车辆维修手册（或实训指导书），制订工作计划，实施工作计划。
3. 掌握万向传动装置的组成和结构、应用场合及结构特点。
4. 树立 S（安全）+5S 理念 + 质量意识。

【任务分组】

班级		组号		指导教师	
组长		组员			
任务分工					

【获取信息】

引导问题 1：陕汽德龙 X3000 万向传动装置都由哪些零件组成？

引导问题 2：在实训车辆上找一找，看哪些地方还用到了万向传动装置？

项目4 万向传动装置的构造与检修

引导问题3：万向节的结构特点都有哪些？

_____
_____

【工作实施】

第一步：查找维修手册。
第二步：制定操作方案。

_____
_____

第三步：实施操作。

1）拆卸传动轴前，车辆应停放在水平的路面上，楔住汽车的前、后轮，防止车辆移动造成事故隐患。拆卸时，应对每个零件做好相对位置标识，以确保作业后原位装复，否则极易破坏传动轴的平衡性，导致运转噪声和强烈振动。

2）拆卸传动轴时，应从传动轴后端与驱动桥连接处开始。拆掉驱动桥传动凸缘的连接螺栓、螺母，然后将与中间传动轴凸缘连接的螺栓拧下，拆下传动轴总成，再松开中间支撑与车架的连接螺栓，最后拆掉变速器输出端传动凸缘的连接螺栓、螺母。

3）传动轴拆卸顺序必须遵循的原则：传动轴系统拆卸时，应从后到前；传动轴系统装复时，应从前到后。

第四步：学生分组及工作实施和总结。

1）每5~8名学生组成1个工作小组，确定1名小组长，接受工作任务，做好工作准备。
2）准备好实训用的实训台架。
3）研读工单，查阅维修手册（或实训指导书）。
4）介绍传动轴的拆卸工艺过程。
5）回答指导教师的现场提问，接受指导教师的技能考核。
6）完成工作任务后，对工作过程进行自我评价和小组互评，听取指导教师的点评。
7）清洁工作场所，清点保养工具设备，完成任务交接。

【评价反馈】

检查评估	维修资料、工具、设备的正确使用	A	B	C	D
	操作规范和任务完成情况	A	B	C	D
	任务工单填写	A	B	C	D
	纪律和回答现场提问	A	B	C	D
	团队合作	A	B	C	D
	安全和环保	A	B	C	D
成绩					
评语				教师签字：_____ 日期：_____	

【相关知识】

知识点 1：万向传动装置概述

一般汽车的发动机、离合器与变速器三者合为一体装在车架上，驱动桥通过悬架与车架相连，如图 4-1-2 所示。负荷变化及汽车在不平路面上行驶时引起的跳动，会使驱动桥输入轴与变速器输出轴之间的夹角和距离发生变化，为此采用万向传动装置来实现变速器与驱动桥之间变角度的动力传递。

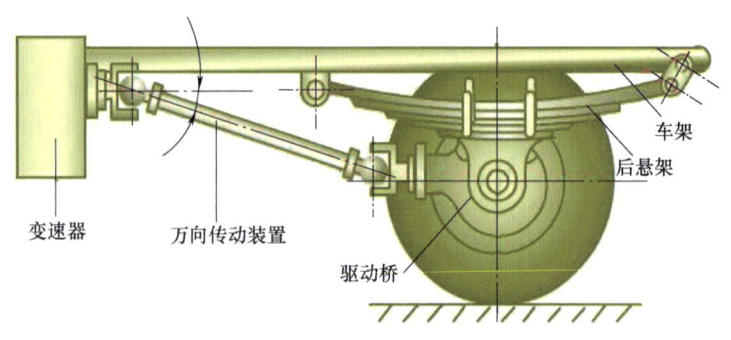

图 4-1-2　万向传动装置的布置

在轴线相交，且相对位置经常发生变化的转轴之间传递动力的装置，称为万向传动装置。万向传动装置一般由万向节和传动轴组件，以及中间支承（中间轴承）组成，如图 4-1-3、图 4-1-4 所示。

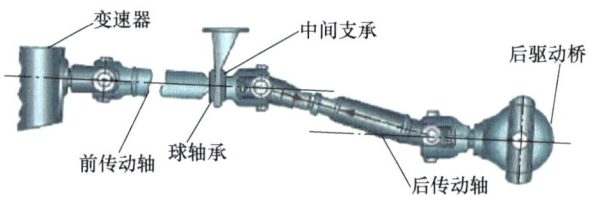

图 4-1-3　带中间支承的万向传动装置

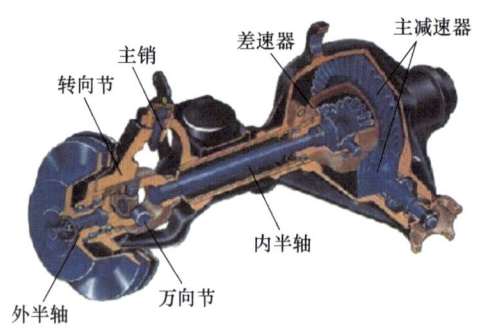

图 4-1-4　转向驱动桥结构

知识点 2：万向传动装置的应用

轴距较大的汽车，由于变速器与后桥距离较远，有的还将传动轴分成两段，即前传动轴（图 4-1-3）和后传动轴并设置了中间支承。

在多轴驱动的汽车上，在分动器与各驱动桥之间或驱动桥与另一驱动桥之间也需要万向传动装置传递动力。变速器与分动器分开时，为了便于装配及考虑车架变形的影响，则变速器与分动器之间也应有万向传动装置（图 4-1-5）。

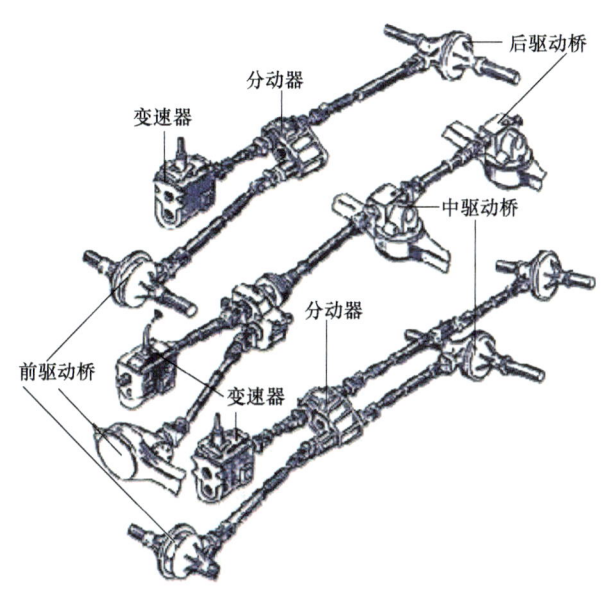

图 4-1-5　万向传动装置用于变速器、分动器、驱动桥之间

在转向驱动桥中，前轮在偏转的过程中也需要传递动力。因此，在非独立式悬架的转向驱动桥中，往往将一侧半轴分为内、外两段半轴，用万向节连接（图 4-1-4）。

不少汽车的转向系统中也采用了万向传动装置（图 4-1-6）。此外，有的汽车动力输出中也需采用万向传动装置。

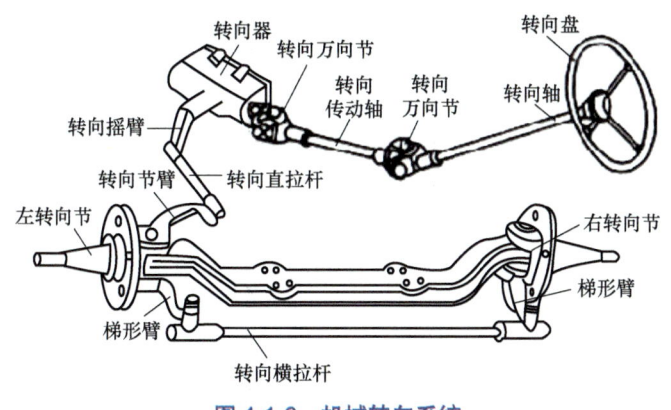

图 4-1-6　机械转向系统

知识点 3：万向节的分类和特点

在万向传动装置中，万向节是实现角度动力传递的机件。万向节用于连接不同心、有夹角且夹角不断变化的两传动轴；需要传递动力的两轴之间的距离较大且不同轴，可以用两根传动轴、中间加一个万向节来连接。

万向节按其刚度大小分为刚性万向节和挠性（弹性）万向节。前者靠刚性铰链式零件传递动力，其弹性小，后者则是靠弹性元件传递动力，其弹性较大，且具有缓冲减振作用，汽车上普遍采用刚性万向节。刚性万向节又分为十字轴式不等速万向节、准等速万向节和等速万向节三大类。

1. 十字轴式不等速万向节

十字轴式不等速万向节因其结构简单、工作可靠、传动效率高，且最大允许相邻两轴的交角为 15°~20°，所以普遍应用于各类汽车传动系统中。

图 4-1-7 所示为解放 CA10B 型汽车上所用的普通十字轴式不等速万向节。两万向节叉上的孔分别活套在十字轴的两对轴颈上。这样当主传动轴转动时，从动轴既可随之转动，又可绕十字轴中心在任意方向摆动。

十字轴不等速万向节

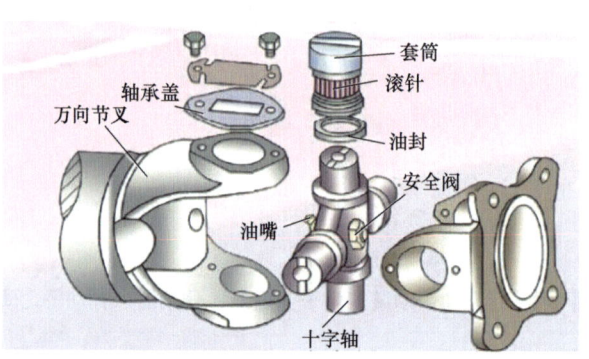

图 4-1-7 解放 CA10B 型十字轴式不等速万向节结构图

为了减少摩擦损失，提高传动效率，在十字轴轴颈和万向节叉孔之间装有由滚针和套筒组成的滚针轴承。为了润滑轴承，十字轴内部加工有相互贯通的孔以储存润滑油，并有油路通向轴颈。润滑油由油嘴注入十字轴内腔。为避免润滑油流出及尘垢进入轴承，在十字轴的轴颈上套着装在金属座圈内的油封。在十字轴的中部还装有带弹簧的安全阀。如果十字轴内腔的润滑油压力大于允许值，安全阀即被顶开而润滑油外溢，使油封不致因油压过高而损坏。

这样的刚性万向节可以保证在轴间交角变化时可靠地传动，并有较高的传动效率，因此在商用汽车上广泛被采用。

2. 准等速万向节和等速万向节

转向驱动桥和独立悬架的驱动桥，因受轴向尺寸限制、转向轮偏转角大等原因，两个普通万向传动装置难以适应，故采用其他形式的准等速和等速万向节。

（1）准等速万向节　准等速万向节只能保证输入轴和输出轴的角速度近似相等，它是根据两个十字轴万向节实现等速传动原理而设计的。常见的准等速万向节有双联式和三销轴式。

1）双联式万向节。双联式万向节是根据双十字轴万向节实现等速传动的原理将传动轴的长度缩短到最小的一种万向节。图 4-1-8 所示双联叉即相当于处于同一平面内的两个万向节叉及传动轴。欲使轴 1 与轴 2 角速度相等，应保证当两轴间有一角度时，$\alpha_1=\alpha_2$ 即可。

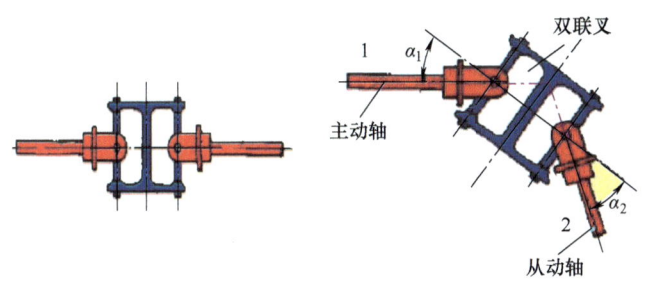

图 4-1-8　双联式万向节示意图

2）三销轴式万向节。三销轴式万向节是由双联式万向节演变出来的一种准等速万向节，如图 4-1-9 所示。它主要由主动偏心轴叉、从动偏心轴叉和两个三销轴组成。主、从动偏心轴叉分别与转向驱动桥的内、外半轴制成一体。叉孔中心线与叉轴中心线互相垂直但不相交。两轴叉由两个三销轴连接。三销轴的大端有一穿通的轴承孔，其中心线与小端轴颈中心线重合。靠近大端两侧的两个轴颈，其中心线与小端轴颈中心线垂直并相交。

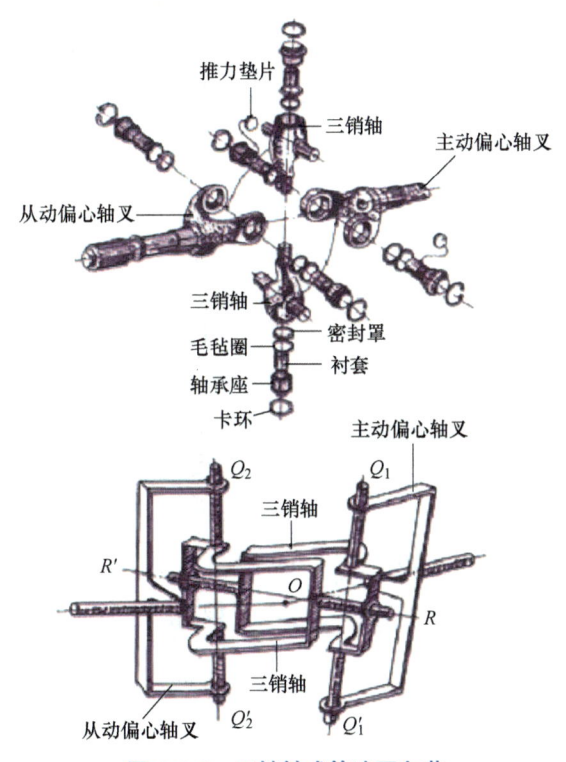

图 4-1-9　三销轴式等速万向节

装配时每一偏心轴叉的两叉孔与一个三销轴大端的两轴颈配合，而两个三销轴小端的轴颈互相插入对方的大端轴承孔内,这样便形成了 Q_1-Q'_1、Q_2-Q'_2 和 R-R' 三根轴线。在与主动偏心轴叉相连的三销轴的两个轴颈端座和轴承座之间装有推力垫片。其余各轴颈端面均无推力垫片,且端面与轴承座之间留有较大空隙,以保证在转向时三销轴与万向节不至于发生运动干涉现象。

(2) 等速万向节　等速万向节的基本原理是从结构上保证万向节在工作中,其传力点始终位于两轴交角的平分面上。两齿轮的接触点位于两齿轮轴线交角的平分面上,两齿轮的圆周速度是相等的,即两齿轮旋转角速度也相同。

若万向节在工作中,其传力点始终在两轴夹角的平分面上,这种万向节就是等速万向节。等速万向节的基本原理是传力点永远位于两轴交点的平分线上。图 4-1-10 所示是等速万向节的工作原理图。两个大小相同锥齿轮的接触点 P 位于两齿轮轴线交角 α 的平分面上,由 P 点到两轴的垂直距离都等于 r。P 点处两齿轮的圆周速度相等,两齿轮的角速度也相等。可见,若万向节的传力点在其交角变化时,始终位于两轴的平分面上,就能保证等速传动。等速万向节的常见结构形式有球笼式和球叉式。

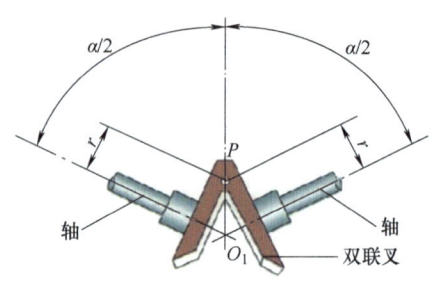

图 4-1-10　等速万向节的工作原理

1) 球笼式等速万向节。球笼式等速万向节如图 4-1-11 所示,主要由星形套 7、球笼 4、球形壳 8 及钢球 6 等组成。星形套 7 通过内花键与中段半轴相连接,用卡环 9、隔套和碟形弹簧轴向限位。星形套 7 的外表面有 6 条曲面凹槽,形成内滚道。球形壳 8 与带花键的外半轴制成一体,内表面制有相应的 6 条曲面凹槽,形成外滚道。球笼 4 上有 6 个窗孔。装合后 6 个钢球分别装于 6 条凹槽中,并用球笼使之保持在一个平面内。工作时,转矩由主动轴 1 传至星形套 7,经 6 个均布的钢球 6 传给球形壳 8,并通过球形壳上的花键轴传至转向驱动轮,使汽车行驶。

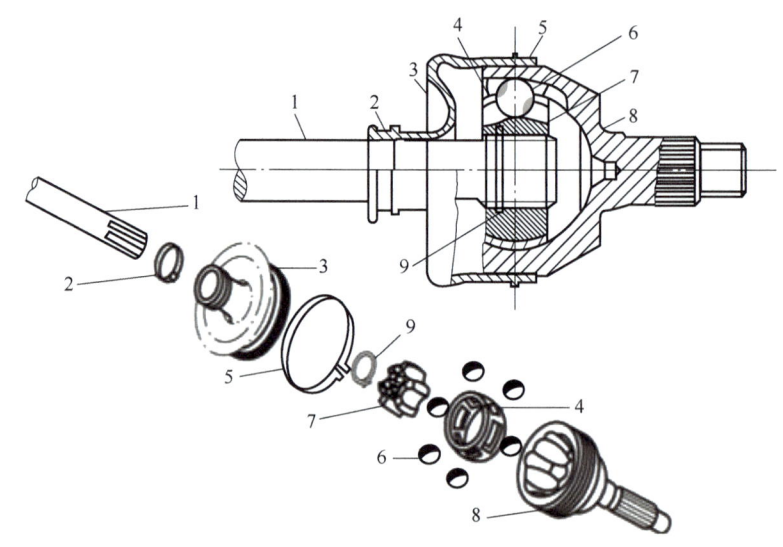

图 4-1-11　球笼式等速万向节

1—主动轴　2、5—卡箍　3—外罩　4—保持架(球笼)　6—钢球　7—星形套　8—球形壳　9—卡环球笼式等速万向节可在两轴最大交角为42°的情况下传递转矩,无论传动方向如何,6个钢球全部传力,如图4-1-12所示。与球叉式万向节相比,在相同的外廓尺寸下,其承载能力强、使用寿命长、结构紧凑、拆装方便,因此被广泛应用于各种型号的转向驱动桥和独立悬架的驱动桥。

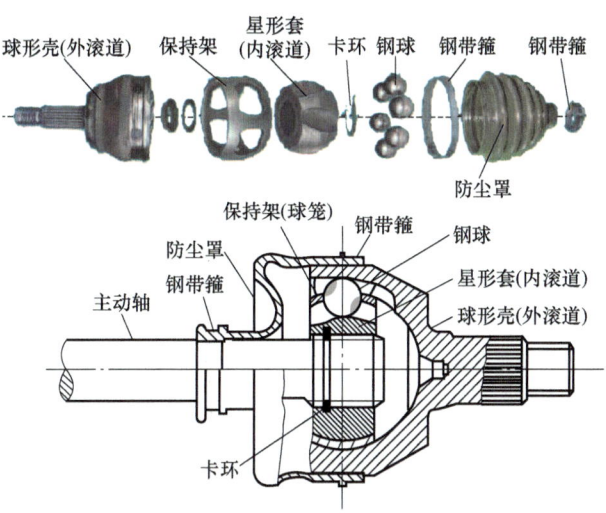

图4-1-12 球笼式等速万向节解剖图

2)球叉式等速万向节。球叉式等速万向节的结构如图4-1-13所示,由主动叉、从动叉、传动钢球和定心钢球组成。其主动叉与从动叉分别与内、外半轴制成一体。在主、从动叉上各有4个曲面凹槽,装合后,形成两条相交的环形槽,作为传动钢球的滚道,4个传动钢球装于槽中,定心钢球放在两叉中心的凹槽内,以定中心。

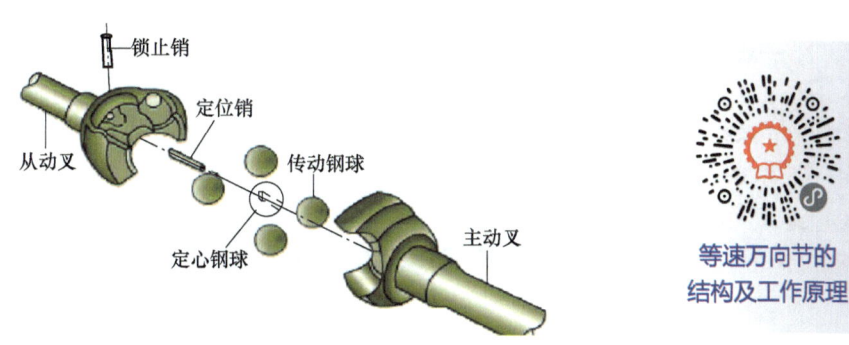

图4-1-13 球叉式等速万向节结构

等速万向节的结构及工作原理

3. 挠性万向节

挠性万向节的特点是其传力元件依靠橡胶盘、橡胶块、橡胶环等弹性元件,以适应变夹角两轴间的传动,从而保证在相交两轴间不发生机械干涉。由于弹性元件变形量有限,故挠性万向节一般用于夹角较小的两轴间和有微量轴向位移的传动场合,如图4-1-14、图4-1-15所示,可使装配方便,不需要轴线严格对正,并能消除车架变形对传动的不利影响。挠性万向节不但结构简单,不需要润滑,而且还具有缓冲和减振作用。

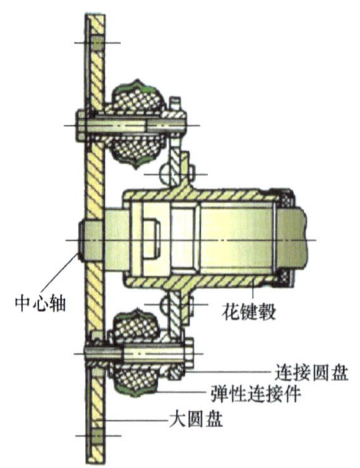

图 4-1-14　上海 SH380A 自卸汽车前万向传动装置

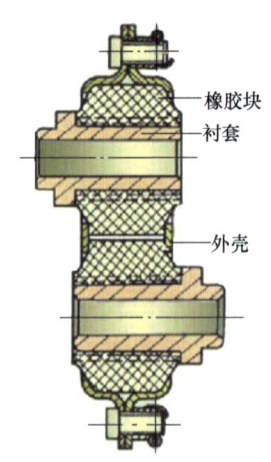

图 4-1-15　弹性连接件

【敬业精神】

艾爱国：焊接熔铸一生匠心

2021 年 6 月 29 日上午，庆祝中国共产党成立 100 周年"七一勋章"颁授仪式举行。在全国人民的共同见证下，习近平总书记向艾爱国颁发"七一勋章"。

艾爱国出生于 1950 年，当时正值新中国成立一周年。"爱国"这个名字具有浓厚的时代特征，也饱含着长辈对他的殷殷期许。名如其人，艾爱国的一生都奔波在制造业生产战线上，他参与和见证着我国工业化发展从无到有的历程。

艾爱国在焊接岗位上一干就是半个多世纪，2015 年，艾爱国退休了，但他并没有选择回家享受含饴弄孙的天伦之乐，而是通过返聘继续留在他热爱的生产科研第一线，担任焊接顾问，为国家的钢铁事业贡献无穷的智慧。

艾爱国的一生蕴含着在基层岗位上将工作做到极致、在时间的淬炼下坚定匠心、在不懈的攀爬中沉淀自我的大国工匠精神。择一业，爱一生，敬业奉献，绘就不凡。

工作任务 2　万向传动装置检修

【情境描述】

针对工作任务 1 拆下的万向传动装置，需要对其进行检修，排查故障原因，并进行维修。万向传动装置如图 4-2-1 所示。

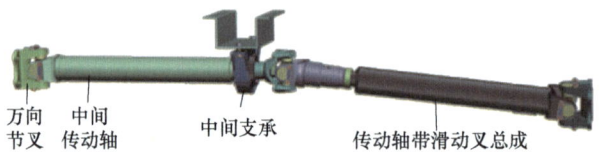

图 4-2-1　万向传动装置

项目 4　万向传动装置的构造与检修

【学习目标】

1. 学生应以小组工作的方式完成本项工作任务。
2. 学生应能在小组成员的配合下，利用车辆维修手册（或实训指导书），制订工作计划，实施工作计划。
3. 掌握刚性不等速十字轴万向节的结构特点、运动特性及等角速传动的条件；能够对万向传动装置进行日常维护保养。
4. 树立 S（安全）+5S 理念 + 质量意识。

【任务分组】

班级		组号		指导教师	
组长		组员			
任务分工					

【获取信息】

引导问题 1： 仔细观察拆卸下来的万向传动装置，判断其万向节的结构形式及数量。
_____
_____

引导问题 2： 仔细观察拆卸下来的万向传动装置，找出其典型的结构特征。
_____
_____

引导问题 3： 既然是不等速万向节，为什么还在车辆上普遍采用呢？
_____
_____

【工作实施】

第一步：查找维修手册。
第二步：制定操作方案。
_____
_____

第三步：实施操作。
1）检查万向节和滚针轴承盖，查看是否缺油。
2）检查十字轴轴径是否磨损，如有轻度磨损、压痕时可以简单修磨，压痕较深时应及时更换。
3）检查万向节滚针轴承是否缺少或损坏，如有缺少或损坏，应更换万向节。
4）将传动轴轴管沿滑动花键拔出，检查内、外花键有无变形、断裂等现象。
5）检查传动轴轴管、端齿凸缘叉、万向节叉有无变形现象，检查十字轴各轴颈表面有无金属剥落，传动轴轴管有无明显压痕。
第四步：学生分组及工作实施和总结。

1）每 5~8 名学生组成 1 个工作小组，确定 1 名小组长，接受工作任务，做好工作准备。
2）准备好实训用的实训台架。
3）研读工单，查阅维修手册（或实训指导书）。
4）介绍万向节和传动轴的检修内容。
5）回答指导教师的现场提问，接受指导教师的技能考核。
6）完成工作任务后，对工作过程进行自我评价和小组互评，听取指导教师的点评。
7）清洁工作场所，清点保养工具设备，完成任务交接。

【评价反馈】

检查评估	维修资料、工具、设备的正确使用	A	B	C	D
	操作规范和任务完成情况	A	B	C	D
	任务工单填写	A	B	C	D
	纪律和回答现场提问	A	B	C	D
	团队合作	A	B	C	D
	安全和环保	A	B	C	D
成绩					
评语				教师签字：_____ 日期：_____	

【相关知识】

知识点 1：传动轴的结构特点

1. 滑动花键连接

汽车在行驶过程中，变速器与驱动桥的相对位置是不断发生变化的，为了避免运动干涉，传动轴从中间断开，两端分别通过滑动叉和花键轴组成的滑动花键连接，以实现传动轴长度的变化。

2. 带润滑油嘴

由于变速器与驱动桥的相对位置是不断发生变化的，使得传动轴的长度在很小范围内变化，所以滑动花键在不停伸缩。为了减小花键的滑动阻力降低磨损，在传动轴上装有用以加注润滑脂的润滑油嘴，需要在日常的维护保养中定时加注润滑脂。另外，在两个万向节的十字轴上也有润滑油嘴，需要同时加注。否则很容易使传动轴和万向节因为缺少润滑造成烧蚀。

3. 带平衡片

传动轴在传递动力过程中是高速旋转的，由于传动轴质量不均匀引起的离心力将使传动轴发生剧烈振动，因此在传动轴与万向节装配后必须进行动平衡试验。根据试验数据在传动轴质量较小的位置"打补丁"，即焊接一块质量能够满足动平衡要求的平衡片。

4. 装配位置标记

传动轴装配完成并经过动平衡试验后，在万向节滑动叉与主动轴上刻上装配位置标记。以便在运输或安装使用的过程中，将传动轴拆卸后重新装配时，保持二者的相对位置不变，即动平衡试验时的初始位置。

5. 空心结构

传动轴在传递动力的过程中，仅承受转矩，根据静力学圆轴扭转时横截面上切应力及其分布规律可知，圆心处切应力为零，圆轴的边缘处切应力最大。从圆心到轴的边缘的切应力按线性规律分布，有材料的地方有切应力，没有材料的地方没有切应力。且经过计算可知，在相同强度的前提下，空心轴的重量只有实心轴的31%，其减轻重量、节约材料是非常明显的。因此传动轴多制成空心的，一般轻型车采用厚度为1.5~3mm的薄钢板卷焊而成，对于重型货车则直接采用无缝钢管。

知识点2：刚性十字轴不等速万向节的运动特性及等速条件

1. 运动特性

在两轴之间有夹角的情况下，单个使用的万向节两轴的角速度是不相等的，即主动轴转一周，从动轴会出现两次周期性的超前或滞后变化，如图4-2-2所示。

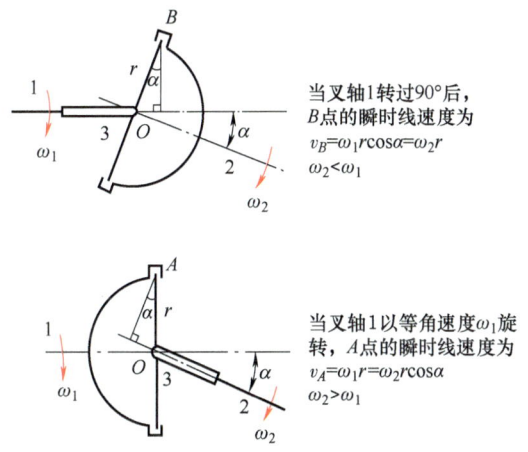

图 4-2-2 十字轴式万向节的速度特性

1）当主动叉轴1以等角速度旋转时，从动叉轴是不等角速度的，叉轴2的角速度在最大值和最小值之间来回变化，周期为180°；叉轴2的不等速的程度随轴间夹角的加大而加大。

2）主、从动轴的平均转速是相等的，即主动轴转一圈从动轴也转一圈。

3）不等速是指在转动一圈内的角速度而言。

4）单个普通万向节的不等速性会使从动轴及与其相连的传动部件产生扭转振动，产生附加的交变载荷及振动噪声，影响零部件的使用寿命。

2. 等速条件

要实现等角速传动，可将两个普通十字轴式不等速万向节按一定的排列方式安装。满足下述两个条件，输出轴与输入轴的角速度就相等，如图4-2-3所示。

1)第一个万向节的从动叉和第二个万向节的主动叉与传动轴相连,且传动轴两端的万向节叉在同一平面内。

2)第一万向节两轴间的夹角 α_1 与第二万向节两轴间的夹角 α_2 相等。

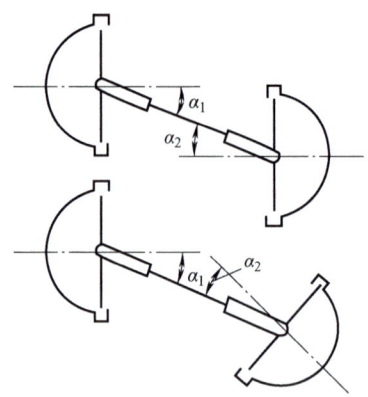

图 4-2-3　十字轴式万向节改进方式

项目 5
驱动桥的构造与检修

工作任务 1　驱动桥的拆装

【情境描述】

一辆陕汽德龙 M3000 商用车在行驶过程中,在贯通式驱动桥桥包位置出现异响,需要对驱动桥进行拆检维修。双联式驱动桥如图 5-1-1 所示。

【学习目标】

1. 学生应以小组工作的方式完成本项工作任务。
2. 学生应能在小组成员的配合下,利用车辆维修手册(或实训指导书),制订工作计划,实施工作计划。
3. 了解驱动桥的组成和结构,掌握驱动桥的拆装步骤及驱动桥的工作原理。
4. 树立 S(安全)+5S 理念 + 质量意识。

图 5-1-1　双联式驱动桥

【任务分组】

班级		组号		指导教师	
组长		组员			
任务分工					

【获取信息】

引导问题 1:观察驱动桥的结构特征,陕汽德龙 M3000 驱动桥都有哪些部件总成?其主要作用是什么?
_____
_____

引导问题 2:双联式驱动桥的中桥和后桥有什么不同的地方?为什么会不同?
_____
_____

引导问题 3：以中桥为例，叙述驱动桥的动力传动路线是什么？

_____

_____

【工作实施】

第一步：查找维修手册。

第二步：制定操作方案。

_____

_____

第三步：实施操作。

1）将轮边减速器、主减速器、桥壳内的齿轮油放掉。
2）拆卸轮边端盖，取出太阳轮，拔出半轴。
3）拆卸轮边减速器，检查轴承、齿轮、调整垫片的磨损情况。
4）拆卸轴间差速器；检查轴承、齿轮、调整垫片的磨损情况。
5）拆卸主减速器；检查轴承、齿轮、调整垫片的磨损情况。

第四步：学生分组及工作实施和总结。

1）每5~8名学生组成1个工作小组，确定1名小组长，接受工作任务，做好工作准备。
2）准备好实训用的台架。
3）研读工单，查阅维修手册（或实训指导书）。
4）介绍驱动桥的拆装过程及检修内容。
5）回答指导教师的现场提问，接受指导教师的技能考核。
6）完成工作任务后，对工作过程进行自我评价和小组互评，听取指导教师的点评。
7）清洁工作场所，清点保养工具设备，完成任务交接。

【评价反馈】

检查评估	维修资料、工具、设备的正确使用	A	B	C	D
	操作规范和任务完成情况	A	B	C	D
	任务工单填写	A	B	C	D
	纪律和回答现场提问	A	B	C	D
	团队合作	A	B	C	D
	安全和环保	A	B	C	D
成绩					
评语				教师签字：_____ 日期：_____	

【相关知识】

知识点1：驱动桥的组成和作用

商用车驱动桥位于传动系统的末端。其基本作用是降速增矩，改变转矩的传递方向，即增大由传动轴输入的转矩，并将转矩合理地分配给左右驱动车轮实现左右车轮的差速转动；其次，驱动桥还要承受作用于路面或车身之间的垂直力、纵向力和横向力，以及制动力矩和反作用力矩等。

车桥两端安装车轮，它通过悬架与车架相连。当车辆行驶时，车轮受到的滚动阻力、驱动力、制动力、侧向力、弯矩和转矩均通过车桥传递给悬架和车架，同时，车架上的载荷也通过车桥传递给车轮。

绝大多数的发动机在商用车上都是纵置的，为了使转矩传给车轮，驱动桥必须改变转矩的传递方向，同时根据车辆的具体要求解决左右转矩的分配。车辆在转弯或者地面附着条件不一致时，为了保证车轮做纯滚动，左右两侧车轮应能够以不同的转速运动，即实现左右轮的差速作用。另外，车辆的减速和停车都是通过控制车轮的转动来实现的，所以驱动桥还要具备制动停车的作用。

一般汽车的驱动桥总体构造如图5-1-2所示，主要由主减速器、差速器、半轴、轮边减速器、桥壳和制动器组成。

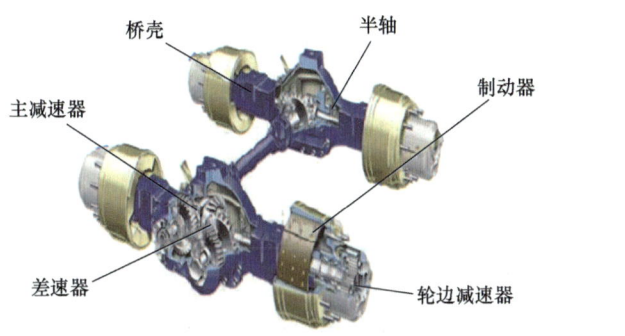

驱动桥的组成、作用及结构类型

图5-1-2 双联式驱动桥组成

驱动桥减速器增矩的作用主要由主减速器和轮边减速器去实现。改变转矩的传递方向主要通过主减速器的一对锥齿轮实现。差速器实现了左右车轮以不同的转速转动。桥壳承载了整车的质量，制动器保证了车辆的减速和停车。

知识点2：驱动桥的工作原理

发动机输出的转速和转矩经过离合器、变速器和万向传动装置输入驱动桥后，首先传到主减速器，在此改变转矩的传动方向并降速增矩后，经过差速器分配给左、右两根半轴。若驱动桥带轮边减速器，则通过轮边减速器进一步减速增矩后传给车轮，若无轮边减速器则半轴直接驱动轮毂带动车轮。

知识点3：贯通式驱动桥的结构特点

当前绝大部分中、重型载货汽车为了提升驱动能力，普遍采用多轴驱动的形式，即使用两根驱动桥。各驱动桥之间的布置方式有贯通式和非贯通式两种，如图 5-1-3 所示。非贯通式驱动桥需要增加分动器，结构较复杂，目前应用最广泛的是贯通式驱动桥。贯通式驱动桥结构就是通过主减速器结构的改变实现的。

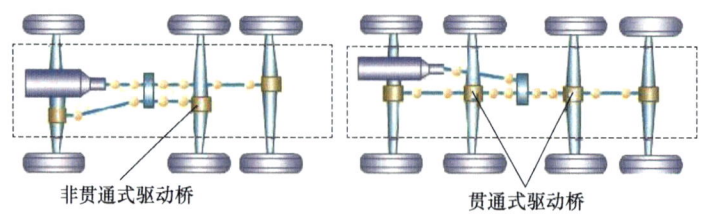

图 5-1-3　非贯通式驱动桥和贯通式驱动桥的布置简图

我们以 6×4 驱动形式的车辆为例，一般中桥为贯通式驱动桥，如图 5-1-4 所示。由于中桥需要向后面的驱动桥传输动力，为了避免两根驱动桥由于地面附着条件不同时出现边滚边滑的现象，增加轮胎的磨损，需要在动力分配前增加差速器，即轴间差速器，使中后桥的驱动轮以不同的转速转动。

目前贯通式主减速器典型结构就是在主减速器之前增加轴间差速器，通过差速器的半轴锥齿轮将传动轴输入的动力平均分配。其主要结构如图 5-1-5 所示，主要包括主减速器、轮间差速器、过渡齿轮副、轴间差速器、轴间差速锁、贯通轴、输入凸缘、输入主轴等。

图 5-1-4　贯通式驱动桥——中桥

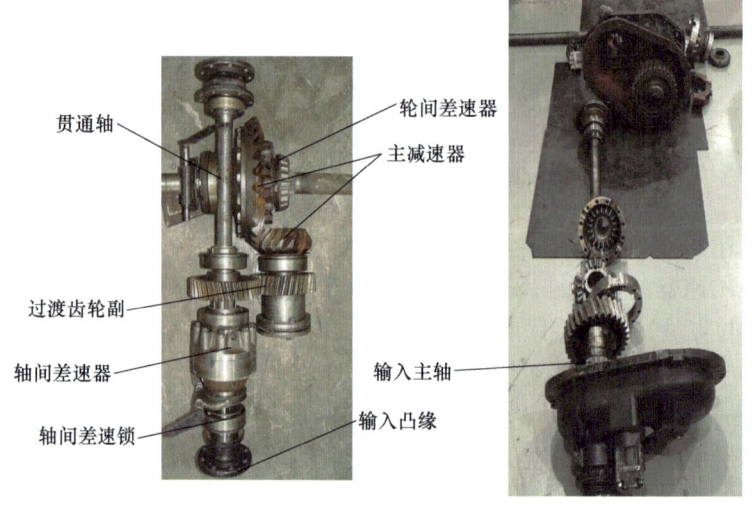

图 5-1-5　贯通式驱动桥轴间差速器结构

动力由输入凸缘传入贯通式主减速器的输入主轴，输入主轴将动力通过花键连接传递给轴间差速器的十字轴，十字轴将带动安装在四个轴径上的行星锥齿轮转动，即行星锥齿轮发生公转，行星锥齿轮与两侧的贯通轴锥齿轮和过渡齿轮副主动轮上的锥齿轮啮合，将动力分别传递给贯通轴和过渡齿轮副的从动轮。其中贯通轴将动力传递至后桥，过渡齿轮副的从动轮将动力传递给中桥主减速器。

当中后桥的驱动轮转速不同时,轴间差速器的行星锥齿轮既公转又自转,使贯通轴锥齿轮和过渡齿轮副主动轮转速不同,但传递的转矩不变。

知识点 4:驱动桥的分类

整个驱动桥通过弹性悬架与车架相连,由于整个桥壳是整体铸造或焊接成一体的,因此两侧的半轴和驱动轮不可能在横向平面内做相对运动,故称这种驱动桥为整体式驱动桥或非断开式驱动桥,如图 5-1-6 所示。

为了提高汽车行驶的平顺性和通过性,有些轿车或越野车全部或部分驱动桥采用独立悬架,两轮可彼此独立地相对于车架上下跳动。与此相应,桥壳应制成分段式的并通过铰链连接,这种驱动桥称为断开式驱动桥,如图 5-1-7 所示。

图 5-1-6 整体式驱动桥

图 5-1-7 断开式驱动桥

工作任务 2　驱动桥齿轮油更换及保养

【情境描述】

一辆陕汽德龙 M3000 商用车行驶 10000km 后,需要进行驱动桥的齿轮油更换及保养。贯通式驱动桥如图 5-2-1 所示。

图 5-2-1 贯通式驱动桥

【学习目标】

1. 学生应以小组工作的方式完成本项工作任务。
2. 学生应能在小组成员的配合下,利用车辆维修手册(或实训指导书),制订工作计划,实施工作计划。
3. 掌握驱动桥齿轮油的更换方法、驱动桥的使用与保养及常见故障的诊断及排除。
4. 树立 S(安全)+5S 理念 + 质量意识。

【任务分组】

班级		组号		指导教师	
组长		组员			
任务分工					

【获取信息】

引导问题 1： 陕汽德龙 M3000 驱动形式是什么，驱动桥铭牌（图 5-2-2）上都有什么内容？含义是什么？

_____

_____

引导问题 2： 驱动桥使用的润滑油为哪种类型？具体型号是什么，怎么确定？

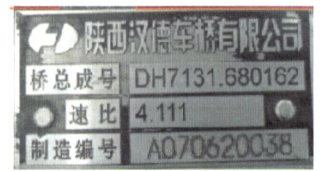

图 5-2-2 驱动桥铭牌

_____

_____

引导问题 3： 驱动桥的日常维护保养内容都有什么？

_____

_____

【工作实施】

第一步：查找维修手册。

第二步：制定操作方案。

_____

第三步：实施操作。

1）将驱动桥上所有的放油螺塞拧掉，选择合适的容器盛装废油，放油过程中检查驱动桥的透气孔是否堵塞，并进行清理。

2）检查油位螺塞和放油螺塞，查看是否有过多金属微粒的堆积，若有则清洁或更换螺塞。

3）齿轮油排放干净后，将放油螺塞重新安装，并旋紧到规定力矩。

4）加注全新的齿轮油至设计液位，或参照维修手册加注定量齿轮油，并检查油面位置。

第四步：学生分组及工作实施和总结。

1）每 3~5 名学生组成 1 个工作小组，确定 1 名小组长，接受工作任务，做好工作准备。

2）准备好实训用的车辆。

3）研读工单，查阅维修手册（或实训指导书）。

4）分析驱动桥齿轮油的更换过程及注意事项。

5）回答指导教师的现场提问，接受指导教师的技能考核。
6）完成工作任务后，对工作过程进行自我评价和小组互评，听取指导教师的点评。
7）清洁工作场所，清点保养工具设备，完成任务交接。

【评价反馈】

检查评估	维修资料、工具、设备的正确使用	A	B	C	D
	操作规范和任务完成情况	A	B	C	D
	任务工单填写	A	B	C	D
	纪律和回答现场提问	A	B	C	D
	团队合作	A	B	C	D
	安全和环保	A	B	C	D
成绩					
评语				教师签字：_____ 日期：_____	

【相关知识】

知识点1：驱动桥齿轮油更换方法

1. 放油

在常规工作环境中，将齿轮油排放到合适的容器中。检查油位螺塞和放油螺塞，看是否有过多金属微粒的堆积，若有则清洁或更换螺塞。

放油孔位置：后桥有3处，分别在桥壳正下方及两端轮边端盖上；中桥有4处，分别在主减速器正下方、桥壳正下方及两端轮边端盖上。注：轮边放油时，可事先转动轮毂，将放油孔位置置于正下方。润滑油排放干净后，放油螺塞要重新旋紧到规定力矩。

放油孔位置（以中桥为例，后桥少一个主减速器放油孔，其余与中桥位置相同）如图5-2-3所示。

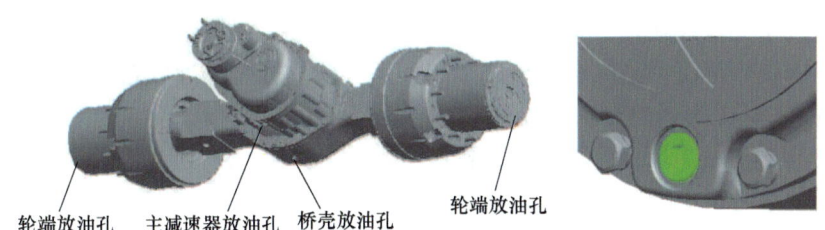

图 5-2-3 驱动桥放油孔

2. 注油

取下中央注油塞和两端油位螺塞及放油螺塞，先从中央注油孔处加注齿轮油，加至有油溢出即可。轮边减速器油量的正常位置应该在放油螺塞处在最高位置时，将加油螺塞打开，用手指平直伸进螺孔，能摸到油面为最合适。润滑油加注完后，所有螺塞要重新旋紧到规定力矩。注：因桥的品牌、种类、大小不同，所加注油量也不同，具体加注量以本车保养手册规定加油量为准。润滑油加注部位如图 5-2-4 所示。

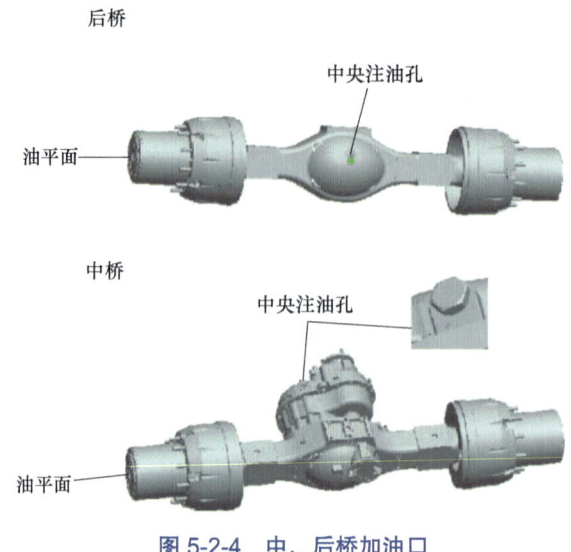

图 5-2-4　中、后桥加油口

知识点 2：驱动桥的使用与保养

1. 差速锁的操作

双联桥上装有轮间差速锁和桥间差速锁时，使用差速锁能顺利驶出故障路面。差速锁的作用是当汽车驶入泥泞光滑路面而无法驶出时，帮助车辆脱困。在驾驶室仪表板上安装有两个差速锁开关，一个是轮间差速锁开关，另一个是轴间差速锁开关。当汽车驶入泥泞路面而某一桥单边车轮打滑时，需踩下离合器踏板按下轮间差速锁开关，当指示灯点亮时，中、后桥轮间差速锁同时挂合。当抬起离合器踏板时，某一桥左、右车轮同时打滑空转，而另一桥却不动，汽车仍然不能驶出，此时应踩下离合器踏板按下轴间差速锁开关，待指示灯点亮，挂档，松开离合器踏板，汽车就能驶出故障路面。当汽车驶出故障路面后应立即将差速锁解除。驱动后桥的轮间差速锁是在汽车拐弯时，使左、右车轮自动差速从而不致于磨损轮胎和造成机械损坏。汽车单边车轮驶入光滑或泥泞路面而打滑，使汽车无法驶出时，应将差速锁挂合，此时左、右半轴成为一根刚性连接轴，汽车就能驶出故障路面。当汽车驶出故障路面后，应立即将差速锁解除，否则会产生轮胎严重磨损和打坏差速器的严重事故。

2. 维修保养过程中取出半轴时的注意事项

没有安置差速锁一侧的半轴可以随便抽装，而安装有差速锁的一侧半轴，在抽半轴前应当首先将差速锁挂合，为了确保差速锁啮合套不至脱落，还应用螺栓将差速锁工作缸顶至差速锁挂合，以免工作缸漏气而造成啮合套脱落。

3. 应避免严重超载

严重的超载和载荷集中都会造成桥壳变形和断裂，这必将造成严重的后果，使用中一定要按行驶条件所规定的载荷装载。

4. 制动间隙调整臂的调整

（1）手动间隙调整臂　调整前应松开所有制动，顺时针转动蜗杆轴端的六角头螺栓，直至制动锁死无间隙，然后反转，听到三次响声即可。然后跑车检查制动情况及是否有车辆跑偏现象。

（2）自动间隙调整臂　调整前应松开所有制动，调整臂上箭头方向与制动方向一致，顺时针转动调整臂上的六角头螺母，使制动臂插入制动气室推杆的U形叉内，对正孔位，用平头销、垫片及开口销连接。用手推动调整臂到头，随后紧固定位支架，使用螺栓与螺母把支架与调整臂紧固。顺时针转动调整臂上的六角头螺母，使制动蹄与制动鼓之间没有间隙，然后反旋螺母3/4圈。反复制动几次即可。

5. 润滑脂加注

每根车桥中有6处滑脂嘴（左右两侧制动器各3处），在车桥使用前以及后续保养过程中，都需加注足量2#锂基润滑脂。加注润滑脂部位如图5-2-5所示。

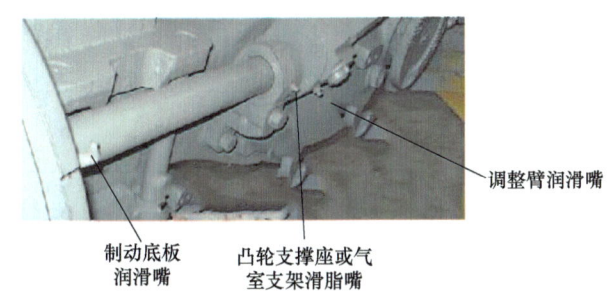

图 5-2-5　加注润滑脂部位

6. 首次保养

为了确保车辆安全运行，使车辆有较长的使用寿命，新出厂的车桥在初驶里程1000~2500km后，必须强制进行首次保养。首次保养所需注意事项如下：

1）更换齿轮油。
2）拆检制动鼓、轮毂总成，检查是否有异常磨损。
3）重新调整轮毂轴承预紧。
4）重新调整制动间隙。
5）检查各部位紧固件。

7. 定期保养

定期对车桥进行维护保养，是延长车桥使用寿命，保证车桥安全工作的必要手段，严格按保养规程进行保养和维护，可使车辆获得最佳的经济效益。定期保养的主要项目见表5-2-1。

表 5-2-1　定期保养项目

保养项目	首次保养	保养间隔里程（×1000km）												
		4	8	12	16	20	24	28	32	36	40	44	48	80
清洁桥总成		●	●	●	●	●	●	●	●	●	●	●	●	
检查主减速器是否漏油	●	●	●	●	●	●	●	●	●	●	●	●	●	

（续）

保养项目	保养间隔里程（×1000km）													
	首次保养	4	8	12	16	20	24	28	32	36	40	44	48	80
更换主减速器润滑油	●						●						●	
检查主减速器润滑油面，清洁通气塞				●			●			●			●	
调整主被动锥齿轮齿侧间隙				●			●							
检查差速器齿轮齿侧间隙				●			●							
检查车轮螺栓紧固情况	●	●	●	●	●	●	●	●	●					
检查其他重要螺栓的紧固情况	●			●			●			●			●	
清洗并调整轮毂轴承	●				●				●				●	
对半轴套管进行磁力探伤														●
检查行车制动及驻车制动效能	●	●	●	●	●	●	●	●	●	●	●	●	●	
检查制动底板的紧固情况	●			●			●			●			●	
清洗制动气室													●	
检查制动管路是否漏气	●	●	●	●	●	●	●	●	●	●	●	●	●	

知识点3：驱动桥常见故障的诊断及排除

1. 驱动桥漏油

驱动桥漏油原因较多，并且发生位置也比较多，应先确认漏油源，再具体维修。综合起来有以下一些方面。

（1）轮边漏油 发生轮边漏油后，应检查三个部位：轮毂与行星架轴头的O形密封圈、隔圈总成与桥壳轴管间的O形密封圈和轮毂油封。一般来说轮毂油封漏油的可能性较大。

（2）差速器油封（凸缘）漏油 差速器油封有中桥输入、中桥输出和后桥输入三处。如果漏油发生在输入轴处，这一般是输入轴（主动齿轮轴）油封损坏或磨损，或是油封弹簧松弛。在维修时应注意，如果是油封外圈处向外漏油，则说明是油封外圈与外壳配合松旷。在重新装配时应将油封外圈及外壳油封座孔清洗干净，在油封外圈处涂抹固持胶，再将油封打入油封座孔。如果油封完好无损，仍然漏油严重则应检查桥壳的通气装置是否堵塞；其次要检查凸缘螺母有无松动现象或凸缘表面的光洁度和磨损情况，如不符合要求应及时更换相关件。

（3）接合面或桥壳焊缝处漏油　如果是轴头端盖向外漏油，说明端盖与行星轮架接触面不密封，端盖与轴头端面是无垫连接，可拆卸后将端盖与行星架端面清理干净，然后涂抹密封胶重新装配。涂胶时应在连接表面涂抹不间断的胶条。桥壳与主减速器的接合面也容易发生漏油，原因较多。机件的变形、螺栓松动等都有可能引发接合面漏油。维修时应修整接合平面，涂密封胶装复。桥壳焊缝漏油多为桥壳承受较大压力，使焊缝处应力集中，产生裂纹漏油，因此，应杜绝超载。

（4）铸造件的砂眼、疏松漏油　有些漏油现象往往发生在一些非接合部位，需要在维修时判断清楚。砂眼与铸造缺陷可以通过补焊或更换解决。

2. 轴间差速器烧损

中桥主减速器与过渡传动箱采用飞溅润滑，而轴间差速器的位置又最高，因此轴间差速器的润滑条件较差，稍一缺油就会对轴间差速器产生影响。新车在加油时，或在更换齿轮油时，新油必须由轴间差速器壳上的加油口加注，待油面到中桥过渡箱检查口为止。

有些故障发生后，更换新的差速器后仍然继续烧损，严重时甚至完全将行星齿轮与十字轴烧结在一起。造成轴间差速器烧损的主要原因有两个：一是缺油，二是中桥与后桥速比不正确。此时应对圆锥、圆柱主从动齿轮的齿数进行核对。个别用户在维修时单独更换中桥或者后桥主、从动锥齿轮时没有注意原车速比，使中桥或后桥所更换的主从动锥齿轮速比与原车不同。这将造成中桥与后桥速比的差异，从而导致在行驶时轴间差速器的高速运转，加上差速器本身润滑条件较差，很快会将差速器烧损。

3. 驱动桥传动异响

行驶中如果突然发生桥包异响，则应立即停驶进行检查，因为这种异响往往是机件损坏的表现。

差速器支承轴承散架、轴承严重点蚀或磨损、从动齿轮固定螺栓松动或脱落、差速锁啮合套松动以及传动齿轮或差速器齿轮打齿等都会造成严重异响。

如果发出持续的响声，而且随车速的提高响声逐渐增大，这一般是由于轴承的点蚀、传动齿轮磨损或齿面划伤、点蚀引起的。如果正常行驶没有明显的响声，而在减速时反而有明显的噪声，这一般是由于传动齿轮齿背拉伤、点蚀造成的。

汽车在正常直线行驶时没有明显的噪声，在拐弯时明显产生不正常的声音，显然是差速器齿轮损伤或烧损引起的，轮间差速器和轴间差速器行星齿轮与半轴齿轮烧蚀或轮齿损坏，都会产生明显的噪声。轮间差速锁啮合套花键松旷使啮合套窜动，会产生两啮合套碰撞的声音。桥间差速锁销窜动也会产生敲击的声音。这种异响也是没有规律的机械碰击的声音。

如果在更换新主从动齿轮后发出持续的噪声，而且随车速的提高噪声增大，就应检查主从动齿轮啮合间隙和齿面接触痕迹是否合格，而且主从动锥齿轮是配对研磨的，因此如果更换的不是一对配套的齿轮，显然会产生这种异响而且无法排除。特别应注意主从动齿轮必须是成套更换。

4. 驱动桥发热

桥发热可能会有三个原因：润滑油过多或缺油，轴承预紧力过大。缺油，机件得不到润滑,会使机件发热,严重时可能使机件烧蚀。而润滑油过量也会产生过热现象。差速器支承轴承、主动齿轮轴支承轴承如果预紧力过大也会产生过热现象,应通过调整垫片厚度来解决。

5. 差速锁无法挂合

当需要挂合差速锁时,按下差速锁开关,挂合指示灯不点亮。应首先检查在按下开关时,差速锁工作缸活塞推杆是否动作。当发现工作缸推杆虽然伸出,但仍挂不到位时,说明啮合套齿顶和齿顶对顶而没有啮合到位,可将汽车前后活动一下,自然就会挂合。如果工作缸没有任何反应,显然是电磁阀的电、气控制系统的问题。可将电磁阀输出气接头松开,观察有无压缩空气输出,如果没有,应该是电磁阀的电路控制或是电磁阀本身的问题。如果有压缩空气输出,则是工作缸本身的问题。

如果在按下差速锁开关后,工作缸推杆明显将差速锁挂合到位,然而开关内指示灯不点亮,问题在差速锁指示灯开关或是灯泡上。这不难用试验灯进行排查判断。

6. 轮毂发热

轮毂发热一般是轮毂轴承预紧力过大,这一般发生在保养之后。在保养中没有按照规定要求扭紧轴头花帽,轴头花帽扭紧力矩过大使轴承的预紧力过大所致。应当按规定要求重新装配轮毂。轮毂轴承损坏当然也会造成轮毂过热。

半轴油封漏油,齿轮油窜入桥包,使轮边减速器缺油,轴承的转动得不到润滑,产生热量也是原因之一。

7. 制动鼓发热

制动鼓过热的因素较多,有制动器机械部分的问题,也有制动控制气路系统的问题。

首先应注意检查在制动后,制动气室是否能迅速回位。如果制动气室不能回位或回位缓慢,可将气室推杆与制动调节臂拆离,再检查气室制动是否回位迅速,如果回位仍然缓慢,显然故障在制动气室及制动控制气路。如果气室与调节臂拆离后,明显回位顺畅,则应检查制动凸轮轴转动是否灵活。

正常行驶时摩擦片与制动鼓之间应有一定的间隙,间隙过大会影响制动效果,间隙过小会产生过热。制动鼓本身散热条件较差,频繁制动会很快使制动鼓过热,严重时甚至将轮胎气嘴烧损造成轮胎漏气。因此常在山区行驶的汽车在长距离下坡行驶时,应提倡使用发动机排气制动或缓速器减速,尽量避免频繁使用行车制动,防止制动鼓过热。

【家国情怀】

实力担当　中国脊梁

一汽新能源重卡商用车在拓展海外市场时,遇到驱动桥异响故障频发的问题,严重影响品牌口碑。一支年轻的汽修团队主动请缨,深入研究新款驱动桥的结构原理,日夜奋战查找故障根源。他们发现是由于特定路况下,驱动桥内部齿轮的热处理工艺与当地环境适配不佳。通过与国内研发部门紧密协作,改进工艺并远程指导海外售后维修,最终解决故障,助力国产汽车销量在当地大幅提升,让五星红旗飘扬在异国车展上空。这让团队成员深刻体会到自身技术实力与国家汽车产业荣誉息息相关,激发了更大的爱国奋斗热情,后续投身更多国产汽车技术攻坚项目。

项目 5　驱动桥的构造与检修

工作任务 3　主减速器的调整

【情境描述】

一辆陕汽德龙 M3000 商用车在行驶过程中，出现驱动桥主减速器异响的故障，经过售后服务人员诊断，初步判断为主减速器齿轮故障，需要对主减速器进行拆检维修。

【学习目标】

1. 学生应以小组工作的方式完成本项工作任务。
2. 学生应能在小组成员的配合下，利用车辆维修手册（或实训指导书），制订工作计划，实施工作计划。
3. 掌握主减速器、对称式锥齿轮差速器的结构及工作原理，学习主减速器的调整内容和调整方法。
4. 树立 S（安全）+5S 理念 + 质量意识。

【任务分组】

班级		组号		指导教师	
组长		组员			
任务分工					

【获取信息】

引导问题 1：陕汽德龙 M3000 主减速器的作用是什么？由哪些零件组成？有什么特征？
_____
_____

引导问题 2：陕汽德龙 M3000 差速器的作用是什么？由哪些零件组成？
_____
_____

引导问题 3：主减速器的动力传动路线是什么？
_____
_____

引导问题 4：主减速器的齿轮和轴承的润滑是怎么实现的？
_____
_____

【工作实施】

第一步：查找维修手册。

第二步：制定操作方案。

第三步：实施操作。

1）用套筒和扳手拆掉主减速器壳和桥壳接合面连接螺栓。

2）将无差速锁侧半轴拔出，另一侧半轴抽出约12cm（带差速锁侧），不能全部拔出，否则就会导致滑动啮合套脱落。用吊具将后桥主减速器总成吊出，检查齿轮有无故障现象。

3）用套筒和扳手拆卸主动锥齿轮轴承座紧固螺栓，拆下主动轮带轴承座，检查油封是否磨损。

4）用套筒和扳手拆卸左右调整螺母锁片、调整螺母。用套筒和扳手拆卸轴承盖连接螺栓，去掉轴承盖，注意：主减速器壳和轴承盖装配时需配对装配，更换时需成对更换。取下差速器总成带从动锥齿轮。

5）用套筒和扳手拆卸差速器大小半壳连接螺栓。取下差速器小半壳、半轴齿轮、垫片、十字轴总成、行星齿轮及球面垫片。

第四步：学生分组及工作实施和总结。

1）每5~8名学生组成1个工作小组，确定1名小组长，接受工作任务，做好工作准备。

2）准备好实训用的台架。

3）研读工单，查阅维修手册（或实训指导书）。

4）介绍主减速器的调整工艺过程。

5）回答指导教师的现场提问，接受指导教师的技能考核。

6）完成工作任务后，对工作过程进行自我评价和小组互评，听取指导教师的点评。

7）清洁工作场所，清点保养工具设备，完成任务交接。

【评价反馈】

检查评估	维修资料、工具、设备的正确使用	A	B	C	D
	操作规范和任务完成情况	A	B	C	D
	任务工单填写	A	B	C	D
	纪律和回答现场提问	A	B	C	D
	团队合作	A	B	C	D
	安全和环保	A	B	C	D
成绩					
评语				教师签字：_____ 日期：_____	

【相关知识】

知识点 1：主减速器的作用、结构及工作原理

主减速器是驱动桥内降低转速、增大转矩的主要部件。对于发动机纵置的商用车，主减速器还可以利用锥齿轮传动改变动力传递方向。由于商用车要在各种道路上行驶，其驱动轮上就要求必须具有一定的驱动力和转速。当在向左右驱动轮分流动力的差速器之前设置一个主减速器后，便可使主减速器前面的传动部件，如变速器、分动器、万向传动装置等传递的转矩减小，从而可使其尺寸及质量减小、操作省力。

主减速器有单级式、双级式、贯通式几种。此外，有些重型商用车驱动桥在驱动轮处装有一个减速器，即轮边减速器。轮边减速器的作用与主减速器作用相同，即降速增矩，使驱动桥获得更大的传动比，进而能够输出更大的驱动力。

非断开式驱动桥按其主减速器不同可以分为三种：中央单级减速驱动桥、中央双级减速驱动桥、贯通式双级主传动器驱动桥。

1. 中央单级减速驱动桥

单级主减速器驱动桥是驱动桥结构中最为简单的一种，是驱动桥的基本形式，在商用车中占主导地位，如图 5-3-1 所示。一般在主传动比小于 6 的情况下，应尽量采用中央单级减速驱动桥。主减速器一般用以改变旋转轴线方向，同时降低转速、增大转矩，以保证商用车有足够的最小牵引力和合适的车速。一般中小型商用车仅用一对不同齿数的锥齿轮组成的单级主减速器即可满足上述要求。目前的中央单级减速器趋于采用准双曲面齿轮，主动小齿轮采用骑马式支承，有差速锁装置供选用。

图 5-3-1 单级主减速器驱动桥实物

图 5-3-2 所示为单级主减速器构造图。其动力传递路线是：万向传动装置传来的动力由叉形凸缘的花键传给主动锥齿轮，由从动锥齿轮减速变向后，通过螺栓传给差速器壳，再由差速器十字轴传给行星齿轮，最后通过两侧半轴齿轮传递给半轴。如果主动锥齿轮有 6 个齿，从动锥齿轮有 38 个齿，则主减速器传动比 $i=38/6=6.33$。

2. 中央双级减速驱动桥

当商用车主减速器需要有较大的传动比时，若采用单级主减速器，由于主动锥齿轮受强度、最小齿数的限制，其尺寸不能太小，相应地从动锥齿轮直径将较大。这不仅使从动锥齿轮刚度降低，而且会使主减速器壳及驱动桥壳外形轮廓尺寸增大，难以保证足够的离地间隙，这时需要采用双级减速器。

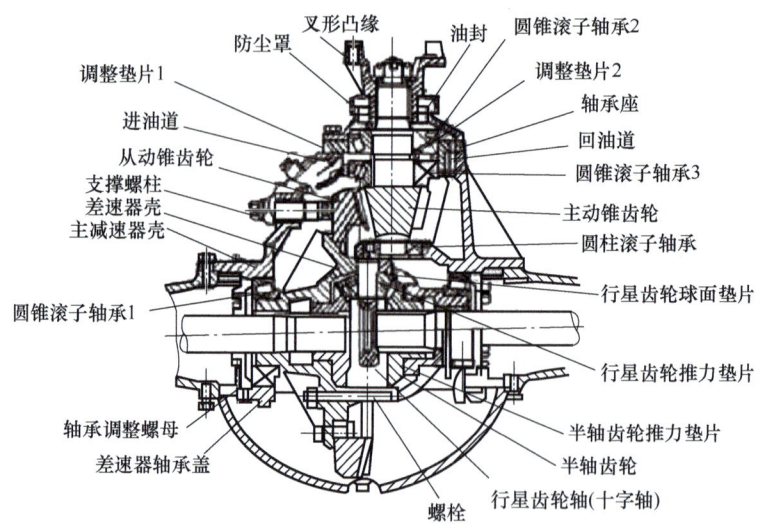

图 5-3-2　东风 EQ1090E 型商用车单级主减速器及差速器结构

在目前国内市场上，中央双级驱动桥主要有两种类型：一类如伊顿系列产品，事先就在单级减速器中预留好空间，当要求增大牵引力与速比时，可装入圆柱行星齿轮减速机构，将原中央单级改成中央双级驱动桥，这种改制"三化"（即系列化、通用化、标准化）程度高，桥壳、主减速器等均可通用，锥齿轮直径不变；另一类如洛克威尔系列产品，当要增大牵引力与速比时，需要改制第一级锥齿轮后，再装入第二级圆柱直齿轮或斜齿轮，变成要求的中央双级驱动桥，这时桥壳可通用，主减速器不通用，锥齿轮有 2 个规格。

由于上述中央双级减速驱动桥均是在中央单级桥的速比超出一定数值或牵引总质量较大时，作为系列产品而衍生出来的一种型号，它们很难变型为转向驱动桥，使用受到一定限制。因此，综合来说，中央双级减速驱动桥一般不作为一种基本型驱动桥来发展，而是作为某一特殊考虑而衍生出来的驱动桥存在。

图 5-3-3 所示为解放 CA1092 型商用车双级主减速器。第一级传动为第一级主动锥齿轮、第一级从动锥齿轮，第二级传动为第二级主动齿轮和第二级从动齿轮，主减速器的传动比等于两级齿轮传动比的乘积。

第一级主动锥齿轮和第一级主动齿轮轴制成一体，用两个圆锥滚子轴承（相距较远）支撑在轴承座的座孔中，因主动锥齿轮悬伸在两轴承之后，故称为悬臂式支撑。这种支撑形式结构简单，虽然支撑刚度不如跨置式支撑大，但由于传动比小，主动锥齿轮及主动轴的尺寸可以制得大一些，同时还可以尽量加大两轴承之间的距离，以提高支撑刚度，使其同样能满足承载的要求。第一级从动锥齿轮用铆钉铆接在中间轴的凸缘上。第二级主动齿轮与中间轴制成一体，用两个圆锥滚子轴承支撑在两端轴承盖 4、15 的座孔中，轴承盖用螺钉与主减速器壳固定连接。第二级从动齿轮夹在左右两半差速器壳之间，并用螺栓将它们紧固在一起，其支撑形式与东风 EQ1090E 型商用车主减速器中差速器壳的支撑形式相同。图 5-3-4 所示为双级减速器实物解剖图。

3. 贯通式双级主传动器驱动桥

在有些多轴驱动的商用车上，各驱动桥不是各自用传动轴直接与分动器相连，而是如图 5-3-5 所示那样，前面（或后面）两驱动桥的传动轴是串联的，传动轴必须从分动器较近的驱动桥中穿过。这种驱动桥称为贯通式驱动桥，如图 5-3-6 所示。

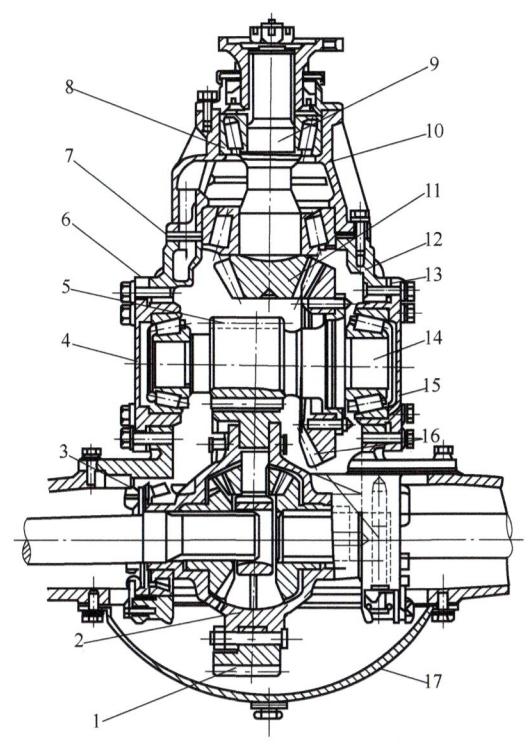

图 5-3-3 解放 CA1092 型商用车双级主减速器示意图

1—第二级从动齿轮 2—差速器壳 3—调整螺母
4、15—轴承盖 5—第二级主动齿轮
6、7、8、13—调整垫片 9—第一级主动齿轮轴
10—轴承盖 11—第一级主动齿轮 12—主减速器
14—中间轴 16—第一级从动齿轮 17—后盖

图 5-3-4 双级减速器实物解剖图

图 5-3-5 贯通式驱动桥三维图

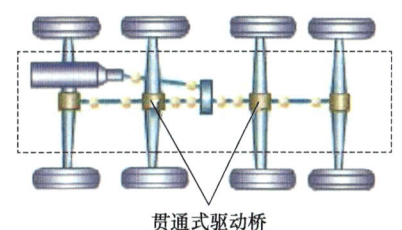

图 5-3-6 8×8 商用车驱动桥传动示意图

图 5-3-7 所示为一种贯通式驱动桥的主传动器。其第一级是斜齿圆柱齿轮副，主动斜齿轮用花键套装在贯通轴上。贯通轴穿过桥壳通向后一驱动桥。第二级是准双曲面齿轮副。差速器壳与从动准双曲面齿轮相铆接，如图 5-3-8 所示。由于准双曲面齿轮副啮合时轴线可相对偏移，使从动齿轮相对上移一段距离，既保证了足够的离地间隙，又使结构紧凑。

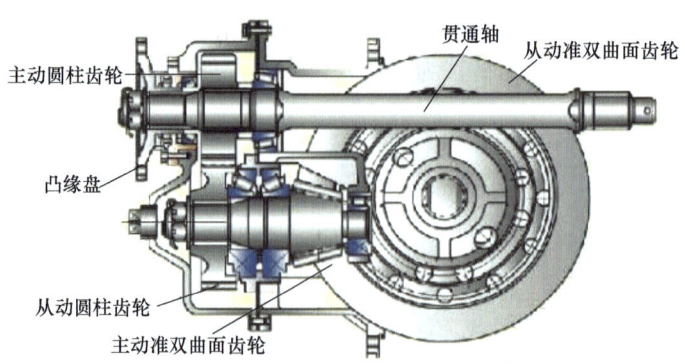

图 5-3-7　延安 SX2150 型商用车贯通式驱动桥的主传动器

图 5-3-8　贯通式减速器实物布置图

知识点 2：差速器的作用、结构及工作原理

车辆在拐弯时车轮的轨线是圆弧，如果车辆向左转弯，圆弧的中心点在左侧，在相同的时间里，右侧车轮走的弧线比左侧车轮就要长，为了平衡这个差异，就需要让左边车轮慢一点，右边车轮快一点，即用车轮不同的转速来弥补距离的差异。

如果后轮轴做成一个整体，就无法做到两侧车轮的转速差异，也就是做不到自动调整。为了解决这个问题，早在一百年前，法国雷诺商用车公司的创始人路易斯·雷诺就设计出了差速器来实现左右车轮的转速差。

车辆行驶过程中，车轮与地面存在两种相对运动状态，即车轮沿路面的滚动和滑动。滑动将加速轮胎的磨损，增加转向阻力，增加车辆的动力消耗。因此需要在车辆行驶过程中，尽量使车轮沿路面滚动而不滑动，以减少车轮和路面之间的滑磨现象。

差速器是一个差速传动机构，用来保证各驱动轮在各种运动条件下的动力传递，避免轮胎与地面打滑。

车辆在直线行驶时，左右车轮转速几乎相同，而在转弯时，左右车轮转速不同，差速器能实现左右车轮转速的自动调节，即允许左右车轮以不同的转速旋转，如图 5-3-9 所示，外侧车轮比内侧车轮所走过的路程长。

车辆在不平整路面上直线行驶时，两侧车轮走过的曲线长度也不相等；即使路面非常平直，但由于轮胎制造尺寸误差、磨损程度不同、承受的载荷不同或充气压力不等，各个轮胎的滚动半径实际上也不可能相等，若两侧车轮都固定在同一刚性转轴上，两轮角速度相等，则车轮必然出现边滚动边滑动的现象。车轮对路面的滑动不仅会加速轮胎磨损，增加车辆的动力消耗，而且可能导致转向和制动性能的恶化。

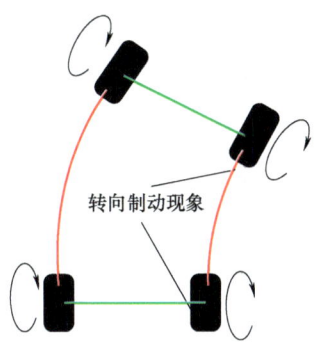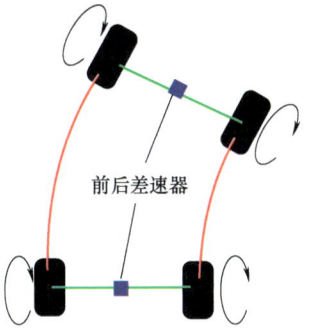

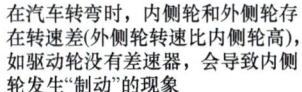

图 5-3-9　差速器作用示意图

在同一驱动桥两侧的驱动轮之间装配差速器后，可以使两侧驱动轮转速相同或不同时都能得到动力。在车辆转向时，内、外侧驱动轮转速不同，而且其转速差的大小应该随转向轮偏转角即转向半径大小而变。因此，在主减速器后都装有一个差速器，将动力经左右两根半轴传给两侧驱动轮。

在多轴驱动的车辆上，各驱动桥间由传动轴彼此相连，各桥的驱动轮均以相同转速转动，同样也会发生上述无轮间差速器时的类似现象。并且除上述由于车轮与路面滑磨引起的动力消耗增加、轮胎磨损加速外，还在传动系统中增加了附加载荷，因此有些越野车和重型商用车在前后桥或各驱动桥之间装有轴间差速器，使各桥驱动轮间有以不同转速旋转的可能。

差速器使左右车轮能以不同的转速进行纯滚动转向或直线行驶，称为差速特性；把主减速器传来的转矩平分给两半轴，使两侧车轮驱动力尽量相等，称为转矩等分特性，简单来说就是"差速不差矩"。

差速器按其用途分为轮间差速器（装在驱动桥内）和轴间差速器（装在各个驱动桥之间），按工作特性分为普通差速器和防滑差速器。

1. 锥齿轮差速器

锥齿轮差速器构造如图 5-3-10 所示，主要由行星齿轮、行星齿轮轴、两个半轴齿轮和差速器壳等组成。

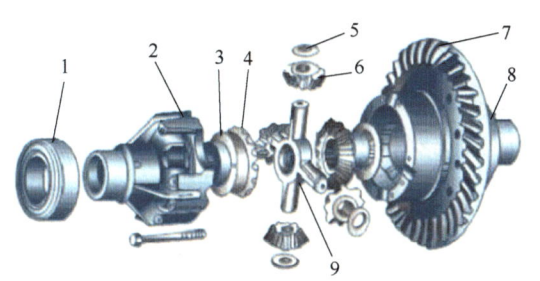

图 5-3-10　锥齿轮差速器结构

1—差速器壳轴承　2、8—差速器壳　3、5—调整垫片　4—半轴齿轮（两个）　6—行星齿轮（两个或四个）　7—主减速器从动锥齿轮　9—行星齿轮轴（十字轴）

左半差速器壳 2 和右半差速器壳 8 用螺栓紧固在一起。主减速器从动锥齿轮 7 用螺栓（或铆钉）固定在右半差速器壳 8 的凸缘上。十字轴行星齿轮轴 9 安装在差速器壳接合面处的圆孔内，每个轴颈上套有一个带有滑动轴承（衬套）的直齿圆锥行星齿轮 6，四个行星齿轮的左右两侧各与一个直齿圆锥半轴齿轮 4 相啮合。半轴齿轮的轴颈支承在差速器壳左右相应的孔中，其内花键与半轴相连。与差速器壳一起转动（公转）的行星齿轮拨动两侧的半轴齿轮转动，当两侧车轮所受阻力不同时，行星齿轮还要绕自身轴线转动，实现对两侧车轮的差速驱动。行星齿轮的背面和差速器壳相应位置的内表面，均做成球面，这样做能增加行星齿轮轴孔长度，有利于和两个半轴齿轮正确地啮合。

在传力过程中，行星齿轮和半轴齿轮这两个锥齿轮间作用有很大的轴向力，为减少齿轮和差速器壳之间的磨损，在半轴齿轮和行星齿轮背面分别装有平垫片 3 和球面垫片 5。垫片通常用软钢、铜或者聚甲醛塑料制成。

差速器的润滑是和主减速器一起进行的。为了使润滑油进入差速器内，往往在差速器壳体上开有窗口。为保证润滑油能顺利到达行星齿轮和行星齿轮轴轴颈之间，在行星齿轮轴轴颈上铣出一平面，并在行星齿轮的齿间钻出径向油孔。

2. 行星锥齿轮差速器的运动原理

1）差速器的速度特性（商用车直线行驶），如图 5-3-11 所示。

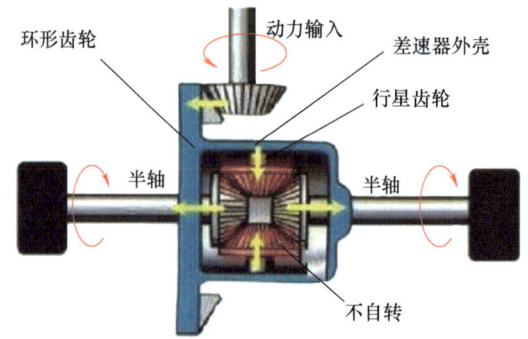

当车辆直线行驶时，动力通过环形齿轮传递到行星齿轮，由于两侧驱动轮受到的阻力相同，行星齿轮不发生自转，通过半轴把动力传到两侧车轮(相当于刚性连接，两侧车轮转速相等)

图 5-3-11　直行时差速器工作状态

图 5-3-12 所示为普通对称式锥齿轮差速器简图。差速器壳 3 作为差速器中的主动件，与主减速器从动锥齿轮 6 和行星齿轮轴 5 连成一体。半轴齿轮 1 和 2 为差速器中的从动件。行星齿轮既可随行星齿轮轴一起绕差速器旋转轴线公转，又可以绕行星齿轮轴轴线自转。

设在一段时间内，差速器壳转了 n_0 圈，半轴齿轮 1 和 2 分别转了 n_1 圈和 n_2 圈（n_0、n_1 和 n_2 不一定是整数），则当行星齿轮只绕差速器旋转轴线公转而不自转时，行星齿轮拨动半轴齿轮 1 和 2 同步转动，则有 $n_1 = n_2 = n_0$。当行星齿轮在公转的同时，

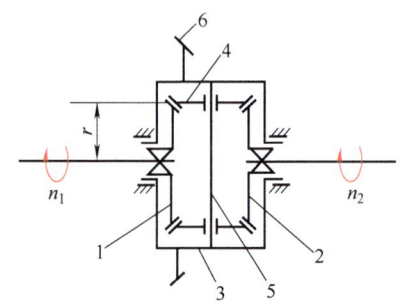

图 5-3-12　差速器运动原理示意图

1、2—半轴齿轮　3—差速器壳　4—行星齿轮
5—行星齿轮轴　6—主减速器从动锥齿轮

又绕行星齿轮轴轴线自转时,由于行星齿轮自转所引起一侧半轴齿轮 1 比差速器壳多转的圈数(n_4)必然等于另一侧半轴齿轮 2 比差速器壳少转的圈数。

于是有 $n_1 = n_0 + n_4$ 和 $n_2 = n_0 - n_4$。

以上两种情况,n_1、n_2 与 n_0 之间都有以下关系式:$n_1 + n_2 = 2n_0$。

若用角速度表示,应有 $\omega_1 + \omega_2 = 2\omega_0$。

式中 ω_1、ω_2 和 ω_0 分别为左、右半轴和差速器壳的转动角速度。

上式表明,左右两侧半轴齿轮的转速之和等于差速器壳转速的两倍,这就是两半轴齿轮直径相等的对称式锥齿轮差速器的运动特性关系式。

2)差速器的转矩特性(商用车转弯行驶),如图 5-3-13 所示。

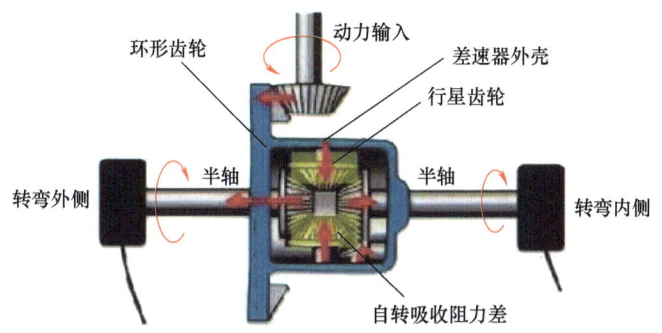

当车辆转弯时,左右车轮受到的阻力不一样,这时行星齿轮绕着半轴公转同时自转,从而吸收阻力差,使车轮能够以不同的速度旋转

图 5-3-13 转弯时差速器工作状态

设输入差速器壳的转矩为 M_0,输出给左、右两半轴齿轮的转矩为 M_1 和 M_2。当与差速器壳连在一起的行星齿轮轴带动行星齿轮转动时,行星齿轮相当于一根横向杆,其中啮合点被行星齿轮轴推动,左右两端带动半轴齿轮转动,作用在行星齿轮上的推动力必然平均分配到两个半轴齿轮上。又因为两个半轴齿轮半径也是相等的,所以当行星齿轮没有自转趋势时,差速器总是将转矩 M_0 平均分配给左、右两半轴齿轮,即 $M_1 = M_2 = 0.5 M_0$。

当两半轴齿轮以不同转速朝相同方向转动时,设左半轴转速 n_1 大于右半轴转速 n_2,则行星齿轮将按图 5-3-14 上实线箭头 n_4 的方向绕行星齿轮轴轴颈自转,此时行星齿轮孔与行星齿轮轴轴颈间以及行星齿轮背部与差速器壳之间都

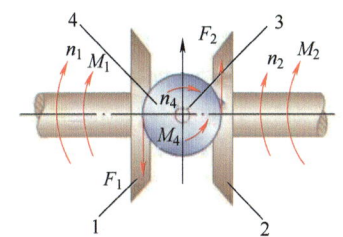

图 5-3-14 差速器转矩分配示意图
1—半轴齿轮 2—半轴齿轮 3—行星齿轮轴 4—行星齿轮

产生摩擦,半轴齿轮背部与差速器壳之间也产生摩擦。这几项摩擦综合作用的结果,使转得快的左半轴齿轮得到的转矩 M_1 减小,设减小量为 $0.5M_f$;而转得慢的右半轴齿轮得到的转矩 M_1 增大,增大量也为 $0.5M_f$。

因此,当左右驱动车轮存在转速差时

$$M_1 = 0.5(M_0 - M_f),\ M_2 = 0.5(M_0 + M_f)$$

左、右车轮上的转矩之差等于折合到半轴齿轮上总的内摩擦力矩 M_f。

差速器中折合到半轴齿轮上总的内摩擦力矩 M_f 与输入差速器壳的转矩 M_0 之比叫作差速器的锁紧系数 K，即 $K=M_f/M_0$ 输出给转得快慢不同的左右两侧半轴齿轮的转矩可以写成

$$M_1=0.5 M_0 (1-K), \quad M_2=0.5 M_0 (1+K)$$

输出到低速半轴的转矩与输出到高速半轴的转矩之比 K_b 可以表示为

$$K_b=M_2/M_1=(1+K)/(1-K)$$

锁紧系数 K 可以用来衡量差速器内摩擦力矩的大小及转矩分配特性，目前广泛使用的对称式锥齿轮差速器，其内摩擦力矩很小，锁紧系数 K 为 0.05~0.15，输出到两半轴的最大转矩之比 K_b =1.11~1.35。因此可以认为无论左右驱动轮转速是否相等，对称式锥齿轮差速器总是将转矩近似平均分配给左右驱动轮。

这样的转矩分配特性对于商用车在良好路面上行驶是完全可以的，但当商用车在坏路面行驶时，却会严重影响其通过能力。例如当商用车的一侧驱动车轮驶入泥泞路面，由于附着力很小而打滑时，即使另一车轮是在好路面上，商用车往往也不能前进。这是因为对称式锥齿轮差速器平均分配转矩的特点，使在好路面上车轮分配到的转矩只能与传到另一侧打滑驱动轮上很小的转矩相等，以致使商用车总的牵引力不足以克服行驶阻力而不能前进。图 5-3-15 所示为差速器结构实物图。

图 5-3-15　差速器结构实物

为了提高商用车在坏路上的通过能力，可采用各种形式的防滑差速器。防滑差速器的共同特点是在一侧驱动轮打滑时，能使大部分甚至全部转矩传给不打滑的驱动轮，充分利用另一侧不打滑驱动轮的附着力而产生足够的牵引力，使商用车继续行驶。

【科技创新与突破】

攻难克艰　自强不息

某高校汽车工程科研团队致力于解决传统主减速器噪声大、传动效率受限的问题，为我国新能源汽车轻量化、高效化发展助力。团队带头人李教授带领学生们日夜扎根实验室，尝试运用新型材料和智能调整系统。一开始，新合金材料制成的主减速器齿轮在耐久性测试中频繁出现裂纹，资金和时间压力巨大，但他们没有放弃。通过与材料学专家跨学科合作，反复优化材料配方和热处理工艺，同时引入自适应智能调整技术，让主减速器能根据不同工况自动优化传动参数。历经数年，成功研发出新一代超静音、高效能主减速器，打破国外技术垄断，使我国新能源汽车在国际市场竞争力大增，激发了学生们投身科技创新、产业报国的决心。

知识点 3：主减速器的调整内容和调整方法

主减速器的调整主要包括轴承预紧度的调整、齿侧间隙的调整和啮合印痕的调整。

1. 轴承预紧度的调整

以图 5-3-3 为例，主动锥齿轮轴轴承预紧度可通过增减调整垫片 8 的厚度来调整。中间轴圆锥滚子轴承预紧度则是通过改变调整垫片 6、13 的厚度来调整。支撑差速器壳的圆锥滚子轴承的预紧度靠拧动调整螺母来调整。轴承预紧力调整大小参照各厂家的技术要求执行。同样，为了便于齿轮啮合的调整，第一级主动齿轮轴、中间轴的轴向位置都可以略加移动。增加调整垫片 7 的厚度，第一级主动齿轮则沿轴向离开从动锥齿轮；反之靠近。减少左轴承盖 4 处的调整垫片 6，同时将这些卸下来的垫片加到右端的调整垫片 13 上，则第一级从动齿轮右移；反之左移。因两组调整垫片 6 和 13 的总厚度未变，不致破坏已调好的中间轴轴承的预紧度。第二级斜齿圆柱传动的啮合不可调，但可拧动调整螺母使第二级从动齿轮略作轴向移动，以保证与第二级主动齿轮的全齿宽啮合。

2. 齿侧间隙的调整

将磁力表架带百分表套吸在主减速器壳上，表头顶在从动锥齿轮齿顶上，转动从动锥齿轮，要求百分表指针在一定范围内变化。具体数值以厂家技术要求为准。如果间隙不在要求范围内，则可通过同量进退左右调整螺母实现，即一端调整螺母的拧入圈数应等于另一端螺母的退出圈数。

3. 啮合印痕的调整

为了使齿轮传动工作正常、磨损均匀、延长其使用寿命，必须保证主减速器齿轮副的正确啮合。为此，需要对锥齿轮的啮合印痕进行调整。

用红丹粉均匀涂抹在从动锥齿轮的相邻三个齿面上，转动从动锥齿轮，使其与主动锥齿轮充分啮合后，检查啮合印迹。正确的啮合印痕接触长度为全齿长的 1/2~2/3 左右；接角痕迹距离小端 2~4mm；接触区应位于齿高中部，形状为长方形或椭圆形，宽度为齿高的 40%~60%，如图 5-3-16 所示，若不正确则需要调整。

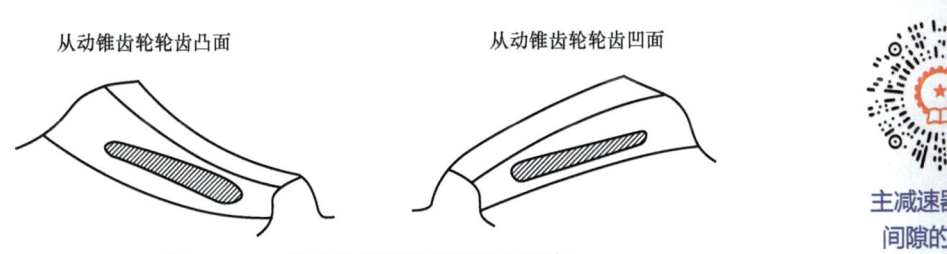

图 5-3-16　正确的从动锥齿轮啮合印痕

主减速器齿侧间隙的测量

啮合印痕的调整是通过改变主从动锥齿轮的相对位置来得到的，即通过改变主动锥齿轮轴承座和主减速器壳之间的调整垫片来实现。具体调整方法如图 5-3-17 所示。

需要说明的是，为了保证齿轮啮合调整的正确性，圆锥滚子轴承预紧度的调整必须在齿轮啮合印痕调整之前进行，且当两者采用同一调整装置时，齿轮啮合印痕的调整应保持原来已经调整好的轴承预紧度不变。

从动齿轮齿面		调整方法	
凸面	凹面		
		将主动锥齿轮向从动锥齿轮移近，移近后如果侧隙过小，可将从动轮移开	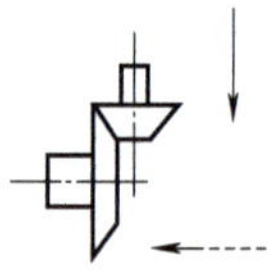
		将主动锥齿轮向从动锥齿轮移开，移开后如果侧隙过大，可将从动轮移近	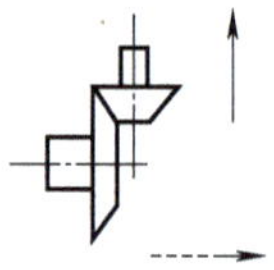
		将从动锥齿轮向主动锥齿轮移开，移开后如果侧隙过大，可将主动轮移近	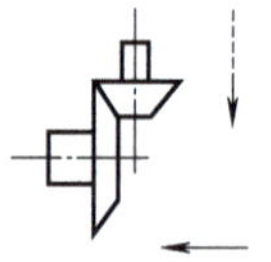
		将从动锥齿轮向主动锥齿轮移近，移近后如果侧隙过小，可将主动轮移开	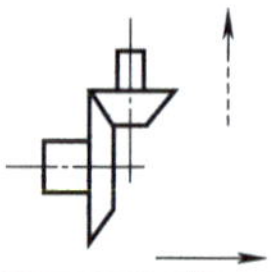

图 5-3-17 从动锥齿轮啮合印痕的调整

【精益求精】

栾林：精研齿轮，匠心逐梦"东方红"

栾林，国机集团下属企业中国一拖集团有限公司（以下简称"中国一拖"）齿轮传动公司大齿车间磨齿组组长、主任技师，先后获得"中央企业劳动模范""洛阳市五一劳动奖章""国机集团劳动模范"等荣誉称号。

在 29 年的职业生涯中，栾林深感劳模工匠的责任和义务。在工作中，他毫无保留地把经验和绝招传授给青年职工，帮助青年职工快速掌握设备操作技能，能够独立完成零件的加工与调试，并解决瓶颈问题。

2023 年，他带领班组 23 名职工，实现单月最高产能创 10.72 万件历史新纪录，全年累计完成磨齿精加工 100 万件以上，达到上年同期的 120%，为中国一拖农机装备自主创新和高质量发展做出了贡献。

栾林以精益求精的工匠精神与团队一起实现多个从"0"到"1"的突破，解决了许多制约磨齿质量提升的难点，促进了齿轮制造整体质量效率提高。

工作任务 4　驱动桥漏油故障排除

【情境描述】

一辆北京奔驰 V3 商用车在行驶过程中，出现驱动桥轮边漏油的故障，且已造成制动器摩擦片泡油，经过售后服务人员诊断，初步判断为轮边油封故障，需对轮边减速器进行拆检维修。轮边漏油如图 5-4-1 所示。

图 5-4-1　轮边漏油

【学习目标】

1. 学生应以小组工作的方式完成本项工作任务。
2. 学生应能在小组成员的配合下，利用车辆维修手册（或实训指导书），制订工作计划，实施工作计划。
3. 掌握轮边减速器油封的更换方法及注意事项。
4. 树立 S（安全）+5S 理念 + 质量意识。

【任务分组】

班级		组号		指导教师	
组长		组员			
任务分工					

【获取信息】

引导问题 1：轮边减速器主要由哪些零件组成？
_____
_____

引导问题 2：轮边减速器的动力传递路线是什么？
_____
_____

引导问题 3：轮毂轴承是哪种类型的轴承，使用过程中有哪些注意事项？
_____
_____

【工作实施】

第一步：查找维修手册。

第二步：制定操作方案。

_____

_____

_____

第三步：实施操作。

1）将放油孔转至正下方，用扳手取下放油螺塞，取出密封垫圈，使轮边减速器壳内润滑油经油槽流入专用器皿中，防止污染环境。

2）待润滑油收集完毕，用扳手拧下加油堵，并取出垫圈；用扳手取下端盖螺栓，并清洗螺纹中残留的密封胶，如发现螺纹有损伤，应更换新的螺栓；拆下端盖和密封垫圈。

3）用卡簧钳取下孔用弹性挡圈，取出调整垫片；取出止推盘，用卡簧钳取下轴用弹性挡圈，取出顶销、垫圈和太阳轮。

4）拔出半轴。

5）拧出连接轮边减速器和轮毂的沉头螺钉，拆下轮边减速器总成和O形密封圈。

6）将防松锁片撬起，并拆下开槽螺母（此处拧紧力矩较大，注意选择适当的工具）和防松锁片；拆下齿圈及齿圈支架，并取下孔用挡圈。

7）用专用工具拆下轮毂外轴承，取下轮毂总成，并拆下轮毂内轴承，取下隔圈。检查轴承的使用状况，根据需要更换轴承。

8）拆卸油封检查使用情况并更换。

第四步：学生分组及工作实施和总结。

1）每5~8名学生组成1个工作小组，确定1名小组长，接受工作任务，做好工作准备。

2）准备好实训用的台架。

3）研读工单，查阅维修手册（或实训指导书）。

4）介绍轮边减速器油封的更换工艺过程和注意事项。

5）回答指导教师的现场提问，接受指导教师的技能考核。

6）完成工作任务后，对工作过程进行自我评价和小组互评，听取指导教师的点评。

7）清洁工作场所，清点保养工具设备，完成任务交接。

【评价反馈】

检查评估	维修资料、工具、设备的正确使用	A	B	C	D
	操作规范和任务完成情况	A	B	C	D
	任务工单填写	A	B	C	D
	纪律和回答现场提问	A	B	C	D
	团队合作	A	B	C	D
	安全和环保	A	B	C	D
成绩					
评语				教师签字：_____ 日期：_____	

【相关知识】

知识点 1：轮边减速器的结构及工作原理

1. 轮边减速器概述

重型货车、工程车和军用车辆要求有较高的动力性，而车速要求相对较低，因此其传动系统的低档总传动比较大。为了使变速器、分动器、传动轴等总成的尺寸及质量不致过大，应将传动系统的传动比尽可能分配给驱动桥。这就导致驱动桥的主减速比必须很大。越野商用车要求在坏路和无路地区具有良好的通过性，即要求车辆在满载情况下具有足够的离地间隙，因此一般在需要较大传动比的驱动桥上增加轮边减速器。轮边减速器常用形式为普通圆柱行星齿轮式轮边减速器。

轮边减速器设置在车轮的轮辋内，使得整个驱动桥结构更加紧凑，同时降低了主减速器、半轴、差速器的负荷，减小传动部件的结构尺寸，保证后桥具有足够的离地间隙，提高了车辆的通过性能并降低整车装备质量。它被广泛应用于载货汽车、大型客车、越野商用车及其他一些大型工矿用车。

2. 轮边减速器工作原理

轮边减速器主要由太阳轮 3、行星轮 1、齿圈 4 和行星轮架 2 组成，如图 5-4-2 所示。一般其主动件为太阳轮，太阳轮通过花键与半轴相连；从动件行星轮架与车轮相连，齿圈与桥壳相接。行星轮系是一种共轴式，即输出轴线与输入轴线重合的传动装置。太阳轮在中心，几个完全相同的行星轮安装在行星轮架上并均布在太阳轮的四周与之啮合，行星轮的外面与齿圈的内齿啮合。齿圈通过花键固定在驱动桥桥壳的半轴套管上。

太阳轮作为整个轮系的主动件，通过花键与半轴相连，当动力从差速器通过半轴传递给太阳轮后，太阳轮带动与之啮合的行星轮自转，由于行星轮又与

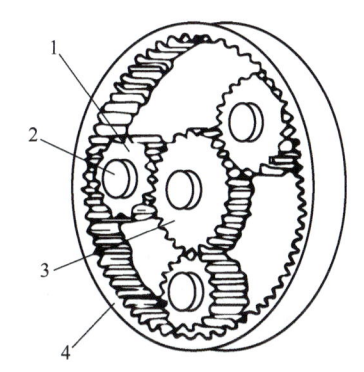

图 5-4-2 行星齿轮式减速器基本原理
1—行星轮 2—行星轮架 3—太阳轮 4—齿圈

齿圈啮合，当行星轮发生转动时又要带动齿圈转动，但齿圈固定在桥壳上是不能转动的，这样就导致了行星轮绕太阳轮进行公转。行星轮安装在行星轮架上，行星轮的公转就会通过行星轮轴带动行星轮架转动，即行星轮系中动力是通过行星轮架输出的，行星轮架又与驱动桥的轮毂相连，整个传动系统的动力就通过轮毂输出给行驶系统的车轮了。

如图 5-4-3 所示，太阳轮 7 通过花键与半轴 12 相连接，随半轴转动。内齿圈 3 与齿圈座 2 用螺钉 10 连接，而齿圈座 2 被锁紧螺母 8 固定在半轴套管 1 上不能转动。在太阳轮 7 和内齿圈 3 之间装有三个行星轮 4，行星轮通过圆锥滚子轴承 6 支撑在行星架 5 上。行星架 5 用螺栓 9 与轮毂 11 相连。差速器的动力从半轴 12 经太阳轮 7、行星轮 4、行星架 5 传给轮毂，进而驱动车轮旋转。

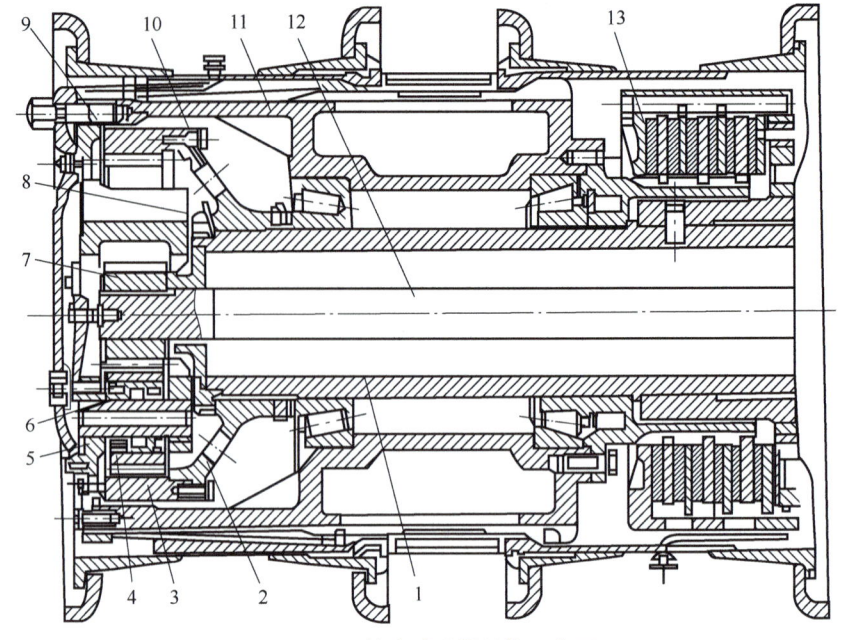

图 5-4-3 轮边减速器结构示意图

1—半轴套管 2—齿圈座 3—内齿圈 4—行星轮 5—行星架 6—圆锥滚子轴承 7—太阳轮
8—锁紧螺母 9—螺栓 10—螺钉 11—轮毂 12—半轴 13—制动器

轮边减速器的结构及工作原理

知识点2：驱动桥常见漏油故障排除

1. 零件间接合面漏油

零件间的接合面漏油是指在轮边减速器的放油螺塞、加油口、油位口或者是各壳体间的接合面位置可看到明显的漏油痕迹。产生漏油的主要原因及解决办法如下。驱动桥的透气孔堵塞，随着油温升高造成驱动桥内的油气压力增大，需要检查通气孔并及时清理。接合面间的密封胶涂抹得不均匀或者是紧固螺钉松动或拧紧不均匀。这时就需要将零件拆下，将原来的密封胶清除干净，并均匀涂抹新的密封胶。然后按照标准的螺栓拧紧顺序和拧紧力矩对连接螺栓进行紧固。

2. 壳体漏油

由于轮边减速器的壳体大多由铸件加工而成，铸件毛坯在制造过程中难免存在砂眼、缩松等铸造缺陷，此类的漏油故障一般都不严重，可以使用錾子配合锤子击打漏油点，或者是根据零件的材质选择合适的修补剂进行涂抹修补。使用上述方法后如果漏油现象没有消失，那就需要更换新的零部件了。

3. 轮边油封漏油

轮边油封漏油就是指轮毂的旋转密封部位漏油，一旦这个位置发生漏油，势必会对其外部的制动器摩擦片造成影响，泄漏的齿轮油会浸透摩擦片，造成摩擦系数下降，影响整车的制动性能。所以轮边漏油的故障如果发现应尽快解决。

轮边漏油的原因有很多，最常见的就是旋转密封失效，这种故障只需要更换油封就可以了。这里需要注意的是，有些厂家的轮边油封上有回油线，这类油封在使用时需要区分左右轮，在安装时要认真判断。另外，在更换油封的同时，还要检查与油封配合的油封座是否磨损出凹槽，如果出现凹槽也需要进行更换。

【严谨就是关爱】

严谨细致　守护安全

在一家大型商用车维修厂,负责车辆日常维护的小李接到报修,一辆商用车驱动桥出现漏油情况。这不仅影响车辆正常运行,还可能在行驶途中引发危险,危及驾驶员及乘员生命安全。小李深知责任重大,他没有急于动手拆卸,而是先仔细查阅该型号驱动桥的维修手册,了解其结构特点和常见漏油原因。随后,他戴上防护手套,拿着强光手电筒,一寸一寸地检查驱动桥外壳、油封、管路连接处等部位。经过近一个小时的细致排查,终于发现是一处油封因长时间磨损出现了细微裂缝。他小心翼翼地更换油封,安装完毕后又反复检查密封性,确保万无一失。

他常说:"驾驶员把生命交给我们,让我们来维护车辆,我们就得严谨细致、守护他们的出行安全,一丝马虎都可能酿成大祸。"这种严谨态度也感染了身边同事,大家在维修工作中更加注重细节,保障出行安全。

项目 6
行驶系统的构造与检修

工作任务 1　车轮总成的拆装及动平衡的检测

【情境描述】

一辆商用车行驶过程中左前轮胎爆胎，经过维修技师诊断，左前车轮总成需要拆卸、补胎，然后进行动平衡检测。商用车轮胎如图 6-1-1 所示。

图 6-1-1　商用车轮胎

【学习目标】

1. 学生应以小组工作的方式完成本项工作任务。
2. 学生应能在小组成员的配合下，利用车辆维修手册（或实训指导书），制订工作计划，实施工作计划。
3. 会读取实训所用车辆轮胎的型号规格、出厂年月；识别车桥的组成；会正确对轮胎进行去掉泥土、砂石的外观保养，拆掉旧平衡块；会正确使用花纹深度尺测量轮胎花纹深度；会使用气源对轮胎进行充气，正确使用轮胎气压表，测量轮胎气压；会通过阅读轮胎动平衡仪使用手册，使用轮胎动平衡仪测量调整轮胎平衡。
4. 树立 S（安全）+5S 理念 + 质量意识。

【任务分组】

班级		组号		指导教师	
组长		组员			
任务分工					

项目 6 行驶系统的构造与检修

【获取信息】

引导问题 1：轮胎有什么功用？

引导问题 2：轮胎有哪些类型？由几部分组成？

引导问题 3：正确识读轮胎型号规格。

引导问题 4：哪些情况下需要拆卸车轮？（千斤顶的使用注意事项）

引导问题 5：车轮不平衡的原因及危害有哪些？

【工作实施】

第一步：查找维修手册。
第二步：制定操作方案。

第三步：实施操作。
1）拆卸轮胎。
① 首先对轮胎进行全面清理，包括轮胎表面、车轮与轮辋接触面及车轮上的螺栓螺母，对其上的锈渍、渣子及泥污进行清理。
② 用套筒扳手将轮胎固定螺栓对角依次拧松。
③ 用千斤顶把该轮胎举升离地。
④ 将拧松的螺栓依次拆下，轮胎整体取下，轮胎拆卸完成。
2）车轮动平衡检测。下面以离车式车轮动平衡检测为例说明检测步骤。
① 清除被测车轮上的泥土、石子和旧平衡块。
② 检查轮胎气压，必须符合原厂的规定。
③ 根据轮辋中心孔的大小选择好锥体，如图 6-1-2 所示装好车轮，上紧螺母。
④ 打开电源开关，检查指示与控制装置的面板指示是否正确；根据轮辋结构选择相适应的轮辋，轮辋结构选择如图 6-1-3 所示。
⑤ 用平衡机上的标尺测量轮辋边缘至机箱距离 a，用专用卡尺测量轮辋宽度 b，读取轮辋直径 d，如图 6-1-4 所示，再将 a、b、d 值输入到指示与控制装置中。
⑥ 放下车轮防护罩，按下启动键，车轮旋转，平衡测试开始，自动采集数据。

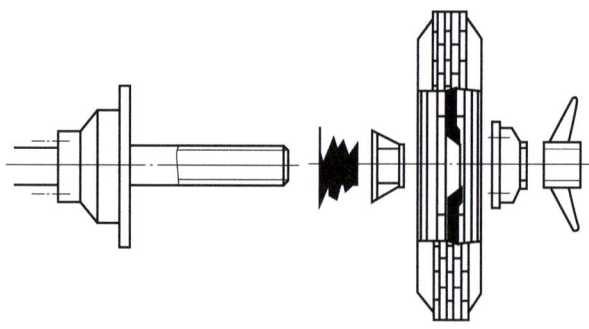

图 6-1-2　安装车轮

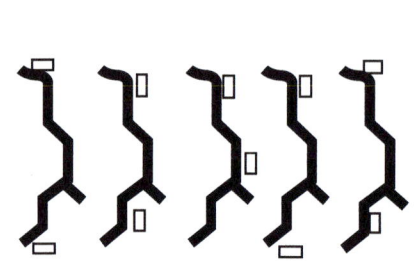

图 6-1-3　轮辋结构选择

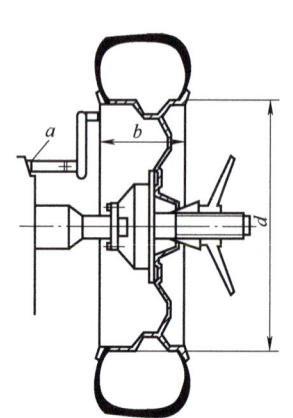

图 6-1-4　输入数据的测量部位

⑦ 车轮自动停转或听到"嘀"声按下停止键，并操作制动装置使车轮停转后从指示装置里读取车轮内、外侧不平衡量。

⑧ 抬起车轮防护罩，用手慢慢转动车轮，当指示装置发出指示（音响、指示灯全亮、制动、显示点或显示检测数据等）时停止转动。在轮辋的内侧或外侧的正上部加装指示装置显示该侧的平衡块质量。内、外侧要分别进行，平衡块要安装牢固。

⑨ 安装平衡块后有可能产生新的不平衡，应重新进行平衡试验，直至不平衡量不大于50g（小车轮胎平衡量不大于5g）、指示装置显示"OO"或"OK"时为止。

⑩ 测试结束，关闭电源开关。

温馨提示：

① 操作时一定要注意保护"匹配器"及轴部。

② 装卸车轮时，一定要轻拿轻放，安装要可靠、牢固，安装不正会引起严重的不平衡。

③ 每次重新开启电源进行操作时，切记要重新输入直径、宽度和距机箱距离值。

④ 本测试中所有测量的数值均以英寸为单位。

⑤ 仪器连接好电源后，一定注意接地线，并且应接触良好。

3）安装轮胎。

① 套上车轮，将螺母初步拧在螺栓上。

② 放下车轮并在车轮前后用三角木掩住，用扭力扳手或车轮螺母拆装机，按对角线顺序分2次或3次拧紧车轮螺母，最后一次要按规定力矩拧紧。

第四步：学生分组及工作实施和总结。

1）每5~8名学生组成1个工作小组，确定1名小组长，接受工作任务，做好工作准备。
2）准备好实训用的底盘台架。
3）研读工单，查阅维修手册（或实训指导书）。
4）介绍拆卸轮胎及车轮动平衡检测的步骤和过程。
5）回答指导教师的现场提问，接受指导教师的技能考核。
6）完成工作任务后，对工作过程进行自我评价和小组互评，听取指导教师的点评。
7）清洁工作场所，清点保养工具设备，完成任务交接。

【评价反馈】

检查评估	维修资料、工具、设备的正确使用	A	B	C	D
	操作规范和任务完成情况	A	B	C	D
	任务工单填写	A	B	C	D
	纪律和回答现场提问	A	B	C	D
	团队合作	A	B	C	D
	安全和环保	A	B	C	D
成绩					
评语				教师签字：_____ 日期：_____	

【相关知识】

知识点1：商用车行驶系统的组成和功用

商用车行驶系统的基本组成主要取决于商用车经常行驶路面的性质，绝大多数商用车都行驶在比较坚实的路面上，采用通过车轮与地面接触的轮式行驶系统。轮式商用车行驶系统一般由车架、车桥、车轮和悬架组成，如图6-1-5所示。

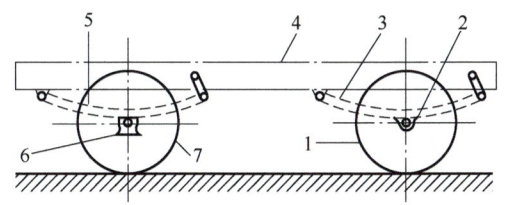

图6-1-5 轮式商用车行驶系统组成示意图
1—驱动轮 2—驱动桥 3—后悬架 4—车架 5—前悬架 6—从动桥 7—从动轮

车架是全车装配与支撑的基础，它将商用车的各相关总成连接成一个整体并与行驶系统共同支撑整车的质量，车轮分别装在前桥和后桥上，支撑着车桥和商用车。车桥与车架之间通过弹性系统（悬架）进行连接，以便减少商用车在行驶中受到的各种冲击和振动。

商用车行驶系统的功用是：

1）接受传动系统传来的发动机转矩，通过驱动轮与地面间附着作用产生驱动力。

2）承受商用车的总重量，传递并承受路面作用于车轮上的各个方向的反力及其转矩。

3）缓和不平路面对车身造成的冲击和振动，保证商用车平顺行驶。

4）与转向系统协调配合工作，控制商用车的行驶方向。

知识点 2：车轮的组成及分类

车轮与轮胎又称车轮总成，商用车车轮总成如图 6-1-6 所示，位于车桥与路面之间，是行驶系统的重要部件。几乎所有的商用车行驶性能都与轮胎有关。

车轮与轮胎的
结构类型及作用

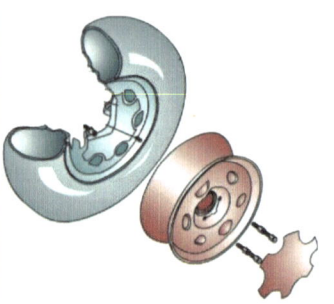

图 6-1-6　车轮总成

车轮是介于轮胎和车轴之间承受负荷的旋转组件，通常由两个主要部件、即轮辋和轮辐组成。轮辋是在车轮上安装和支承轮胎的部件，轮辐是在车轮上介于车轴和轮辋之间的支承部件。车轮除上述部件外，有时还包含轮毂。

车轮的结构分类：

1）按轮辐的构造，车轮可分为辐板式车轮和辐条式车轮。

2）按车轮材质，车轮可分为钢制、铝合金、镁合金等车轮。

3）按车轴一端安装一个或两个轮胎，车轮可分为单式车轮和双式车轮。

1. 辐板式车轮

辐板式车轮由挡圈、轮辋、辐板和气门嘴伸出口组成，如图 6-1-7 所示。车轮中用以连接轮毂和轮辋的钢质圆盘称为辐板，轿车的辐板所用板料较薄，常冲压成起伏多变的形状，以提高其刚度。货车辐板式车轮如图 6-1-8 所示。辐板上的孔可以减轻质量，有利于制动鼓的散热，便于接近气门嘴，同时可作为安装时的把手处。6 个孔加工成锥形，以便在用螺栓把辐板固定在轮毂上时对正中心。少数重型商用车辐板和轮毂铸成一体。

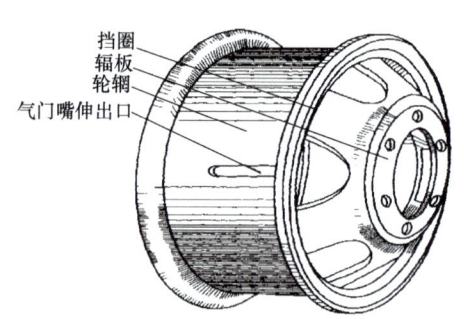

图 6-1-7　辐板式车轮的组成

2. 辐条式车轮

辐条式车轮（图6-1-9）的轮辐是钢丝辐条或者是和轮毂铸成一体的铸造辐条。现代商用车的轮辐多种多样，与商用车造型融为一个整体，对整车起到了很好的装饰作用，也有利于制动器的散热。铸造辐条式车轮用于装载质量较大的重型商用车上。在这种结构的车轮上，轮辋是用螺栓和特殊形状的衬块固定在辐条上，为了使轮辋和辐条很好地对中，在轮辋和辐条上都加工出配合锥面。

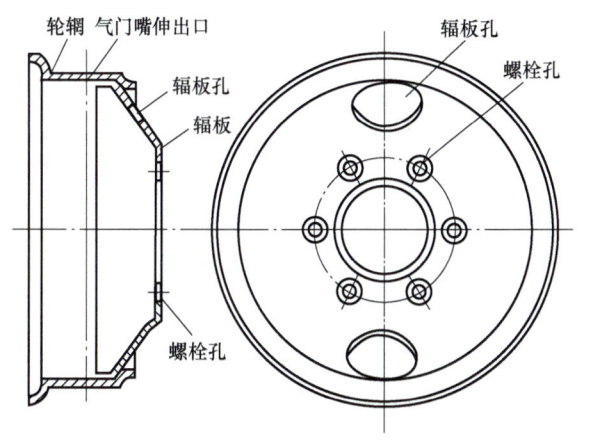

图6-1-8　货车辐板式车轮　　　　图6-1-9　辐条式车轮

知识点3：车轮的构造

1. 轮辋的分类与结构

轮辋常见形式主要有两种：深槽轮辋和平底轮辋，如图6-1-10所示。此外，还有对开式轮辋、半深槽轮辋、深槽宽轮辋、平底宽轮辋、全斜底轮辋等。

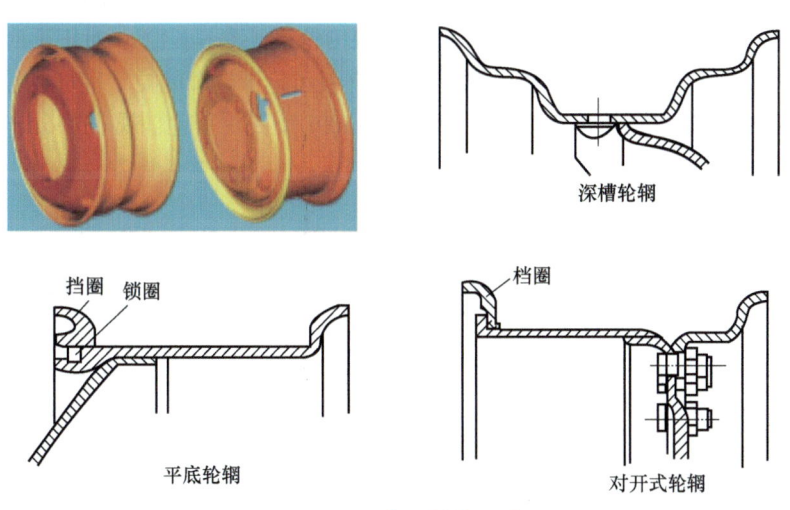

图6-1-10　常见轮辋形式

1）深槽轮辋。这种轮辋主要用于轿车及轻型越野车，商用车用得不多。
2）平底轮辋。这种轮辋的结构形式很多，是我国货车常用的一种形式。挡圈是整体的，而用一个开口锁圈来防止挡圈脱出，在安装轮胎时，先将轮胎套在轮辋上，而后套上挡圈，并将它向内推，直至越过轮辋上的环形槽，再将开口的弹性锁圈嵌入环形槽中。东风 EQ1090E 和解放 CA1091 型商用车均采用这种形式的轮辋。

3）对开式轮辋。这种轮辋由内外两部分组成，其内外轮辋的宽度可以相等，也可以不相等，二者用螺栓连成一体。拆装轮胎时拆卸螺栓上的螺母即可。挡圈是可拆的。有的无挡圈，而由与内轮辋制成一体的轮缘代替挡圈的作用，内轮辋与辐板焊接在一起。东风 EQ2080 商用车即采用这种形式的轮辋。

除了深槽轮辋和平底轮辋以外，还有半深槽轮辋，一般用于轻型货车上。由于轮辋是轮胎的装配和固定基础，当轮胎装入不同轮辋时，其变形位置与大小也发生变化。因此，每种规格的轮胎，最好配用规定的标准轮辋，必要时也可配用规格与标准轮胎相近的轮辋（容许轮辋）。如果轮辋使用不当，会造成轮胎早期损坏，特别是使用过窄的轮辋。近几年来，为了适应提高轮胎负荷能力的需要，开始采用宽轮胎，实验表明，采用宽轮辋可以提高轮胎的使用寿命，并可改善商用车的通过性和行驶稳定性。

2. 国产轮辋规格的表示方法

1）国产轮辋轮廓类型及其代号。目前，轮辋轮廓类型有 7 种：深槽轮辋，代号 DC；深槽宽轮辋，代号 WDC；半深槽轮辋，代号 SDC；平底轮辋，代号 FB；平底宽轮辋，代号 WPB；全斜底轮辋，代号 TB；对开式轮辋，代号 DT，如图 6-1-11 所示。

2）国产轮辋的规格代号。轮辋规格用轮辋名义宽度、轮辋名义直径、轮辋高度、轮辋轮廓类型及轮辋结构形式代号来表示。轮辋名义宽度和轮辋名义直径一般以英寸数表示（当新设计轮胎以 mm 表示直径时，轮辋直径用 mm 表示）。轮辋名义直径数字前面的符号表示轮辋结构形式代号。符号"×"表示该轮辋为一件式轮辋，符号"–"表示该轮辋为两件或两件以上的多件式轮辋。在轮辋名义宽度代号之后的拉丁字母表示轮缘轮廓（如 E、F、JJ、KB、L、V 等）。有些类型的轮辋（如平底宽轮辋），其名义宽度代号代表了轮缘轮廓，不再用字母表示。最后面的代号表示轮辋轮廓类型代号。

例如，北京 BJ2020 型商用车轮辋为 4.50E×16，表明该轮辋名义宽度为 4.5in，名义直径为 16in，"×"为一件式，轮缘轮廓代号 E 为深槽轮辋（图 6-1-12）。对于平底式宽轮辋只有表示轮辋名义宽度和名义直径尺寸的数字，没有表示轮缘轮廓的拉丁字母代号。例如，东风 EQ1090 型商用车轮辋规格为 7.0—20；解放 CA1091 型商用车轮辋规格为 6.5—20。

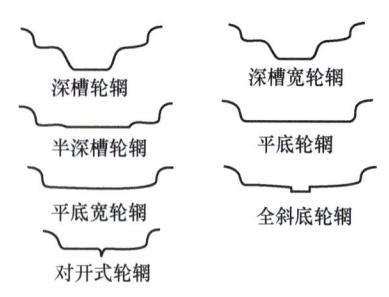

图 6-1-11　轮辋轮廓类型示意图

图 6-1-12　北京 BJ2020 型商用车轮辋规格含义

3）车轮规格。车轮的规格表示如图 6-1-13 所示。

除了轮辋宽度 B 和轮辋直径 d 外，还有螺栓孔的节圆直径 d_1（分布圆直径），即车轮通常用若干个螺栓安装在轮毂上，各螺栓孔中心分布圆形成直径为节圆直径，用 mm 表示。车轮的另一个重要规格是偏置距 E，它表示了轮辋中心和车轮安装面之间的水平距离，这是选择车轮的重要尺寸。对于发动机前置前轮驱动的商用车（FF）和发动机前置后轮驱动的商用车（FR）的车轮偏置距是不一样的，必须装用符合原车轮偏置距的车轮。此外，还有轮毂直径 d_2、螺栓孔直径 d_3。轮辋规格只表示轮胎与轮辋的匹配，而不明确是否与车身相匹配，选用时注意车身的运动校核。

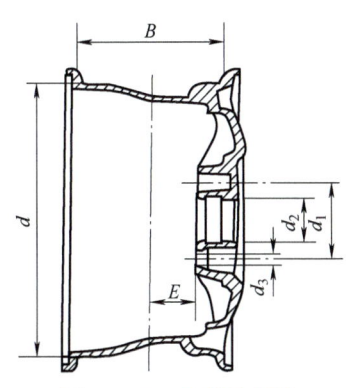

图 6-1-13 车轮的规格

d—轮辋直径　B—轮辋宽度　E—偏置量（距）　d_1—螺栓孔分布圆直径　d_2—轮毂直径　d_3—螺栓孔直径

知识点 4：轮　胎

轮胎与地面之间的摩擦力决定了商用车的操纵性。轮胎的组成、结构和使用条件是影响商用车转向、悬架、车轮定位和制动系统最重要的方面。

1. 轮胎的功用和类型

轮胎安装在轮辋上，直接与地面接触。轮胎的作用是支承商用车的总质量；与商用车悬架共同吸收和缓和商用车行驶时所受到的冲击和振动，以保证商用车具有良好的乘坐舒适性和行驶平顺性；保证车轮与路面的良好附着而不致打滑，使商用车行驶平稳。

轮胎按用途分，可分为轿车轮胎和载货商用车轮胎及特种用途轮胎，而载货商用车轮胎又分为重型、中型和轻型载货商用车轮胎；按胎体结构不同可分为充气轮胎和实心轮胎，现代商用车绝大多数采用充气轮胎；按组成结构不同，又分为有内胎轮胎和无内胎轮胎两种；按胎体中帘线排列的方向不同，还可分为普通斜交轮胎和子午线轮胎。

2. 轮胎的结构

（1）有内胎轮胎　有内胎轮胎由外胎、内胎和垫带组成，通常安装在车轮可拆卸轮辋上，如图 6-1-14 所示。

1）外胎：外胎是轮胎的框架，由许多层与橡胶粘接在一起的轮胎帘线（多股平行的高强度材料层）构成。它具有足够的刚性，可阻止高压空气外泄，又具有足够的弹性，以吸收载荷的变化和冲击。外胎由胎面、帘布层、缓冲层、胎圈四部分组成，如图 6-1-15 所示。胎面的外部是橡胶层，用来保护胎体免受路面造成的磨损，并与路面直接接触，产生摩擦阻力、驱动力和制动力。胎面由胎冠、胎侧、胎肩组成。

为增加轮胎的附着力，避免轮胎纵、横向打滑，保持良好的排水性能，胎冠制有各种花纹，如图 6-1-16 所示。轮胎花纹按方向可分为横向花纹和纵向花纹。横向花纹耐磨性高，防纵向滑移性能好，不易夹石，但散热性能和防横向移动性能较差，滚动阻力较大。纵向花纹散热性能好，滚动阻力小，防横向滑移性能好，而且操纵性能好、噪声小，但防纵向滑移性能差，在泥泞路面和雨天行驶时，排水性能差，并且容易夹石，适用于高速行驶的车辆。

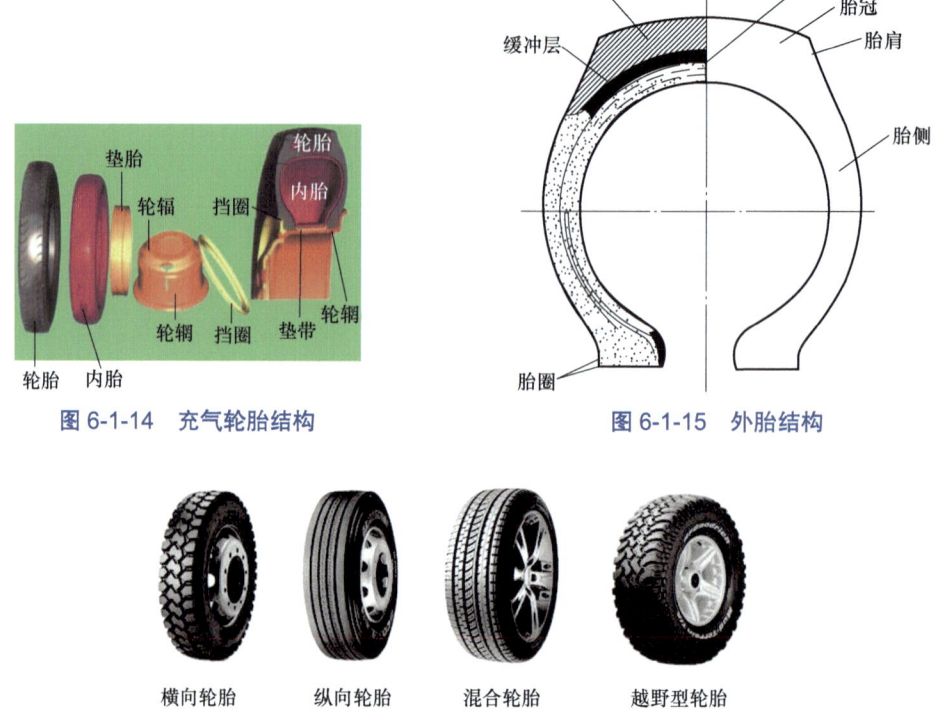

图 6-1-14　充气轮胎结构　　　　　　　图 6-1-15　外胎结构

图 6-1-16　轮胎胎面花纹

胎肩是较厚的胎冠与较薄的胎侧间的过渡部分，一般也制有花纹，以提高该部位的散热性能。胎侧是贴在胎体帘布侧壁上的薄橡胶层。胎侧是轮胎上面积最大、弹性最强的部分，主要作用是保护胎体侧面帘布层免受损伤。在行驶过程中，胎侧在载荷作用下会不断地弯曲变形。胎侧上标有厂家名称、轮胎尺寸及其他资料。帘布层是外胎的骨架，主要材料有棉线、人造丝、尼龙、聚酯纤维和钢丝等。为了保持外胎的形状和尺寸，使其具有足够的强度，帘布层由成双数的多层帘布用橡胶贴合而成，相邻的帘线交叉排列。帘布层数越多，轮胎强度越大，而弹性越低。在帘布层与胎面之间，还有用上述材料制成的缓冲层。

缓冲层是夹在胎体与胎面之间的纤维层，它用来增强胎体与胎面的附着力，同时减弱路面传至胎体的振动。缓冲层广泛用于斜交轮胎中。大客车、货车及轻型货车所有的轮胎都采用尼龙缓冲层；小客车所有的轮胎则采用聚酯缓冲层。

胎圈由轮胎固定边缘上各层侧面缠绕的坚固钢丝组成，主要作用是防止施加在轮胎上的各种作用力扯开轮辋。轮胎内的加压空气迫使轮胎边缘胀紧在轮辋边沿，使其牢固定位。

2）内胎：内胎是装入外胎内部的一个环形橡胶管，外表面很光滑，上面装有气门嘴，以便充气。

3）垫带：垫带是一个环形橡胶带，它垫在内胎和轮辋之间，保护内胎不被轮辋和胎圈磨损。

（2）无内胎轮胎　无内胎轮胎没有内胎和垫带，又称真空胎，气体直接压入无内胎的轮胎中，要求轮胎与轮辋之间有良好的密封性，其结构如图6-1-17所示。

无内胎轮胎为了保证密封性，在其内壁上加了一层2~3 mm的橡胶层，它是用硫化的方法粘附上去的。在橡胶密封层正对着胎面下面还贴有一层自粘层，轮胎被刺破时压力不会急剧下降，车辆仍然能继续安全行驶，但轮胎爆破时，途中修理比较困难。无内胎轮胎没有内胎，不存在内外胎的摩擦而引起损坏；它可以直接通过轮辋散热，轮胎工作温度低，使用寿命长。无内胎轮胎结构简单，质量较小，近年来应用非常广泛。

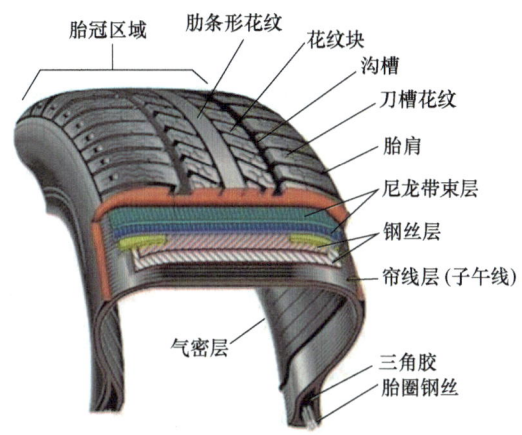

图6-1-17　无内胎轮胎结构

3. 轮胎规格表示方法

（1）轮胎的规格　轮胎的规格可用外胎直径D、轮辋直径d、断面宽度B和断面高H的名义尺寸代号表示，如图6-1-18所示。

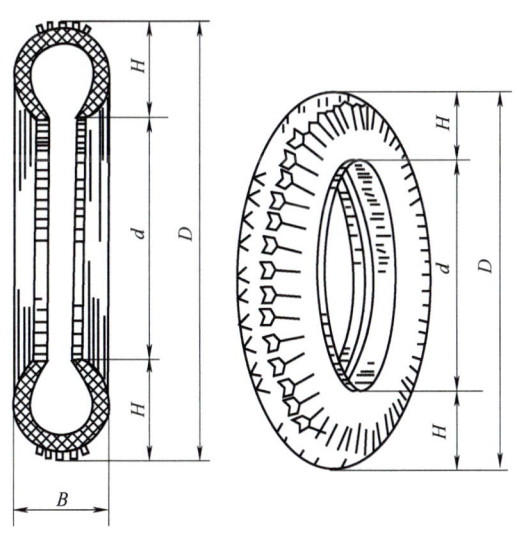

图6-1-18　轮胎的规格代号

我国采用国际标准，斜交轮胎的规格用B-d表示，载货商用车斜交轮胎和轿车斜交轮胎的尺寸 B 和 d 均用英制单位，B 是轮胎名义断面宽度代号，d 是轮辋名义直径代号。

国产子午线轮胎规格用 BRd 表示，其中 R 代表子午线轮胎（即"Radial"的第一个字母）。国产轿车子午线轮胎断面宽 B 已全部改用米制单位（mm）；载货商用车轮胎断面宽面有英制单位（in）和米制单位（mm）两种。而轮辋直径 d 的单位仍用 in。

随着轮胎的扁平化，仅用断面宽度 B 和轮辋直径 d 已不能完全表示轮胎的规格。即在断面宽度 B 相同的情况下，断面高 H 随不同扁平率而变化。轮胎按其扁平率（高宽比）划分系列，目前国产轿车子午线轮胎有 80、75、70、65、60 五个系列，数字分别表示断面高 H 是断面宽 B 的 80%、75%、70%、65% 和 60%。显然，数字越小，胎越矮，即轮胎越扁平。例如：轮胎的型号为 185/60R14，表示轮胎宽度 185mm，符号"/"后面的数字 60 表示扁平率为 60%，即 $H/B \times 100=60$，字母"R"表示该轮胎为子午线轮胎，轮辋的直径为 14in（356mm）。

根据 GB/T 2978—2024，载货商用车普通子午线无内胎轮胎规格用 BRd 表示。有些子午线轮胎，在规格中加"TL"标志。例如：轮胎 195/70SRl4TL 表示轮胎的断面宽度为 195mm，扁平率为 70%，即 $H/B \times 100=70$，轮胎速度等级为 S 级，子午线轮胎，轮辋直径为 14in，"TL"表示无内胎轮胎。

（2）轮胎的速度等级　商用车及轮胎性能的提高，要求轮胎的速度性能和商用车的最高速度相匹配。为此，轮胎需要标明其速度等级。一些国家采用国际标准化组织（ISO）制定的速度标号，对各种速度给定代号。表 6-1-1 规定的速度等级代号既适用于轿车轮胎，也适用于货车轮胎，但是含义不完全相同。对于轿车轮胎（P 到 S 级），是指不许超过的最高速度；对于货车轮胎（F 到 N 级），是指随负荷降低可以超过的参考速度。

表 6-1-1　轮胎速度等级对照表

速度标志	速度/(km/h)	速度标志	速度/(km/h)	速度标志	速度/(km/h)
A1	5	D	65	Q	160
A2	10	E	70	R	170
A3	15	F	80	S	180
A4	20	G	90	T	190
A5	25	J	100	U	200
A6	30	K	110	H	210
A7	35	L	120	V	240
A8	40	M	130	W	270
B	50	N	140	Y	300
C	60	P	150	ZR	>240

GB/T 2978—2024 规定，我国轿车轮胎采用表 6-1-1 中速度标志符号及对应的最高行驶速度。同时还要求对于不同轮辋直径的轮胎，最高行驶速度应符合表中的规定。例如轿车子午线轮胎 185/70SR13 规格中的 S 表示速度等级为 S，允许的最高行驶速度为 180km/h。

（3）负荷能力 轮胎的负荷能力是指在一定行驶速度和相应充气压力时的最大载质量，可以采用"层级"（PR）、"负荷指数""负荷级别"等表示。

"层级"（PR）是最早的表示方法。轮胎上表示的层级并不代表实际的帘线层数，只代表近似于棉帘线载质量的层数。例如：9.00—20—14 层级全钢丝子午线轮胎，实际胎体钢丝帘线只有一层，但它的载质量却相当于 14 层棉帘线 9.00—20 斜交轮胎。负荷级别与层数的对应关系见表 6-1-2，轮胎常用负荷指数及对应承载质量见表 6-1-3。

表 6-1-2 负荷级别与层数的对应关系

负荷级别	对应层数	负荷级别	对应层数	负荷级别	对应层数
A	2	E	10	J	18
B	4	F	12	L	20
C	6	G	14	M	22
D	8	H	16	N	24

轮胎的负荷能力

表 6-1-3 轮胎常用负荷指数及对应承载质量列表

负荷指数	载重/kg	负荷指数	载重/kg	负荷指数	载重/kg	负荷指数	载重/kg
70	335	91	615	112	1120	133	2060
71	345	92	630	113	1150	134	2120
72	355	93	650	114	1180	135	2180
73	365	94	670	115	1215	136	2240
74	375	95	690	116	1250	137	2300
75	387	96	710	117	1285	138	2360
76	400	97	730	118	1320	139	2430
77	412	98	750	119	1360	140	2500
78	425	99	775	120	1400	141	2575
79	437	100	800	121	1450	142	2650
80	450	101	825	122	1500	143	2725
81	462	102	850	123	1550	144	2800
82	475	103	875	124	1600	145	2900
83	487	104	900	125	1650	146	3000
84	500	105	925	126	1700	147	3075
85	515	106	950	127	1750	148	3150
86	530	107	975	128	1800	149	3250
87	545	108	1000	129	1850	150	3350
88	560	109	1030	130	1900		
89	580	110	1060	131	1950		
90	600	111	1090	132	2000		

目前国际上子午线轮胎普遍采用"负荷指数"表示方法，以阿拉伯数字标记在轮胎侧面。例如9.00R20原来14层级的子午线轮胎，如今在轮胎胎侧上标为9.00R20 140/137，表示单胎负荷指数为140，相当于载质量2500 kg；双胎负荷指数为137，相当于载质量为2300 kg。"负荷指数"直接代表载质量，可以在轮胎上同时标明单胎和双胎的"负荷指数"，对使用者来讲是最方便的。"负荷级别"通常以拉丁字母表示，可避免"层级"同实际层数混淆。例如："G"表示相当于同规格轮胎14层级的载质量。我国国家标准规定以"层级"表示负荷能力。

（4）胎侧标志　根据国际有关规定，为方便使用者维修与购置，在每条外胎两侧上必须标有规格、制造厂商和厂名（或地点）、标准轮辋、生产编号、骨架材料及结构代号；轿车轮胎还须标有速度级别代号和胎面磨耗标志位置的符号；载重商用车轮胎还须标有层级；胎面花纹有行驶方向的，还须有行驶方向标志。胎面磨损指示标志又称防滑标记，是稍微高出轮胎花纹沟槽底部的凸台，如图6-1-19所示。随着轮胎行驶里程的增加，轮胎磨损，花纹沟槽变浅。露出凸台说明轮胎花纹即将磨尽，可能造成行驶中轮胎打滑，引发交通事故。

通常在磨损标志对应的胎肩处标记出"△"或"TWI"等符号，以便于检查轮胎的磨损。

图 6-1-19　轮胎胎侧标志

工作任务 2　悬架及轮胎维护

【情境描述】

一辆陕汽商用车经过技师诊断，发现其车辆轮胎磨损，悬架性能下降，需要对轮胎进行维护，对悬架进行润滑。商用车悬架如图 6-2-1 所示。

图 6-2-1　商用车悬架

【学习目标】

1. 学生应以小组工作的方式完成本项工作任务。
2. 学生应能在小组成员的配合下，利用车辆维修手册（或实训指导书），制订工作计划，实施工作计划。

3. 会对车辆轮胎和悬架进行维护。

4. 树立 S（安全）+5S 理念 + 质量意识。

【任务分组】

班级		组号		指导教师	
组长		组员			
任务分工					

【获取信息】

引导问题 1：商用车悬架有什么功用？
_____
_____

引导问题 2：商用车悬架有哪些组成部分？
_____
_____

引导问题 3：减振器的工作原理是什么？
_____
_____

【工作实施】

第一步：查找维修手册。
第二步：制定操作方案。
_____
_____

第三步：实施操作。

1. 悬架的维护

悬架技术状况变差，首先影响商用车的减振性，增加商用车的冲击载荷，加剧零部件的损坏，也增加了运输中的货损货耗。更重要的是破坏了车轮正常的运动状态，造成商用车的操纵性能、制动性能变差，对交通安全构成潜在威胁。

（1）车辆升起前的检查

1）减振器减振力检查：通过上下晃动车身确定减振器的减振力大小，并且检查车身停止晃动的时间长短。

2）车辆倾斜检查：目视观察车辆是否倾斜。如果车辆倾斜还需检查轮胎气压、左右车轮的尺寸及车辆承载是否均匀。

（2）车辆升起后的检查

1）减振器：检查减振器是否有凹痕、是否漏油，检查防尘套是否有裂纹或损坏。

2）弹性元件：检查钢板弹簧或螺旋弹簧、扭杆弹簧等是否损坏。

3）其他部位：检查悬架的其他部位，如摆臂、稳定杆、推力杆等是否损坏。

4）检查连接情况：用手晃动悬架的主要元件，检查是否磨损或松动。最后用扭力扳手将螺母或螺栓按规定力矩紧固。

2. 车轮与轮胎的维护

车轮和轮胎的维护应结合车辆的维护强制执行。因为车轮和轮胎的维护侧重于轮胎的维护，所以下面将详述轮胎的维护。车辆分日常维护、一级维护和二级维护。轮胎维护的分级和周期与车辆维护相同。

（1）一级维护轮胎作业项目

1）紧固轮胎螺母，检查气门嘴是否漏气、气门帽是否齐全，如发现损坏或缺少应立即补齐。

2）挖出轮胎夹石和花纹中的石子、杂物，如有较深伤洞应用生胶填塞。特别是子午线轮胎，刺伤后若不及时修补，水汽进入胎体会锈蚀钢丝帘线，造成早期损坏。

3）检查轮胎磨损情况，如有不正常磨损或起鼓、变形等现象，应查找原因，予以排除。

4）如需检查外胎内部，应拆卸解体，如有损伤应及时修补。

5）检查轮胎搭配和轮辋、挡圈、锁圈是否正常。

6）检查轮胎（包括备胎）气压，并按标准补足。备胎气压应高于使用中轮胎的气压。厂家一般推荐至少每月或每次长途旅行前检查一次胎压，包括备胎。

7）检查轮胎有无与其他机件刮碰现象，备胎架是否完好、紧固，如不符合要求，应予排除。

8）必要时（如单边偏磨严重）应进行一次轮胎换位，以保持胎面花纹磨耗均匀。

（2）二级维护轮胎作业项目　除执行一级维护的各项作业外，还应进行下列项目。

1）拆卸轮胎，按轮胎标准测量胎面花纹磨耗、周长及断面宽的变化，作为换位和搭配的依据。

2）轮胎解体检查。

① 胎冠、胎肩、胎侧及胎内有无内伤、脱层、起鼓和变形等现象。

② 内胎、垫带有无咬伤、折皱现象，气门嘴、气门芯是否完好。

③ 轮辋、挡圈和锁圈有无变形、锈蚀，并视情涂漆。

④ 轮辋螺栓承孔有无过度磨损或损裂现象。

⑤ 排除解体检查所发现的故障后，进行装合和充气。高速车应进行轮胎的动平衡试验。

⑥ 按规定进行轮胎换位。

⑦ 发现轮胎有不正常的磨损或损坏，应查明原因，予以排除。

（3）轮胎维护操作要点

1）充气。

① 轮胎充气应按照该型商用车使用说明书上规定的标准气压执行，并在冷态时用气压表测量。若在热态时测量，应略高于标准气压，取适当的修正值。气压表应定期校准，以保证读数准确。

② 轮胎装好后，先充入少量空气，待内胎充气伸展后再继续充至要求气压。

③ 充气前应检查气门芯与气门嘴是否配合平整，并擦净灰尘。充气后应检查是否漏

气，并将气门帽装紧。

④ 充入的空气不得含有水分和油雾。

⑤ 充气时应注意安全防护，充气开始时用手锤轻击锁圈，使其平稳嵌入轮辋圈槽内，以防锁圈弹出。

2) 轮胎换位。

① 按时换位可使轮胎磨损均匀，延长使用寿命，应结合车辆二级维护定期换位。在路面拱度较大的地区或夏季，轮胎磨损差别较大，可适当增加换位次数。厂家一般推荐 8000~10000km 应将轮胎换位一次。

② 轮胎换位方法常用的有交叉换位法、循环换位法和单边换位法，如图 6-2-2 所示。

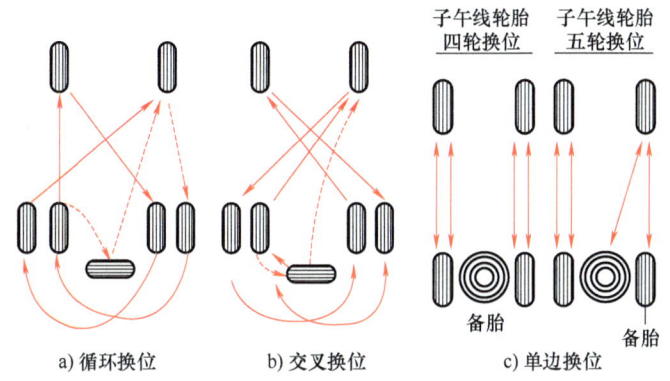

图 6-2-2　轮胎换位方法

装用普通斜交轮胎的六轮二桥商用车，常用图 6-2-2b 所示的交叉换位法，具体做法是：左右两轮交叉，主胎（后内）换前胎，前胎换帮胎（后外）、帮胎换主胎。这样，通过三次换位每只轮胎就可轮到一次担负主胎。

子午线轮胎的旋转方向应始终不变。若反向旋转，会因钢丝帘线反向变形产生振动，使商用车平顺性变差。因此子午线轮胎推荐单边换位法。

③ 轮胎换位后，应按所换的胎位要求，重新调整气压。

④ 轮胎换位后须做好记录，下次换位仍要按上次选定的换位方法换位。

【精益求精】

精研技艺　护航物流

在一家大型物流运输企业的轮胎维护车间，技师老张是大家公认的"轮胎大师"。企业拥有500多辆重型商用车，每日奔波在全国各地，运输各类货物。老张深知，轮胎对于商用车而言，不仅关乎运输效率，更与行车安全紧密相连。

每次车辆归队检修，老张都会带领团队开启一场"轮胎大阅兵"。他们先用高精度电子秤测量轮胎重量，精确到0.05kg，记录数据以确保同一车轴上的轮胎重量差控制在极小范围内，避免因不平衡导致异常磨损。使用专业深度尺测量花纹深度，精度达0.1mm，依据磨损程度预判轮胎剩余寿命，一旦花纹深度低于安全值3mm，立即更换。同时，引入超声波探伤仪检测轮胎内部钢丝帘线，能精准定位0.3mm的损伤，不放过任何一处潜在隐患。

在轮胎安装环节，老张制定了严苛标准。轮毂清洁要达到无油污、无杂质，安装面平整度误差小于 0.03mm；紧固螺栓时，按照规定的力矩值，使用扭力扳手分三次逐步拧紧，最终力矩偏差控制在 ±0.5N·m，确保轮胎安装稳固。

为应对不同路况与季节变化，老张团队还精心钻研。根据南方雨季湿滑路面、北方冬季冰雪路面，以及山区陡坡、平原高速等不同行驶场景，提前调整轮胎气压，误差不超过 0.03bar，搭配不同花纹特性的轮胎，实现最佳抓地力与耐磨性平衡。

凭借这种精益求精的维护方式，企业商用车轮胎平均使用寿命延长了 20%，爆胎事故率降低了 60%，运输效率提升 15%，每年节省轮胎更换成本超 200 万元。老张用实际行动诠释工匠精神，激励着年轻技师们在平凡岗位上追求卓越，为物流运输的高效与安全保驾护航。

第四步：学生分组及工作实施和总结。

1）每 5~8 名学生组成 1 个工作小组，确定 1 名小组长，接受工作任务，做好工作准备。
2）准备好实训用的底盘台架。
3）研读工单，查阅维修手册（或实训指导书）。
4）介绍悬架和轮胎的维护过程。
5）回答指导教师的现场提问，接受指导教师的技能考核。
6）完成工作任务后，对工作过程进行自我评价和小组互评，听取指导教师的点评。
7）清洁工作场所，清点保养工具设备，完成任务交接。

【评价反馈】

检查评估	维修资料、工具、设备的正确使用	A	B	C	D
	操作规范和任务完成情况	A	B	C	D
	任务工单填写	A	B	C	D
	纪律和回答现场提问	A	B	C	D
	团队合作	A	B	C	D
	安全和环保	A	B	C	D
成绩					
评语				教师签字：_____ 日期：_____	

【相关知识】

知识点 1：悬架的功用

悬架是车架（或承载式车身）与车桥（或车轮）之间的所有传力连接装置的总称。悬架的功用如下：

1）把路面与车轮之间的摩擦所产生的驱动力和制动力，传递到车架（或承载式车身）

上，保证商用车的正常行驶。

2）利用弹性元件和减振器吸收各种摇摆和振动，保障乘客和货物的安全。

3）利用悬架的某些传力杆件使车轮按一定轨迹相对于车架或车身跳动，即起导向作用，保证各部件适当的几何位置。

4）利用悬架中的辅助弹性元件（横向稳定器），防止车身在转向等行驶情况下发生过大的侧向倾斜。

知识点 2：悬架的类型

悬架的结构，特别是导向机构的结构，随所采用的弹性元件的不同而有较大差异。采用螺旋弹簧、气体弹簧时需要有较复杂的导向机构。而采用钢板弹簧时，由于钢板弹簧本身可兼起导向机构的作用，并有一定的减振作用，使得悬架结构大为简化。由悬架系统支承的商用车重量称为簧载质量，不由弹簧支承的那些部件的质量称为非簧载质量。车身、车架、发动机、变速器等属于簧载质量，车下部件如转向节、后桥总成（通常不含变速器）等为非簧载质量。

按悬架系统结构不同，分为非独立悬架和独立悬架，如图 6-2-3 所示。

a) 非独立悬架　　　　b) 独立悬架

图 6-2-3　非独立悬架与独立悬架

非独立悬架（整体桥悬架或刚性悬架）因其结构简单、工作可靠，而被广泛应用于货车的前、后悬架；在轿车中，非独立悬架大多用于后桥。非独立悬架的特点是两侧车轮安装于同一整体式车桥上，车轮与车桥一起通过弹性元件悬挂在车架或车身上，当一侧车轮受到冲击时会直接影响到另一侧车轮，左右两轮都会运动（图 6-2-3a 所示中双点画线位置）。非独立悬架由于簧载质量比较大，特别是商用车高速行驶，悬架受到较大的冲击载荷时，商用车平顺性较差，如图 6-2-3a 所示。

独立悬架的特点是两侧车轮分别独立地与车架或车身弹性地连接，当一侧车轮受到冲击时，其运动不会直接影响到另一侧车轮。独立悬架所采用的车桥是断开式的，这样可使发动机降低安装位置，有利于降低商用车重心，并使结构紧凑。独立悬架允许前轮有较大的跳动空间，这样便于选择较软的弹性元件使平顺性得到改善。同时，独立悬架簧载质量小，可提高商用车车轮的附着性能，如图 6-2-3b 所示。

按照控制形式不同，悬架可分为被动式悬架和主动式悬架两大类。目前多数商用车上采用被动式悬架。被动式悬架特点是商用车姿态（状态）只能被动取决于路面、行驶状况以及商用车的弹性元件、导向装置和减振器这些机械零件。20 世纪 80 年代，主动悬架开始在一部分商用车上应用，随着电子技术的快速发展，主动悬架越来越多地应用在高级商用车上。主动悬架可以根据路面和行驶工况自动调整悬架的刚度和阻尼，从而使车辆能主动地控制垂直振动及其车身或车架的状态。该系统通常由传感器、控制单元、执行机构组成。

知识点3：悬架的组成

悬架一般由弹性元件、导向装置和减振器等组成，如图6-2-4所示。乘用车一般还有横向稳定杆，防止车身在转向等情况下发生过大的横向倾斜。

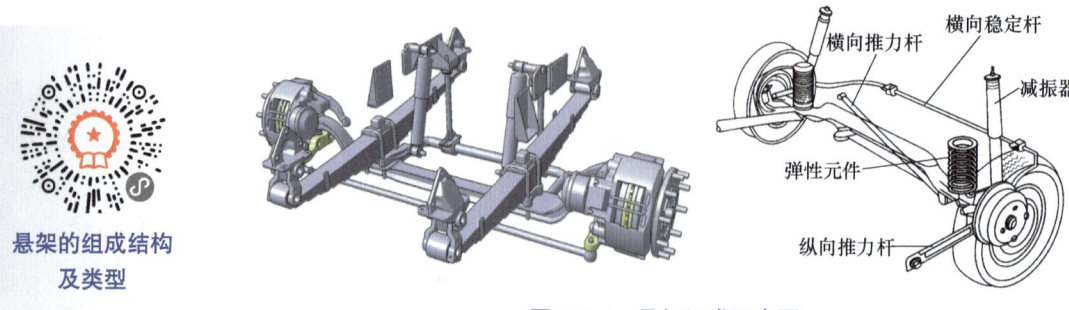

图6-2-4　悬架组成示意图

弹性元件的作用是承受和传递垂直载荷，缓冲并抑制不平路面所引起的冲击；减振器用以加快振动的衰减，使车身和车轮的振动得以控制；导向装置用来传递纵向力、侧向力及其力矩，并保证车轮有正确的运动关系；横向稳定杆用以阻止车身在不平路面上行驶或转向时发生过大的横向倾斜。

悬架系统各部件包括弹簧、减振器、推力杆、稳定杆、控制臂和垫片、转向节及轮轴等零部件。这些零部件装配起来组成完整的悬架，保证驾驶的安全性和舒适性。

1. 弹性元件

弹性元件主要是指弹簧。弹簧是维持正确行驶高度，吸收冲击力的元件。

多数弹簧由回火合金钢制成，通常是铬硅、铬钒合金钢。悬架使用的弹簧弹性系数也叫变形率，表示弹簧被压缩一定量所施加力的大小，通常用K表示。弹性系数K越大，弹簧的刚度越大。弹性系数越大，弹簧振动频率越高。

各种弹簧用于悬架系统中，如螺旋弹簧、扭力弹簧、钢板弹簧和空气弹簧等，弹簧吸收由路面引起的冲击的基本方法是不同的。钢板弹簧依靠弯曲变形吸收振动，螺旋弹簧和空气弹簧依靠压缩变形，扭杆弹簧是靠扭曲变形吸收能量的。所有弹簧都会在恢复到原始状态的反弹过程中释放出作用力。如果弹簧磨损或损坏，其他悬架元件就会偏离其正确位置而增加磨损。增加的冲击力将破坏商用车操纵性。

（1）螺旋弹簧　螺旋弹簧是将特殊的圆形弹簧钢缠绕成螺旋状，如图6-2-5所示。

螺旋弹簧的强度和使用特性取决于螺旋直径、螺旋数目、弹簧的高度、弹簧钢丝的直径等。弹簧都喷涂了环氧树脂漆以防断裂，由于腐蚀引起的刮伤、划痕及麻点可能引起应力增加而使弹簧失效，所以维修时注意保护弹簧外部涂的保护漆。螺旋弹簧通常被装在弹簧座圈上，在螺旋弹簧和弹簧座之间采用硬橡胶或塑料垫等隔绝材料，来隔绝和减少道路噪声和车身产生的振动。

（2）钢板弹簧　钢板弹簧是由若干片等宽但不等长的合金弹簧钢片组合而成的一根近似等强度的弹性梁，多数情况下由多片弹簧组成。为了改善钢板弹簧的受力状况，可采用不同形状的断面形式，如图6-2-6所示。矩形断面钢板弹簧结构简单，但受拉应力一面的棱角处易产生疲劳裂纹。采用上下不对称的横断面，由于断面抗弯的中性轴线上移，不但可减小拉应力，而且节省了材料。

图 6-2-5 螺旋弹簧

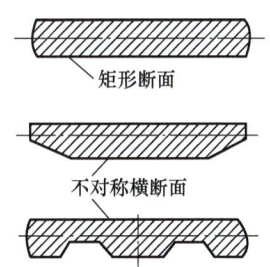

图 6-2-6 钢板弹簧的断面形式

钢板弹簧的第一片也是最长的一片为主片，其两端弯成卷耳，内装橡胶衬套，以便用弹簧销与固定在车架上的支架或吊耳进行铰链连接，同时起到隔音和防振作用。中心螺栓用以连接各弹簧片，并保证装配时各片的相对位置。除中心螺栓以外，还有若干个 U 形弹簧夹（亦称回弹夹）将各片弹簧连接在一起，以保证当钢板弹簧反向变形（反跳）时，各片不致互相分开，以免主片单独承载，此外，还可防止各片横向错动。中心螺栓距两端卷耳中心的距离相等时，称为对称式钢板弹簧，不相等时，称为非对称式钢板弹簧，如图 6-2-7 所示。

一般来说，钢板弹簧越长就越软。此外，钢板弹簧中钢板数目越多，其承载能力越强。但从另一角度来看，弹簧会变硬而有损乘坐舒适性。

多片式钢板弹簧可以同时起到缓冲、减振、导向和传力的作用，用于货车后悬架可以不装减振器。一些轻型货车和客车采用由单片或两三片变厚度断面的弹簧片构成的少片变截面钢板弹簧，其弹簧片的断面尺寸沿长度方向是变化的，片宽保持不变，这样可以实现商用车的轻量化，如图 6-2-8 所示。

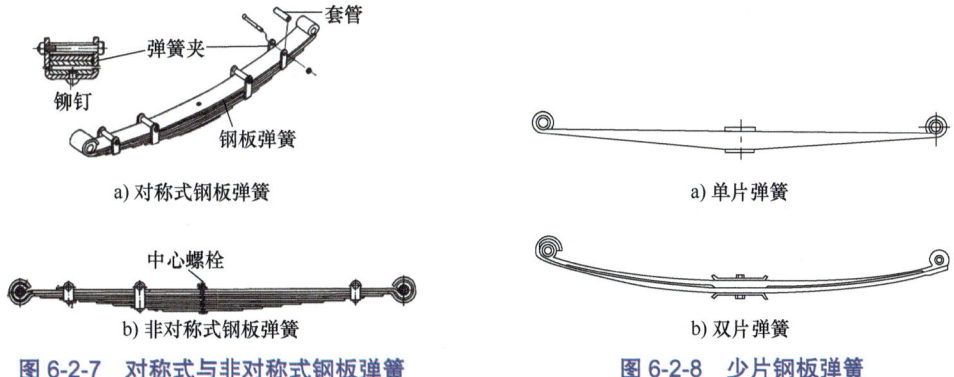

图 6-2-7 对称式与非对称式钢板弹簧　　图 6-2-8 少片钢板弹簧

在载荷变化很大的货车及许多其他车辆中，都使用了副钢板弹簧。副钢板弹簧安装在主钢板弹簧上面。在轻载荷时，只有主弹簧工作，当载荷超过一定限度时，主、副弹簧一起工作，如图 6-2-9 所示。

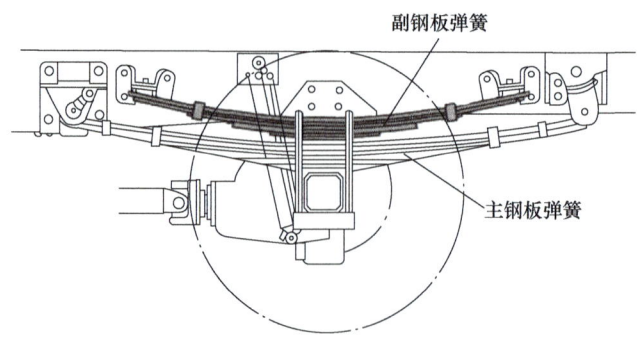

图 6-2-9 主、副钢板弹簧

（3）扭杆弹簧　扭杆弹簧是一根具有扭转弹性的直线金属杆件，除了它是直杆外，其余和螺旋弹簧相似。扭杆用铬钒合金弹簧钢制成，表面通常涂以沥青和防锈油漆或者包裹一层玻璃纤维布，以防碰撞、刮伤和腐蚀。断面一般为圆形，少数为矩形或管形。它的两端可以做成花键、方形、六角形或带有平面的圆柱形等，以便将一端固定在车架上，另一端通过摆臂固定在车轮上。当车轮跳动时，摆臂便绕着扭杆轴线而摆动使扭杆产生扭转弹性变形，借以保证车轮与车架的弹性联系，如图 6-2-10 所示。

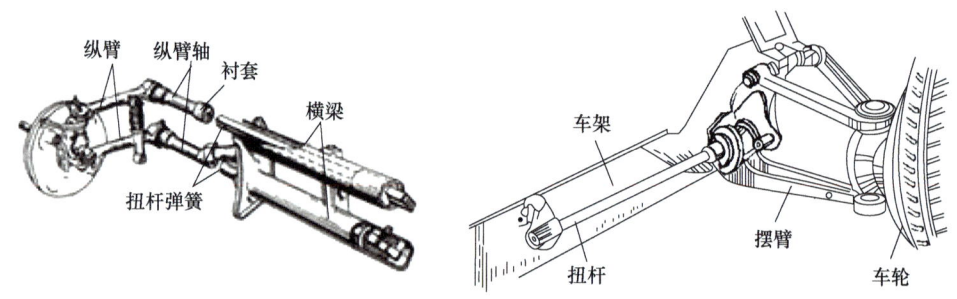

图 6-2-10 扭杆弹簧

有的扭杆由一些矩形断面的薄扭片组合而成，更为柔软。扭杆具有预扭应力，安装时左右扭杆预加扭转的方向都与扭杆安装在车上后承受工作载荷时扭转的方向相同，不能互换，为此，在左右扭杆上刻有不同标记。

扭杆弹簧与钢板弹簧相比较，具有质量小，无需润滑的优点。

（4）橡胶弹簧　橡胶弹簧本身有弹性，受外力而变形以缓和冲击、吸收振动。橡胶弹簧可以承受压缩载荷与扭转载荷，但不适于支撑重载荷。橡胶弹簧可以制成任何形状，使用时无噪声，不需要润滑，所以橡胶弹簧主要用作辅助弹簧，或悬架部件的衬套、垫片、垫块、挡块及其他支撑件，如图 6-2-11 所示。

（5）气体弹簧　气体弹簧是在一个密封的容器中充入压缩气体，利用气体的可压缩性实现其弹簧作用的。这种弹簧的刚度是可变的，因为作用在弹簧上的载荷增加时，容器内的定量气体气压升高，弹簧的刚度增大。反之，当载荷减小时，弹簧内的气压下降，刚度减小，故它具有较理想的弹性特性。气体弹簧有空气弹簧和油气弹簧两种。

空气弹簧利用压缩空气作为弹性介质。根据压缩空气所用容器的不同，又有囊式和膜式两种形式，如图 6-2-12 所示。

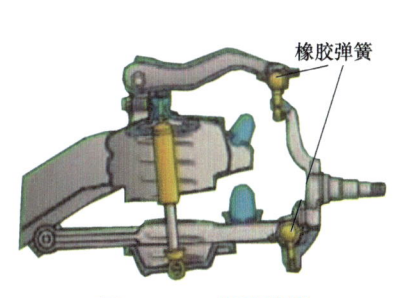

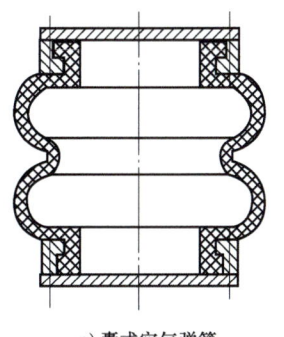 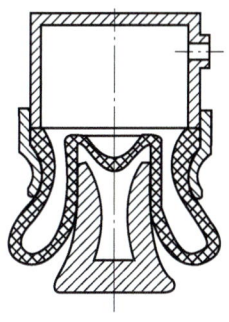

a) 囊式空气弹簧　　b) 膜式空气弹簧

图 6-2-11　橡胶弹簧　　　　图 6-2-12　空气弹簧

气体弹簧通常用在电子控制的悬架系统中，可以取代传统的螺旋弹簧。电子空气悬架系统的悬架刚度可变，有助于吸收冲击，对车身在悬架上的上下运动起到很好的保护作用，保证商用车能够提供较高的舒适性。

油气弹簧在密闭的容器中充入压缩气体和油液，利用气体的可压缩性实现弹簧作用。油气弹簧以惰性气体（氮气）作为弹性介质，用油液作为传力介质。油气弹簧分油气分隔式和油气不分隔式两种，前者可防止油液乳化，且便于充气。油气弹簧一般由气体弹簧和相当于液力减振器的液压缸组成，如图 6-2-13 所示。

气室固定在工作缸上，室内用橡胶隔膜将油与气隔开，充入高压氮气的一侧为气室，与工作缸相通，而充满油液的一侧为油室。工作缸内装有活塞和阻尼阀及阀座。

当商用车载荷增加时，活塞向上移动，工作缸内油压升高并打开阻尼阀进入气室下部，推动橡胶隔膜向气室方向移动，气室受到压缩而压力升高，使油气弹簧刚度增加。当载荷减小时，气室内的压缩气体膨胀，使橡胶隔膜向下（油室）移动，油液通过阻尼阀流回工作缸，活塞下移使油压降低。随着商用车行驶状态的变化，工作缸内的油压与气室内的气体压力也随之变化，活塞便相应地处于工作缸中的不同位置。因此，油气弹簧有可变刚度的特性。

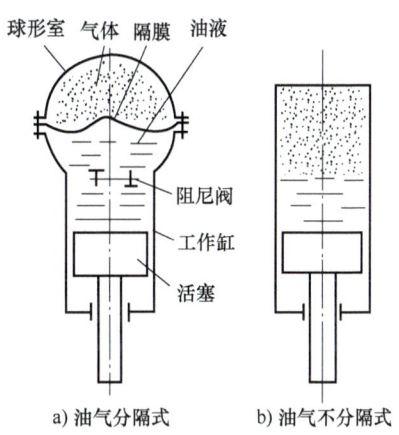

a) 油气分隔式　　b) 油气不分隔式

图 6-2-13　油气弹簧

油气弹簧具有良好的行驶平顺性，而且体积小，质量轻。但是它对密封性要求很高，维护相对麻烦。由于空气和油气弹簧只能承受垂直载荷，因此采用这种弹簧的悬架必须加设导向装置，目前这种弹簧多用于重型商用车和部分小型客车上。

2. 减振器

当道路表面有一个凸起时，车轮及车桥被迅速抬高。此时，螺旋弹簧被压缩并推动商用车车身升高。作用在商用车上的冲击被弹簧吸收，弹簧被压缩后试图复原，这样整个过程引发振动。如果没有减振器，商用车在受到冲击后，弹簧不断振动，直至全部能量都被吸收为止。在连续冲击后，会导致商用车行驶不稳定，而且会对悬架和转向系统造成重大磨损。减振器安装在车桥和车架（或车身）之间。减振器能够减少撞击地面凸起后引起的振动次数，实现减振。商用车车架和车桥之间是否安装减振器产生的振动波形，如图 6-2-14 所示。

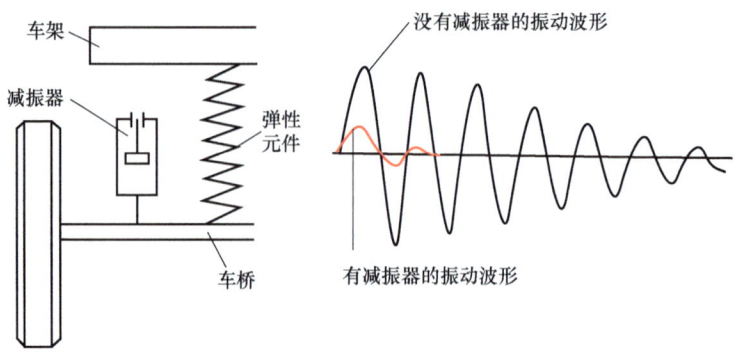

图 6-2-14 减振器的作用

悬架中广泛采用液力减振器,原理是迫使不可压缩的液体流过一些小孔产生阻力来消耗振动的能量。在压缩和伸张两行程内均能起减振作用的减振器称为双向作用式减振器,另有一种减振器仅在伸张行程内起作用,称为单向作用式减振器。

目前商用车上广泛采用液体双向作用筒式减振器,结构如图 6-2-15 所示。

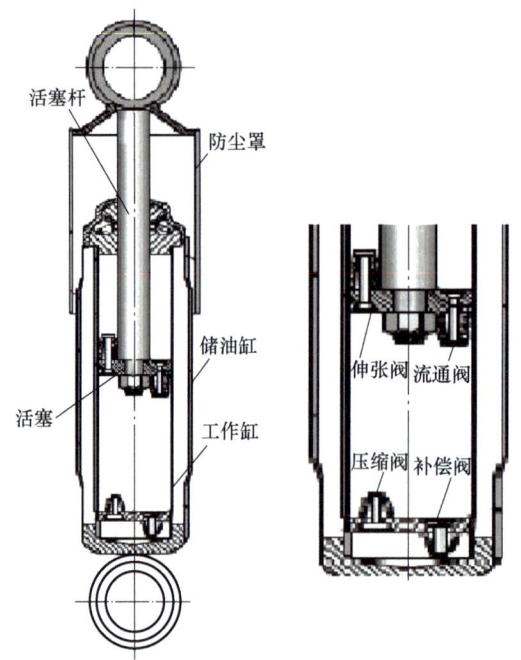

图 6-2-15 减振器结构

外面钢筒是防尘罩,上部通过圈环与车身(车架)连接。中间钢筒是储油缸,内部装有一定量的减振器油液,下部通过圈环与车桥连接。里面钢筒是工作缸,内部装满减振器油液。在工作缸的内部,有与防尘罩和上部圆环制成一体的活塞杆,其下端固定着活塞。活塞上装有伸张阀和流通阀,在工作缸的下部底座上装有压缩阀和补偿阀。为了满足减振器的工作要求,流通阀和补偿阀的弹簧比较软,较小的油压便可以打开或关闭。而压缩阀和伸张阀的弹簧比较硬,只有当油压增大到一定程度时,才能打开;而只要油压稍有下降,阀门立刻关闭。伸张阀弹簧的刚度和预紧力大于压缩阀弹簧,在同样力的作用下,伸张阀及相应的常通缝隙通道的截面积总和小于压缩阀及相应常通缝隙通道的截面积总和，使得减振器伸张行程产生的阻尼力大于压缩行程时产生的阻尼力，从而达到迅速减振的要求。

双向作用筒式减振器工作过程分为压缩行程和伸张行程两种，如图 6-2-16 所示。

在压缩行程时，商用车车轮靠近车身（车架），减振器受压缩，减振器的活塞在工作缸内向下移动，活塞下腔的容积减小，油压升高，下腔内的油液压开流通阀流入活塞上腔，由于上腔被活塞杆占去了一部分空间，因而上腔增加的容积小于下腔减小的容积，于是另一部分油液就推开压缩阀，流回到储油缸内。油液通过阀孔时，这些阀的节流产生对悬架压缩行程的阻尼作用。

在伸张行程时，商用车车轮远离车身（车架），减振器受拉伸，减振器的活塞在工作缸内向上移动，活塞上腔的容积减小，油压升高，流通阀被关闭，上腔内的油液压开伸张阀流入活塞下腔。由于活塞杆的存在，自上腔流来的油液不能完全充满下腔增加的容积，使得下腔产生一定的真空度，这时储油缸中的油液推开补偿阀流进活塞下腔进行补充。油液通过阀孔时，这些阀的节流产生了对悬架伸张行程的阻尼作用。

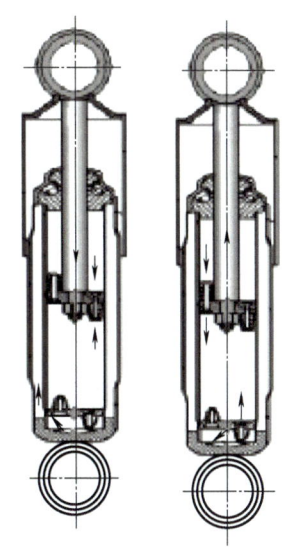

图 6-2-16 减振器的工作原理

3. 横向稳定杆及连接杆、推力杆

横向稳定杆及连接杆可以防止车身侧倾，稳定杆连接杆将下摆臂连接到防止车身侧倾的横向稳定杆上，横向稳定杆及连杆位置如图 6-2-17 所示。

U 形横向稳定杆通过支座固定在车身上，两端通过连接杆与下摆臂相连。当车身只作垂直移动而两侧悬架变形相等时，横向稳定杆在支座的套筒内自由转动，横向稳定杆不起作用。当两侧悬架变形不等而车身相对于路面横向倾斜时，稳定杆一端向上运动，另一端向下运动，从而被扭转。弹性稳定杆所产生的扭转内力矩妨碍了悬架弹簧的变形，因而减小了车身的横向倾斜和横向角振动。

推力杆用在采用单点铰接下摆臂的车辆上，可以位于下控制臂的前方或后方，以保持控制臂在正确的位置。推力杆的连接位置如图 6-2-18 所示。

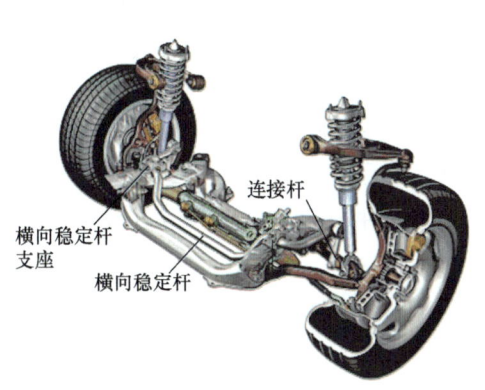

图 6-2-17 横向稳定杆及连杆的位置

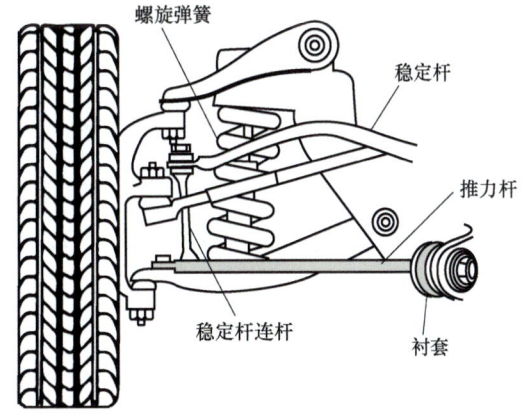

图 6-2-18 推力杆的连接位置

4. 转向节、摆臂及球铰链

转向节及轴承常用在悬架系统中，轮轴支撑着车轮轴承，并且轮轴安装在转向节上。转向节轴支承轮毂和轴承总成，通过球铰链分别固定在上下摆臂上，承受着车轮的所有负荷，通过轴承减少车轮和轮轴之间的摩擦。球铰链承受车辆的重量并为车轮转动提供支点；当商用车通过不平路面时，还允许控制臂垂直运动。转向节、摆臂及球铰链连接位置如图 6-2-19 所示。

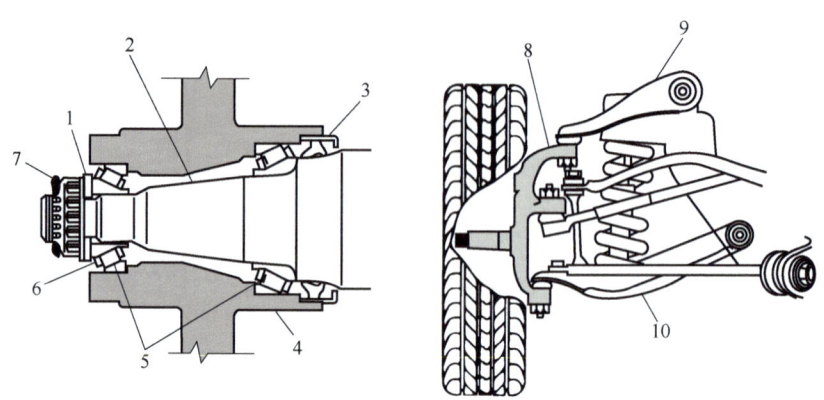

图 6-2-19　转向节、摆臂及球铰链的连接位置

1—垫圈　2—轮轴　3—油封　4—轮毂　5—圆锥滚子轴承　6—螺母和垫片　7—开口销　8—转向节
9—上控制臂　10—下控制臂

每个前轮由两个轴承支承，轴承一般采用圆锥滚子轴承，也可使用球轴承。轴承内圈固定在转向节轴上，轴承外圈稍稍压入车轮轮毂内。轮毂内轴承通常比外轴承大，因为车轮要尽可能地靠近转向节，所以内轴承承受了最大的载荷。

球铰链通常用螺栓连接、铆接或者压入控制臂内，将转向节轴连接到摆臂上，转向节安装在锥形部分并用螺母固定，在总成附近安装橡胶防护罩以便润滑脂不会泄漏出来，并且外界灰尘不能进入。

知识点 4：多轴商用车的平衡悬架

如果多轴商用车的全部车轮都是单独地刚性悬挂在车架上，在不平道路上行驶时将不能保证所有车轮同时接触地面。当道路不平时，可能出现车轮悬空现象，使各个车轮间垂直载荷的分配比例有很大改变，造成其他车桥及车轮有超载的危险。当车轮垂直载荷变小甚至为零时，车轮对地面的附着力随之变小甚至为零。在此情况下，转向车轮将使商用车操纵能力大大降低以致失去操纵；驱动车轮将不能产生足够的驱动力。

如果将两个车桥（如三轴商用车的中桥与后桥）装在平衡杆的两端，而将平衡杆的中部与车架进行铰接，一个车桥抬高将使另一车桥下降。由于平衡杆两臂等长，使两个车桥上的垂直载荷在任何情况下都相等，这种能保证中后桥车轮垂直载荷相等的悬架称为平衡悬架。

1. 等臂式平衡悬架

等臂式平衡悬架是越野商用车上普遍采用的一种平衡悬架结构形式，如图 6-2-20 所示。

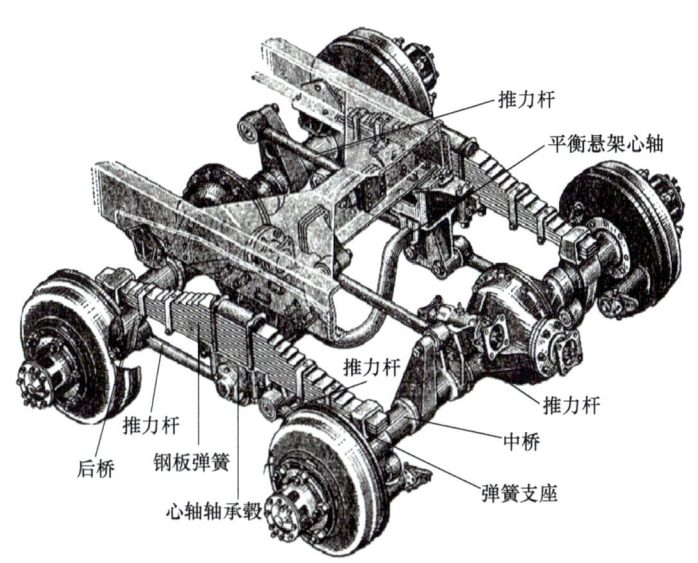

图 6-2-20 等臂式平衡悬架

钢板弹簧的两端自由地支承在中、后桥半轴套管上的滑板式支架内。钢板弹簧相当于一根等臂平衡杆，它以悬架心轴为支点转动，从而可保证商用车在不平道路上行驶时，各轮都能着地，且使中、后桥车轮的垂直载荷平均分配。

2. 摆臂式平衡悬架

摆臂式平衡悬架主要用于 6×2 的货车上，如图 6-2-21 所示。

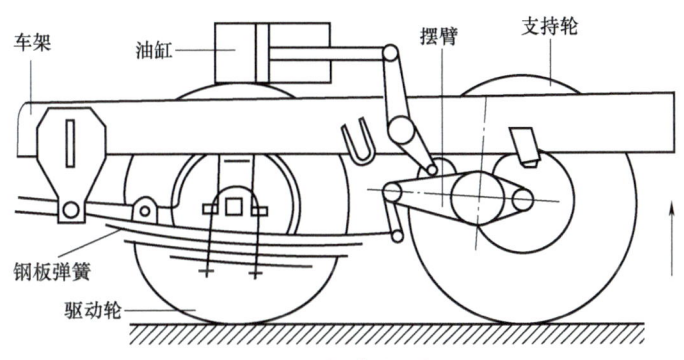

图 6-2-21 摆臂式平衡悬架

这种货车的结构特点是前桥为转向桥，中桥为驱动桥，后桥是可以升降的支持桥。当商用车轻载或空载行驶时，可操纵举升油缸，通过杠杆机构将后轮（支持轮）举起，使 6×2 商用车变为 4×2 商用车。这不仅可减少轮胎的磨损和降低油耗，同时还可以增加空车行驶时驱动轮上的附着力。为适应这种商用车总体布置的需要，中（驱动）桥和后（支持）桥就有必要采用摆臂式平衡悬架。中桥的悬架采用普通纵置半椭圆钢板弹簧，后吊耳不与车架相连接，而是与摆臂的前端相连。摆臂轴支架固定在车架上。摆臂的后端与商用车的后桥（支持桥）相连。左、右后支持轮之间没有完整车轴连接。

工作任务 3　前轮定位的检查与调整

【情境描述】

一辆陕汽德龙商用车前轮异常磨损，车辆跑偏，经过技师诊断，其前轮需要做定位检测。商用车前轮定位检测仪如图 6-3-1 所示。

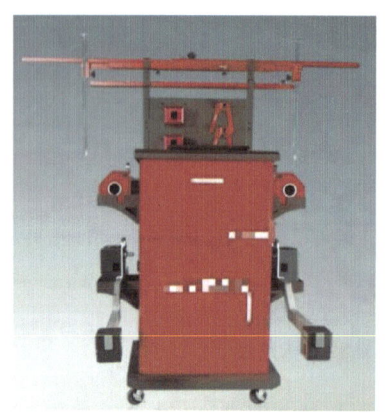 

图 6-3-1　商用车前轮定位检测仪

【学习目标】

1. 学生应以小组工作的方式完成本项工作任务。
2. 学生应能在小组成员的配合下，利用车辆维修手册（或实训指导书），制订工作计划，实施工作计划。
3. 会对车辆进行前轮定位的检测与调整。
4. 树立 S（安全）+5S 理念 + 质量意识。

【任务分组】

班级		组号		指导教师	
组长		组员			
任务分工					

【获取信息】

引导问题 1：商用车什么时候需要做四轮定位？
_____
_____

引导问题 2：四轮定位的参数有哪些？各有什么作用？
_____
_____

引导问题 3：前轮前束如何测量？

【工作实施】

第一步：查找维修手册。
第二步：制定操作方案。

第三步：实施操作。

1. **四轮定位的准备工作**

商用车四轮定位测量精度的高低直接取决于场地的水平状况，最小场地设置为宽 4m×5m 的平面，水平误差 ≤ 2mm，可以有地沟，也可以是一个水泥平面。

检测车辆底盘状况。检查转向桥的转向球头、转向节主销、减振钢板套销的间隙量大小、轮胎气压，以及轮胎规格是否一致。

2. **安装定位检测设备**

1）车辆前轮可直接行驶到测量转角盘上方，无需使用千斤顶，如图 6-3-2 所示。

2）安装轴头夹具。夹具安装的位置就是测量基准，直接影响测量结果的精确性，如图 6-3-3 所示。采用内卡轴头方式，防止钢圈变形带来的基准误差。

3）安装传感器。探头装备一个液晶显示屏及电子水平仪，安装过程中需将水平位置调整好，如图 6-3-4 所示，测量中显示车辆轮桥的每一个角度数据。

图 6-3-2　前轮行驶到测量转角盘上方

图 6-3-3　安装轴头夹具

图 6-3-4　安装传感器

4）打开测量电脑软件，按照电脑指示步骤，依次进行主销内倾角、主销后倾角、前轮前束和外倾角测量，打印测量结果，如图 6-3-5 所示。

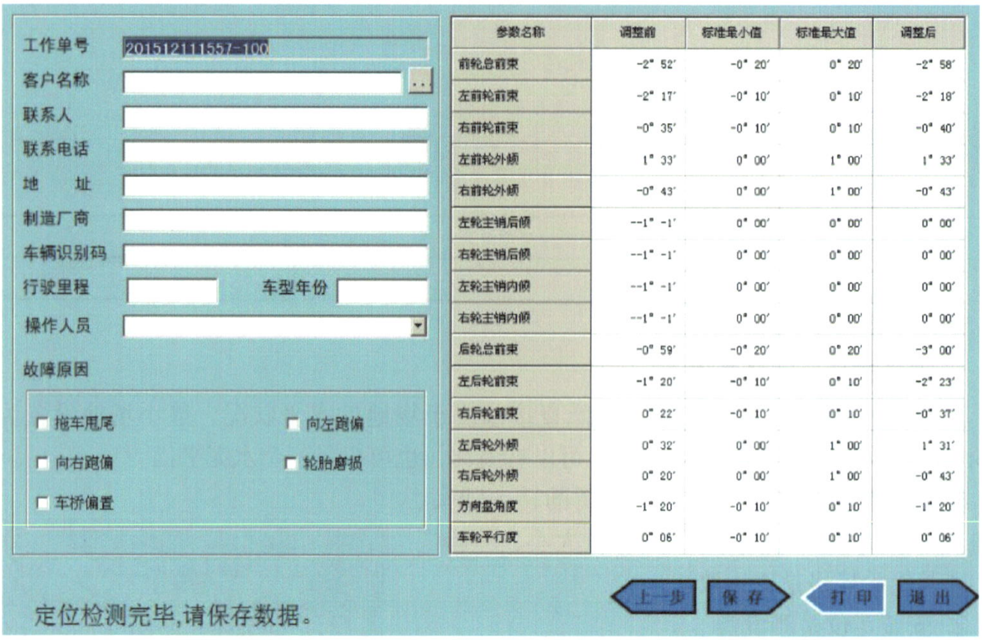

参数名称	调整前	标准最小值	标准最大值	调整后
前轮总前束	-2° 52′	-0° 20′	0° 20′	-2° 58′
左前轮前束	-2° 17′	-0° 10′	0° 10′	-2° 18′
右前轮前束	-0° 35′	-0° 10′	0° 10′	-0° 40′
左前轮外倾	1° 33′	0° 00′	1° 00′	1° 33′
右前轮外倾	-0° 43′	0° 00′	1° 00′	-0° 43′
左轮主销后倾	--1° -1′	0° 00′	0° 00′	0° 00′
右轮主销后倾	--1° -1′	0° 00′	0° 00′	0° 00′
左轮主销内倾	--1° -1′	0° 00′	0° 00′	0° 00′
右轮主销内倾	--1° -1′	0° 00′	0° 00′	0° 00′
后轮总前束	-0° 59′	-0° 20′	0° 20′	-3° 00′
左后轮前束	-1° 20′	-0° 10′	0° 10′	-2° 23′
右后轮前束	0° 22′	-0° 10′	0° 10′	-0° 37′
左后轮外倾	0° 32′	0° 00′	1° 00′	1° 31′
右后轮外倾	0° 20′	0° 00′	1° 00′	-0° 43′
方向盘角度	-1° 20′	-0° 10′	0° 10′	-1° 20′
车轮平行度	0° 06′	-0° 10′	0° 10′	0° 06′

图 6-3-5 检测结果

5）四轮定位参数调整。检测结束，需要比对厂家给定的各个定位参数的允许范围值，若不在允许范围内，就需要进行调整。

但是一般情况下，主销内倾、主销后倾和前轮外倾是不可以调整的（个别车辆的前轮外倾可以调整，具体参考维修手册），因此当这三个参数值不在允许范围内时，需要检修前轮、转向节和前悬架相对于前轴的位置关系是否已经发生了变化，若已经发生了变化，则检查并修理好。前轮前束一般都是通过调整转向横拉杆的长度来调整的，下面介绍商用车最常使用的循环球式转向器配合的整体式车桥前轮前束的调整方法。

松开转向横拉杆两端的锁紧螺母。通过转动转向横拉杆调整前轮前束。横拉杆每转动半周，前轮前束改变 1mm（车型不同，数值有所不同，具体数值参考维修手册）。拧紧横拉杆的锁紧螺母。车辆行驶一小段距离，使车轮至少滚动两三周以消除转向系统、轮胎的受力。将前束测试仪再次装到车轮上，重复测量前轮前束。若前轮前束值仍不在规定的范围内，需要再一次调整前轮前束，直至前轮前束值符合要求。

第四步：学生分组及工作实施和总结。

1）每 5~8 名学生组成 1 个工作小组，确定 1 名小组长，接受工作任务，做好工作准备。

2）准备好实训用的底盘台架。

3）研读工单，查阅维修手册（或实训指导书）。

4）介绍车辆四轮定位的检测过程。

5）回答指导教师的现场提问，接受指导教师的技能考核。

6）完成工作任务后，对工作过程进行自我评价和小组互评，听取指导教师的点评。

7）清洁工作场所，清点保养工具设备，完成任务交接。

【评价反馈】

检查评估	维修资料、工具、设备的正确使用	A	B	C	D
	操作规范和任务完成情况	A	B	C	D
	任务工单填写	A	B	C	D
	纪律和回答现场提问	A	B	C	D
	团队合作	A	B	C	D
	安全和环保	A	B	C	D
成绩					
评语				教师签字：_____ 日期：_____	

【相关知识】

知识点1：车轮定位的定义

为了保证商用车直线行驶的稳定性和操纵的轻便性，减少轮胎和其他机件的磨损，转向车轮、转向节、前轴三者与车架的安装应保持一定的相对位置关系，这种安装位置称为转向车轮定位，也称前轮定位。

知识点2：前轮定位参数

1. 主销后倾角 γ

主销后倾角是转向轴线向后倾斜的角度。主销后倾角是从商用车纵向平面观察时，测量转向轴线至垂直线之间的角度而得，用 γ 表示，如图6-3-6所示。

从垂直线向后倾斜，称为正主销后倾角；向前倾斜则称为负主销后倾角。转向轴线的中心线与地面有一个交点，轮胎与路面接触面有一个中心点，该点到转向轴中心线之间的距离 L 称为主销后倾移距。

车轮定位参数

主销后倾角 γ 能形成回正的稳定力矩，如果车辆具有正主销后倾角，当商用车直线行驶时，若转向轮偶然受到外力作用而稍有偏转（例如向右偏转，如图6-3-6中箭头所示），将使商用车行驶方向向右偏离。这时，由于商用车本身离心力的作用，侧向推力就会对车轮形成绕主销轴线作用的力矩 M（$M=yL$），其方向正好与车轮偏转方向相反。在此力矩作用下，将使车轮回复到原来中间的位置，从而保证了商用车稳定的直线行驶。但此力矩不宜过大，否则在转向时为了克服此稳定力矩，驾驶员须在转向盘上施加较大的力（即所谓转向盘沉重）。

主销后倾角 γ 愈大，车速愈高，力矩 M 愈大，转向轮偏转后自动回正的能力也愈强。一般 γ 角在 2°~3° 之间。

2. 主销内倾角 β

在商用车的横向平面内，主销上部向内倾斜一个角度，这个主销轴线与垂线之间的

夹角 β 称为主销内倾角，车辆向左或向右转向时，车轮会围绕主销轴线转动，该轴线称为转向轴线。在减振器上支撑轴承和下悬架臂球节之间，画一条假想直线，即转向轴线，如图 6-3-7a 所示。

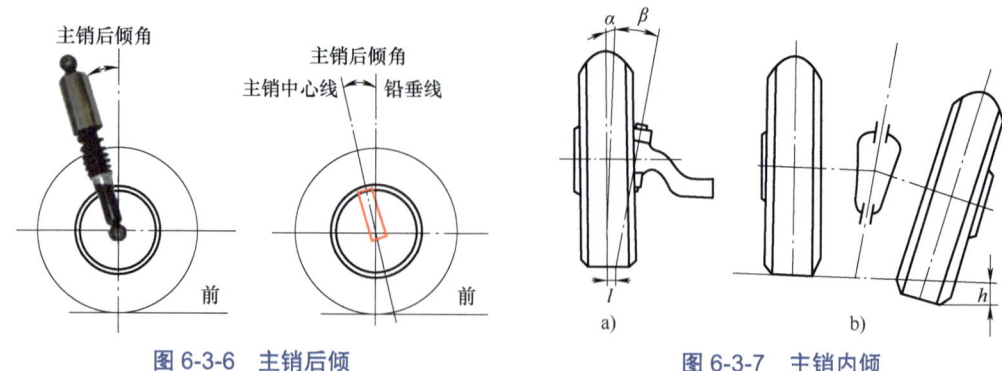

图 6-3-6 主销后倾　　　　图 6-3-7 主销内倾

主销内倾角有使车轮自动回正的作用，如图 6-3-7b 所示。当转向车轮在外力作用下由中间位置偏离左右一个角度时，车轮的最低点将陷入路面以下 h 处，但实际上车轮边缘不可能陷入路面以下，而是将转向轮连同整个商用车前部向上抬起一个相应的高度 h，这样商用车本身的重力有使转向轮回复到原来中间位置的效应，即能自动回正。主销内倾角愈大或转向轮偏转角愈大，商用车前部就被抬起得愈高，转向轮自动回正的作用就愈大。

主销内倾角的另一个作用是使转向轻便，如图 6-3-7a 所示。由于主销的内倾使得主销轴线与路面的交点到车轮中心平面与地面交线的距离 C 减小，转向时路面作用在转向轮上的阻力矩减小（因力臂 C 减小），从而可降低转向时驾驶员加在转向盘上的力使转向操作轻便，同时也可以减小因路面不平而从转向轮传到转向盘上的冲击力。但 C 值也不宜过小，即内倾角不宜过大，否则在转向时，车轮绕主销偏转的过程中，轮胎与路面间将产生较大的滑动，因而增加了轮胎与路面的摩擦阻力，这不仅使转向变得很沉重，而且加速了轮胎的磨损。故一般主销内倾角大于 8°，距离 C 一般为 40~60mm。

主销内倾角通过前梁的设计来保证，由机械加工来实现。加工时将前梁两端的主销轴线上端内倾斜就形成了内倾角。悬架类型不同，转向轴线结构有可能不同。对于非独立悬架，车桥每端都装有一个主销。转向主销轴线就相当于其他类型悬架中的转向轴线；在独立悬架中，上球节与下球节之间的连线便构成了主销轴线。

3. 前轮外倾角 α

由商用车前后方向看车轮，轮胎并非垂直安装，而是稍微倾斜。在商用车的横向平面内，前轮中心平面向外倾斜一个角度 α 称为前轮外倾角，如图 6-3-8 所示。

轮胎呈现"八"字形张开时称为负外倾，而呈现

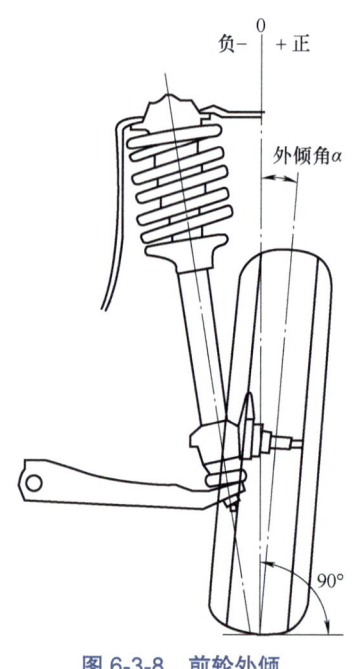

图 6-3-8 前轮外倾

"V"字形张开时称正外倾。前轮外倾角具有提高转向操纵轻便性和车轮工作安全性的作用。为了使轮胎磨损均匀和减轻轮毂外轴承的负荷,安装车轮时预先使其有一定的外倾角,以防止车轮内倾。如果空车时车轮的安装正好垂直于路面,则满载时车桥将因承载变形而可能出现车轮内倾,这样将加速商用车轮胎的偏磨损。另外,路面对车轮的垂直反作用力沿轮毂的轴向分力将使轮毂压向轮毂外端轴承,加重了外端轴承及轮毂紧固螺母的负荷,降低它们的使用寿命,严重时会损坏外端的锁紧螺母而使车轮松脱,造成交通事故。

外倾角也不宜过大,否则也会使轮胎产生偏磨损。前轮的外倾角是在转向节的设计中确定的。设计时使转向节轴颈的轴线与水平面成一角度,该角度即为前轮外倾角。使用不同斜交轮胎时,由于使轮胎倾斜触地便于转向盘的操作,所以外倾角设计得比较大。随着商用车装用的扁平子午线轮胎不断普及,并由于子午线轮胎的特性(轮胎花纹刚性大,胎体比较软,外胎面宽),若设定较大外倾角,会使轮胎偏磨,缩短轮胎的使用寿命。现在的商用车一般都将外倾角设定为10°左右。为改善前桥的稳定性,早期商用车的车轮采用正外倾角,使轮胎与地面成直角,防止在中间高于两边的路面上行驶时,轮胎不均匀磨损。在现代商用车中,由于悬架和车桥比过去坚固,加之路面平坦,在车轮调整上,倾向于采用接近零度的外倾角,某些车辆甚至采用负外倾角,以改善转向性能。

4. 车轮前束

俯视车轮,商用车的两个前轮的旋转平面并不完全平行,而是稍微带一些角度,这种现象称为前轮前束。在通过两前轮中心的水平面内,两前轮的前边缘距离 B 小于两前轮后边缘距离 A,$A-B$ 称为前轮前束,如图6-3-9所示。像内八字一样前端小后端大的称为前束,而像外八字一样后端小前端大的称为后束或负前束。

前轮前束的作用是为了消除由车轮外倾而引起的前轮"滚锥效应"。即车轮有了外倾角后,在滚动时,就类似于圆锥滚动,从而导致两侧车轮向外滚开。由于转向横拉杆和车桥的约束使车轮不可能向外滚开,车轮将在地面上出现边滚边向内滑移的现象,从而增加了轮胎的磨损。为了消除车轮外倾带来的这种不良后果,在安装车轮时,使商用车两前轮的中心平面不平行,两轮前边缘距离 B 小于后边缘距离 A。这样可使车轮在每一瞬时滚动方向接近于向着正前方,从而在很大程度上减轻和消除了由于前轮外倾而产生的不良后果。

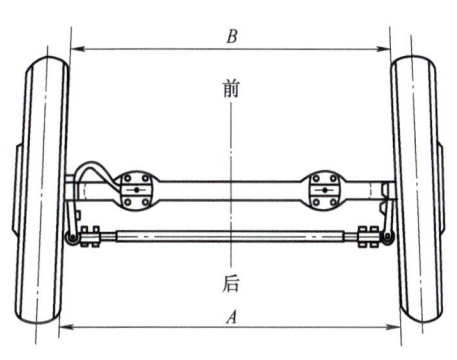

图 6-3-9 车轮前束

知识点3:后轮定位参数

1. 后轮外倾角

和前轮外倾角一样,后轮外倾角也对轮胎磨损和操纵性有影响。后轮的负外倾角可增加车轮接地点的跨度,增加商用车的横向稳定性。

后轮外倾角不是静态的,它随悬架的上下移动而变化。车辆加载后悬架下沉就会引起后轮外倾角改变。为了对载荷进行补偿,采用独立后悬架的大多数车辆常有一个较小的正后轮外倾角。滑柱筒破坏或错位、滑柱弯曲、上控制臂衬套损坏、上控制臂弯曲、弹簧压缩或悬架过载都会使后轮外倾角产生变成负外倾角的趋势；转向节弯曲、下控制臂弯曲会使后轮外倾角过大。

2. 后轮前束

后轮前束也是后轮定位的重要项目，后轮前束可抵消商用车高速行驶且驱动力较大时，车轮出现的负前束（前张），减少轮胎的磨损。

和后轮外倾角一样，后轮前束也不是一个静态量。悬架摇动和反弹时它就会发生变化。滚动阻力和发动机转矩对它也有影响。对于前驱动车辆，前驱动轮宜前束，后从动轮宜负前束。后驱动车辆则相反，前轮宜负前束，独立悬架的后驱动轮应尽可能为前束。当商用车在路面上行驶时，最理想的状态是所有车轮的运动前束量均为零。如果后轮前束不符合技术要求，就会影响轮胎磨损和转向稳定性。

知识点 4：车桥的功用与类型

车桥通过悬架与车架（或承载式车身）相连，两端安装车轮。车桥的功用是传递车架（或承载式车身）与车轮之间各方向的作用力及其产生的力矩。

根据车辆悬架类型以及传动系统（前置发动机前轮驱动、前置发动机后轮驱动、四轮驱动等）的不同，车桥的类型分为：

1）按悬架结构的不同可分为整体式和断开式两种。断开式车桥为活动关节式结构，它与独立悬架配合使用；整体式车桥的中部是刚性实心或空心梁，多配用非独立悬架。

2）按车轮所起作用的不同可分为转向桥、驱动桥、转向驱动桥和支持桥。在后轮驱动的商用车中，前桥不仅用于承载，还起到转向作用，称为转向桥；后桥不仅用于承载，还起到驱动作用，称为驱动桥。越野车和前轮驱动商用车的前桥，除了承载和转向的作用外，还兼起驱动的作用，称为转向驱动桥。只起支撑作用的车桥称为支持桥，支持桥除了不能转向外，其他功能和结构与转向桥相同。转向桥和支持桥均属于从动桥。

知识点 5：车桥构造

1. 转向桥

转向桥承受车轮与车架之间的垂直载荷、纵向的道路阻力、制动力和侧向力以及这些力所形成的力矩，并通过转向节的摆动带动车轮偏转一定的角度以实现商用车的转向。商用车转向桥的结构大致相同，主要由前轴、转向节和主销等部分组成，如图 6-3-10 所示。

转向桥可以与独立悬架匹配，也可以与非独立悬架匹配。东风 EQ1090E 型商用车为非独立悬架转向桥，如图 6-3-11 所示。

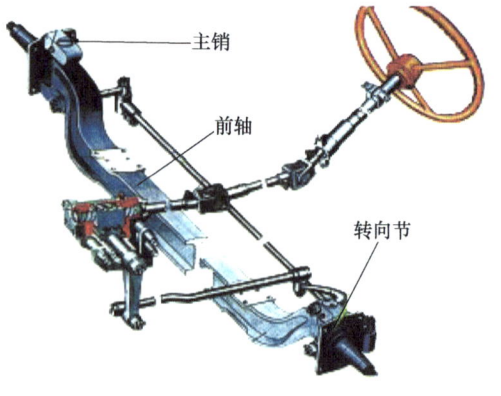

图 6-3-10　转向桥的组成

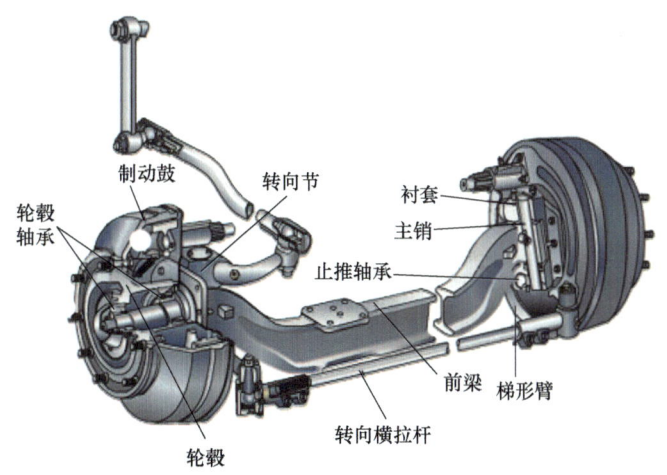

图 6-3-11　东风 EQ1090E 型商用车转向桥

前轴的工字梁在两端加粗的拳部有通孔，通过主销和转向节连接。转向节前端用内外两个推力滚子轴承，与轮毂和制动毂连接，并通过锁止螺母、前轮毂轴承调整螺母与转向节安装成一体。轮毂与车轮用螺栓连接，其内端轮毂轴承采用润滑脂润滑。为防止润滑脂侵入制动鼓，影响制动功能，在内端轴承内侧装有油封和油封垫圈，外轴承外端用轮毂盖加以防尘。内外轮毂轴承的预紧度是需要调整的，方法是将调整螺母拧紧使轮毂转动困难，再将调整螺母退回 1/6~1/4 圈，感到轮毂转动灵活即可。调好后用锁止垫圈、锁圈和锁紧螺母锁紧即可。前轴工作时主要承受垂直弯矩，因而前轴采用工字形断面以提高前轴的抗弯强度，同时减轻自重。另外在车辆制动时，前轴还要承受转矩和弯矩，因此从弹簧处逐渐由工字形断面过渡到方形（或圆形）断面，以提高扭转刚度，同时保持断面的等强度。在前轴上平面加工有钢板弹簧座，其平面略高于前轴平面，并通过 U 形螺栓将钢板弹簧固定，左右两端安装转向节，转向节两耳部有通孔，通过主销与前轴两端相接。主销的中部切有凹槽，安装时用主销固定螺栓与它上面的凹槽配合，将主销固定在前轴的拳形孔中。主销与转向节上的销孔是动配合，以便转向节绕着主销摆动以实现车轮的转向。转向节内端两耳部通孔内压入减磨青铜衬套，销孔端部用盖板封住，并通过转向节上的滑脂嘴注入润滑脂。下耳与前轴拳部之间装有止推轴承，以减少转向阻力，使转向轻便；上耳与前轴拳部之间装有调整垫片，用来调整转向节叉的轴向间隙。靠转向节根部有一方形凸缘，用以固定制动底板。左转向节两耳上端的锥形孔用来安装转向节上臂，下端的锥形孔分别用以安装左右转向梯形臂。

2. 转向驱动桥

转向驱动桥具有转向和驱动两种功能。结构既包括一般驱动桥具有的主减速器、差速器及半轴等基本部件，也包括一般转向桥所具有的转向节壳体、主销和轮毂等部件，如图 6-3-12 所示。

转向驱动桥与单独的驱动桥、转向桥相比，其不同之处是，由于转向需要，半轴被分为两段，分别叫内半轴（与差速器相连接）和外半轴（与轮毂连接），二者用等角速万向节连接起来。同时，主销也因此分成上下两段，分别固定在万向节的球形支座上。转向节轴颈做成空心，以便外半轴从中穿过。转向节的连接叉是球状转向节壳体，既满足了转向的需要，又适应了转向节的传力。转向驱动桥广泛应用于全轮驱动的商用车上，前驱动的轿车的前桥也属于转向驱动桥。

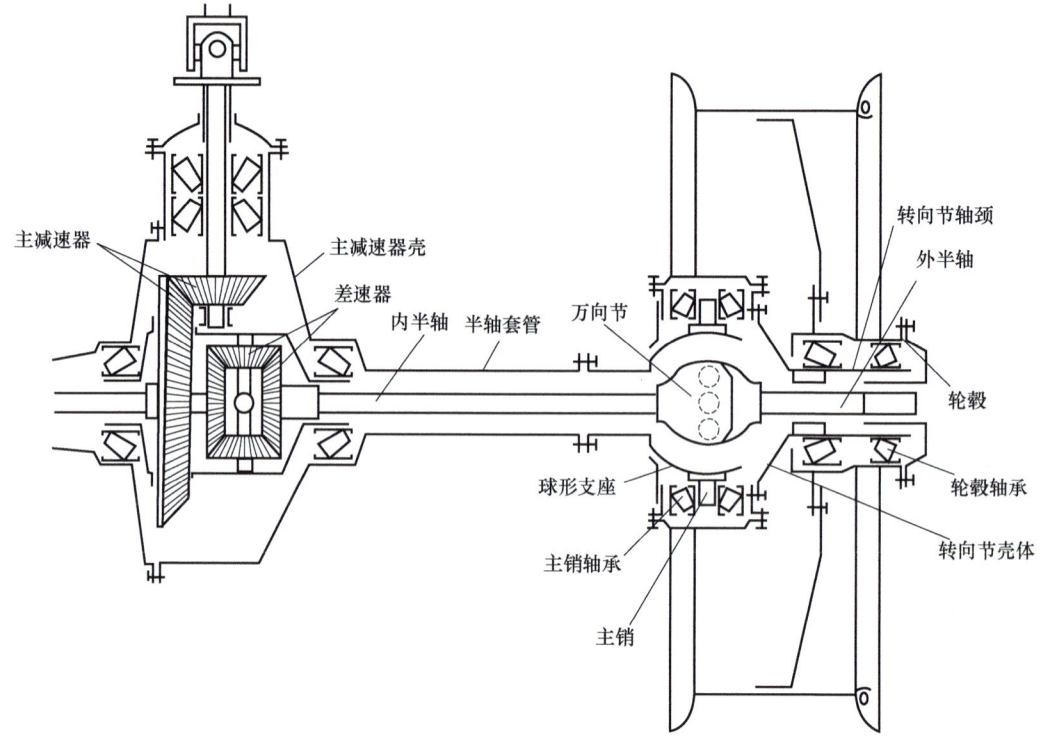

图 6-3-12　转向驱动桥示意图

3. 支持桥

支持桥通常只起支撑作用，属于从动桥。前轮驱动车辆的后桥和三轴商用车的中桥通常都设计成支持桥，挂车上的车桥也是支持桥。商用车支持桥的结构简单，主要由车轴和轮毂等部分组成，如图 6-3-13 所示。

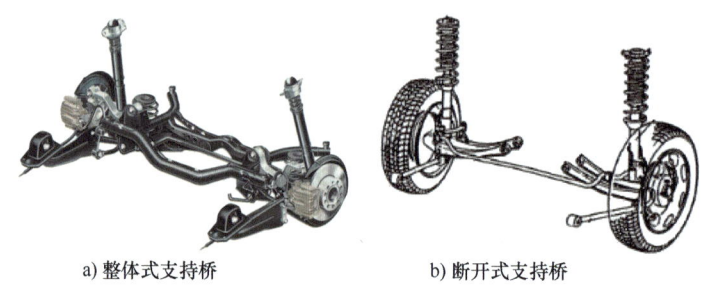

a) 整体式支持桥　　　　b) 断开式支持桥

图 6-3-13　支持桥

项目 7 转向系统的构造与检修

工作任务 1 转向盘自由行程的检测与调整

【情境描述】

一辆北汽福田商用车经过技师诊断,发现其转向盘自由行程过大,需要调整。商用车转向盘如图 7-1-1 所示。

图 7-1-1 商用车转向盘

转向盘自由行程的测量

【学习目标】

1. 学生应以小组工作的方式完成本项工作任务。
2. 学生应能在小组成员的配合下,利用车辆维修手册(或实训指导书),制订工作计划,实施工作计划。
3. 会检测和调整商用车转向盘的自由行程。
4. 树立 S(安全)+5S 理念 + 质量意识。

【任务分组】

班级		组号		指导教师	
组长		组员			
任务分工					

【获取信息】

引导问题 1： 什么是转向盘的自由行程？转向盘自由行程的正常范围是多少？

_____

_____

引导问题 2： 转向盘自由行程过大和过小的危害是什么？

_____

_____

【工作实施】

第一步： 查找维修手册。

第二步： 制定操作方案。

_____

_____

_____

第三步： 实施操作。

1）使前轮处于直行的位置，装上转向盘自由行程检查器（图 7-1-2）。

2）左右转动转向盘至感到有阻力为止，检查器指针在刻度盘上所划过的角度，即为转向盘自由转动量。

3）一般车辆转向盘自由行程左右不超过 15°，一共不得超过 30°。若超过，则必须消除所有影响的因素，如调整转向操纵系统中球头销之间的间隙及转向器中传动副的啮合间隙等。

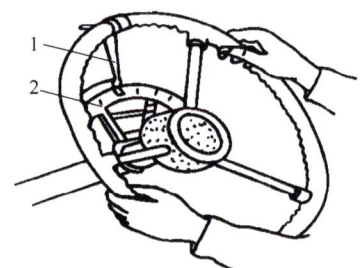

图 7-1-2 转向盘自由行程检查
1—指针 2—刻度盘

第四步： 学生分组及工作实施和总结。

1）每 5~8 名学生组成 1 个工作小组，确定 1 名小组长，接受工作任务，做好工作准备。

2）准备好实训用的底盘台架。

3）研读工单，查阅维修手册（或实训指导书）。

4）介绍转向盘自由行程检测和调整的过程。

5）回答指导教师的现场提问，接受指导教师的技能考核。

6）完成工作任务后，对工作过程进行自我评价和小组互评，听取指导教师的点评。

7）清洁工作场所，清点保养工具设备，完成任务交接。

【评价反馈】

检查评估	维修资料、工具、设备的正确使用	A	B	C	D
	操作规范和任务完成情况	A	B	C	D
	任务工单填写	A	B	C	D
	纪律和回答现场提问	A	B	C	D
	团队合作	A	B	C	D
	安全和环保	A	B	C	D
成绩					

评语		教师签字：_____ 日期：_____

(续)

【相关知识】

知识点1：商用车机械转向系统的功用

商用车上用来改变行驶方向的机构称为转向系统。商用车行驶方向的改变是由驾驶员通过操纵转向系统来改变转向轮（一般是前轮）的偏转角度实现的。转向系统不仅可以改变车辆的行驶方向，使其按照驾驶员的意愿行驶，而且还具有自动回正的功能。

知识点2：商用车机械转向系统的基本组成

商用车机械转向系统包括转向操纵机构、转向器和转向传动机构三个基本组成部分。

转向操纵机构是驾驶员操纵转向器的工作机构，主要由转向盘、转向轴、转向管柱等组成。

转向器是将转向盘的转动变为转向摇臂的摆动或齿条轴的直线往复运动，并对转向操纵力进行放大的机构。转向器一般固定在汽车车架或车身上，转向操纵力通过转向器后一般还会改变传动方向。

转向传动机构是将转向器输出的力和运动传给车轮（转向节），并使左右车轮按一定关系进行偏转的机构。

知识点3：商用车转向系统的工作原理

按转向能源的不同，转向系统可分为机械转向系统和动力转向系统两大类。

1. 机械转向系统

机械转向系统是指以驾驶员的体力（手力）作为转向能源的转向系统，所有传力件都是机械的。

机械转向系统由转向操纵机构、机械转向器和转向传动机构三大部分组成，其具体组成如图7-1-3所示。转向操纵机构包括转向盘、转向轴、万向节、转向传动轴；机械转向器有多种类型，常见的有齿轮齿条转向器、球面蜗杆滚轮转向器、蜗杆曲柄销转向器和循环球式转向器；转向传动机构包括转向摇（垂）臂、转向直（纵）拉杆、转向节臂、转向梯形臂、转向横拉杆等。

车辆转向时，驾驶员转动转向盘，通过转向轴、转向节和转向传动轴，将转向力矩输入转向器。转向器中有1~2级啮合传动副，具有降速增矩的作用。转向器输出的转矩经转向摇臂，再通过转向直拉杆传给固定在左转向节上的转向节臂，使左转向节及装于其上的左转向轮绕主销偏转。左、右转向梯形臂的一端分别固定在左、右转向节上，另一端则与转向横拉杆作球铰链连接。当左转向节偏转时经左转向梯形臂、转向横拉杆和右转向梯形臂的传递，右转向节及装于其上的右转向轮随之绕主销同向偏转一定的角度。左、右转向梯形臂和转向横拉杆构成转向梯形，其作用是在车辆转向时，使左、右转向轮按转向轮运动规律进行偏转。

机械转向系统的组成

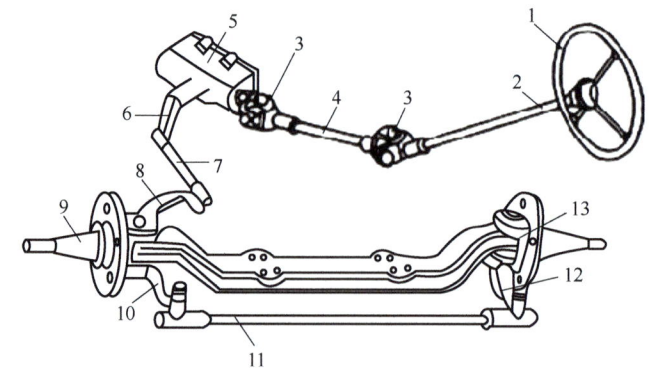

图 7-1-3　机械转向系统示意图

1—转向盘　2—转向轴　3—转向万向节　4—转向传动轴　5—转向器　6—转向摇臂　7—转向直拉杆
8—转向节臂　9—左转向节　10—左转向梯形臂　11—转向横拉杆　12—右转向梯形臂　13—右转向节

2. 动力转向系统

动力转向系统是指兼用驾驶员体力和发动机（或电动机）的动力作为转向能源的转向系统，它是在机械转向系统的基础上加设一套转向加力装置而形成的。

在正常情况下，汽车转向所需能量，只有一小部分由驾驶员提供，而大部分是由发动机（或电动机）通过转向加力装置提供的。但在转向加力装置失效时，一般还应当能由驾驶员独立承担汽车转向任务。图 7-1-4 所示为一种液压式动力转向系统的组成示意图，其中属于转向加力装置的部件是转向油泵 5、转向油管 4、转向油罐 6 以及位于整体式转向器 10 内部的转向控制阀及转向动力缸等。当驾驶员转动转向盘 1 时，转向摇臂 9 摆动，通过转向直拉杆 11、转向节臂 7、转向横拉杆 8，使转向轮偏转，从而改变汽车的行驶方向。与此同时，转向器输入轴还带动转向器内部的转向控制阀转动，使转向动力缸产生液压作用力，帮助驾驶员转向操纵。这样，为了克服转向轮上的转向阻力矩，驾驶员作用于转向盘上的转向力矩，就比采用机械转向系统时所需的转向力矩小得多。另外，采用液压动力转向系统还可提高汽车行驶的安全性。

动力转向系统概述

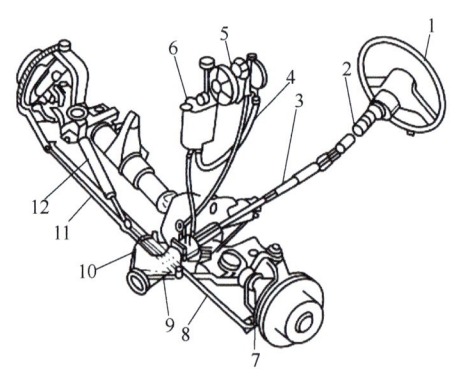

图 7-1-4　动力转向系统示意图

1—转向盘　2—转向轴　3—转向中间轴　4—转向油管　5—转向油泵　6—转向油罐　7—转向节臂
8—转向横拉杆　9—转向摇臂　10—整体式转向器　11—转向直拉杆　12—转向减振器

知识点 4：商用车转向系统的基本要求

1. 转向轮运动规律

商用车在转向行驶时，要求车轮相对于地面作纯滚动，否则如果车轮边滚边滑，会导致转向行驶阻力增大，动力损耗，油耗增加，也会加剧轮胎磨损。

转向时，内侧车轮和外侧车轮滚过的距离是不等的。一般而言，后桥左右两侧的驱动轮由于差速器的作用，能够以不同的转速滚过不同的距离。但前桥左右两侧的转向轮要滚过不同的距离，保证车轮作纯滚动就要求所有车轮的轴线都交于一点方能实现。此交点 O 称为车辆的瞬时转向中心，如图 7-1-5 所示。车辆转向时内侧转向轮偏转角 β 大于外侧转向轮偏转角 α。α 与 β 的关系是

$$\cot\alpha - \cot\beta = \frac{B}{L}$$

式中　B——两侧主销中心距（可近似认为是转向轮轮距）；
　　　L——前后轴距。

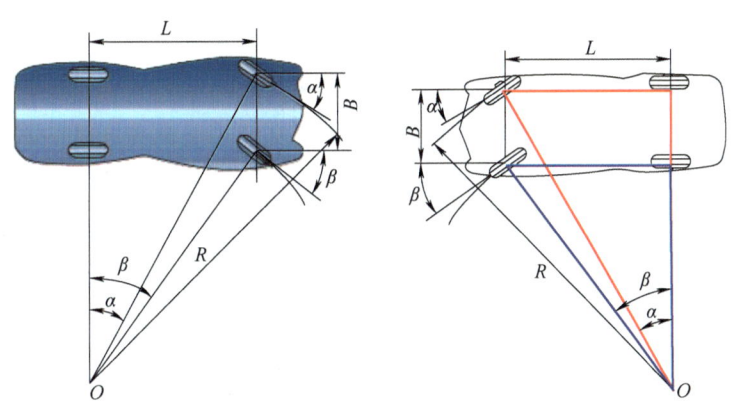

图 7-1-5　转向时理想的两侧转向轮偏转角的关系

这一关系是由转向梯形保证的。所有转向梯形的设计实际上都只能保证在一定的车轮偏转角范围内，使两侧车轮偏转角大体上接近以上关系式。

从转向中心 O 到外侧转向轮与地面接触点的距离 R 称为转弯半径。转弯半径 R 愈小，则转向所需要的场地就愈小，车辆的机动性也愈好。当外侧转向轮偏转角达到最大值 β_{max} 时，转弯半径 R 最小。

2. 转向系统基本要求

1）工作可靠。
2）具有较小的转弯半径。
3）操纵轻便。商用车往往体积庞大，自身重量不菲，但转向时要求操纵力要小，且转向盘应反馈给驾驶员一定的路感，同时要求路面对车轮的冲击力尽可能小地传到转向盘上，这样有利于降低驾驶员的疲劳强度，提高行车安全。
4）转向灵敏。转向盘转过一定的角度，转向轮偏转的角度越大，转向机构越灵敏，反之灵敏性较低。灵敏性过高会造成转向过大情况，为转向操纵带来危险，所以转向系统需要灵敏性合适的转向器。另外，转向轮转向后要有一定的自动回正能力，进一步降

低驾驶员的劳动强度。

5）便于保养和调整。转向系统的设计应科学合理、考虑周全，为后期的保养和调整预留相应的空间，提高维修的便捷性。

3. 转向盘的自由行程

转向盘的自由行程是指转向盘在空转阶段的角行程，这主要是由于转向系统各传动件之间的装配间隙和弹性变形所引起的。由于转向系统各传动件之间都存在着装配间隙，而且这些间隙将随零件的磨损而增大，因此在一定的范围内转动转向盘时，转向节并不马上同步转动，而是在消除这些间隙并克服机件的弹性变形后，才作相应的转动，即转向盘有一空转过程。

转向盘自由行程对于缓和路面冲击及避免驾驶员过于紧张是有利的，但过大的自由行程会影响转向灵敏性。所以车辆维护中应定期检查转向盘自由行程。一般车辆转向盘的自由行程应不超过 10°~15°，否则应进行调整。

【精益求精】

安全守护　严谨驾行

某驾校的货车车辆检修车间，负责安全检查的陈师傅正在对教学车辆进行转向盘自由行程检测。驾校培养的是未来掌控商用车交通安全的驾驶员，车辆转向系统的精准度至关重要。陈师傅深知，任何一点疏忽都可能让学员在驾驶练习中面临危险，甚至影响他们未来的驾驶习惯。他手持专业测量工具，按照标准步骤，缓慢转动转向盘，眼睛紧盯刻度，额头布满汗珠，不放过丝毫偏差。一旁实习的小吴想加快速度，陈师傅立刻制止："咱们这是给学员的安全把关，快不得！一旦转向有问题，学员上路就是隐患。"经过细致检测，陈师傅发现一辆车转向盘自由行程偏大，排查后是转向直拉杆球头销松动，及时修复后再次核验无误。此后，小吴对待工作也变得严谨认真，把每一次检测都当作守护生命的重任，为驾校的安全教学筑牢根基。

工作任务 2　循环球式液压助力转向器的拆装

【情境描述】

一辆陕汽德龙 X3000 商用车驾驶员描述该车转向沉重，技师检修其液压管路无泄漏，需要对其整体式液压助力转向器进行拆检。循环球式液压助力转向器如图 7-2-1 所示。

图 7-2-1　循环球式液压助力转向器

项目 7　转向系统的构造与检修

【学习目标】

1. 学生应以小组工作的方式完成本项工作任务。
2. 学生应能在小组成员的配合下，利用车辆维修手册（或实训指导书），制订工作计划，实施工作计划。
3. 会说明循环球式液压助力转向器的拆装过程。
4. 树立 S（安全）+5S 理念 + 质量意识。

【任务分组】

班级		组号		指导教师	
组长		组员			
任务分工					

【获取信息】

引导问题 1：循环球式转向器的工作原理是什么？
_____
_____

引导问题 2：液压助力转向系统的组成及工作原理是什么？
_____
_____

【工作实施】

第一步：查找维修手册。
第二步：制定操作方案。
_____
_____
_____

第三步：实施操作。

1. 循环球式液压助力转向器的拆解

1）从车上拆下转向器总成后，首先放出转向器里的转向助力油和润滑油。

2）将转向臂轴转到中间位置（直线行驶时的位置，即将转向螺杆从一个极端转到另一个极端后，再返回一半的圈数），再拧下侧盖的 4 个紧固螺栓，用软质锤或铜锤轻轻敲打转向臂轴端头，取出侧盖和转向臂轴总成。注意，不要划伤油封。

3）取下转向器底盖 4 个紧固螺栓，再用铜锤轻轻敲击转向螺杆一端，取下底盖。

4）从壳体取出转向螺杆及转向螺母总成，注意不要使转向螺杆花键划伤油封。

5）螺杆及螺母总成如无异常现象尽量不要解体。如必须解体，可先取下 3 个固定导管夹螺钉，拆下导管夹，取出导管，同时握住螺母，缓慢地转动螺杆排出全部钢球。注意：两个循环管道里的钢球最好不要混在一起，不要丢失。每个循环管道里有 48 个钢球，即使只有一个钢球留在螺母里也拆不下来。

2. 循环球式液压助力转向器的装配

1）转向螺杆和螺母的装配。先将转向螺母放在转向螺杆滚道的一端，并使转向螺母滚道孔对准滚道，再将钢球由螺母滚道孔中放入。边转动螺杆边放入钢球（两滚道可同时进行）。每个滚道约放 36 个钢球，其余 24 个钢球分别装入两个钢球导管里，并将导管两端涂以润滑脂插入螺母的导管孔中，同时用木锤轻轻敲打导管，使之落到底；然后用导管夹把导管压在螺母上，并用 3 个螺钉紧固。装配后的螺杆、螺母总成轴向和径向间隙应不大于 0.06mm。如果超过规定值，应成组更换直径加大的钢球。

更换的钢球装好后，用手转动螺杆，应保证螺母在螺杆滚道全长范围内转动灵活无发卡现象。当螺杆螺母总成处于垂直位置时，螺母应能从螺杆上端自由匀速地落下。

最后把角接触球轴承外圈压入底盖和壳体内，同时将轴承内圈总成压到转向螺杆的两端。

2）转向螺杆螺母总成与壳体的装配。将装有轴承内圈的螺杆螺母总成放入装有轴承外圈的壳体中，然后把装有轴承外圈的底盖装到壳体上并用手压紧，同时用塞尺或卡尺测量底盖与壳体之间的间隙，选择一组厚度与此间隙相同的调整垫片，取下底盖，在垫片上涂以密封胶，并套上橡胶密封圈，再将底盖装到壳体上并用螺栓紧固。装配后螺杆应转动自如，并且无轴向松旷的感觉。

3）转向臂轴的装配。转向臂轴装配前，应先将调整齿扇与齿条啮合间隙的调整螺栓装入。装入时需要将转向螺母放在转向螺杆滚道中间，转向臂轴齿的中间齿对准转向螺母齿条的中间齿沟，再把转向臂轴推进装有滚针轴承的壳体中，然后用螺栓将侧盖固定在壳体上。

4）油封的安装。用专用工具装入转向螺杆油封和转向臂轴油封时，应在花键处用钢皮或塑料套保护，以防划伤油封刃口造成漏油。

第四步：学生分组及工作实施和总结。

1）每 5~8 名学生组成 1 个工作小组，确定 1 名小组长，接受工作任务，做好工作准备。
2）准备好实训用的底盘台架。
3）研读工单，查阅维修手册（或实训指导书）。
4）介绍循环球式液压助力转向器的拆装过程。
5）回答指导教师的现场提问，接受指导教师的技能考核。
6）完成工作任务后，对工作过程进行自我评价和小组互评，听取指导教师的点评。
7）清洁工作场所，清点保养工具设备，完成任务交接。

【评价反馈】

检查评估	维修资料、工具、设备的正确使用	A	B	C	D
	操作规范和任务完成情况	A	B	C	D
	任务工单填写	A	B	C	D
	纪律和回答现场提问	A	B	C	D
	团队合作	A	B	C	D
	安全和环保	A	B	C	D
成绩					
评语				教师签字：_____ 日期：_____	

【相关知识】

知识点1：普通液压动力转向系统

普通液压动力转向系统是在机械转向系统的基础上加一套动力辅助装置组成的，按其液流形式不同分为常压式和常流式两种。常压式的特点是有蓄能器积蓄液压能，可以使用流量较小的转向液压泵，而且还可以在液压泵不工作时保持一定的转向助力能力。常流式的特点则是结构简单，液压泵寿命长，泄漏少，而且消耗功率也较少，使用广泛。

普通液压动力转向系统一般由机械转向器、转向动力缸和转向控制阀三部分组成。如图7-2-2所示，转向油泵安装在发动机上，由曲轴通过传动带驱动并向外输出液压油。转向油罐有进、出油管接头，通过油管分别与转向油泵和转向控制阀连接。转向控制阀用以改变油路。机械转向器和缸体形成左右两个工作腔，它们分别通过油道和转向控制阀连接。

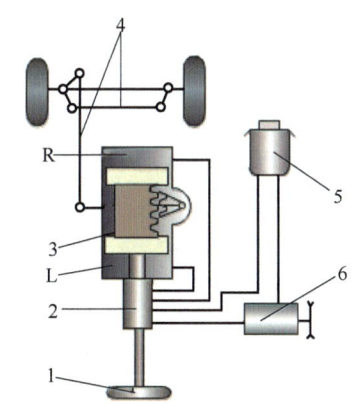

图7-2-2 普通液压动力转向系统示意图
1—转向操纵机构 2—转向控制阀 3—机械转向器与转向动力缸总成
4—转向传动机构 5—转向油罐 6—转向油泵

当汽车直线行驶时，转向控制阀将转向油泵泵出来的工作液与油罐相通，转向油泵处于卸荷状态，动力转向器不起助力作用。当汽车需要向右转向时，驾驶员向右转动转向盘，转向控制阀将转向油泵泵出来的工作液与R腔接通，将L腔与油罐接通，在油压的作用下，活塞向下移动，通过传动机构使左、右轮向右偏转，从而实现右转向。向左转向时，情况与上述相反。

知识点2：动力转向系统功用及分类

对于一些重型商用车，由于其使用条件复杂，加之机体笨重以及采用了宽基或超宽基胎，转向阻力很大。如仍采用机械式转向，就很难达到操纵轻便和转向迅速的要求。所以，大多数商用车转向系统采用了液压动力转向方式，其工作灵敏度高，结构紧凑，外廓尺寸较小，工作时无噪声，工作滞后时间短，而且能吸收来自不平路面的冲击。

液压动力转向系统按液流形式可以分为常流式和常压式，按转向控制阀的运动方式又可以分为滑阀式和转阀式。常压式液压动力转向系统如图 7-2-3 所示，其特点是无论转向盘处于中立位置还是转向位置，也无论转向盘保持静止还是运动状态，系统工作管路中总是保持高压。

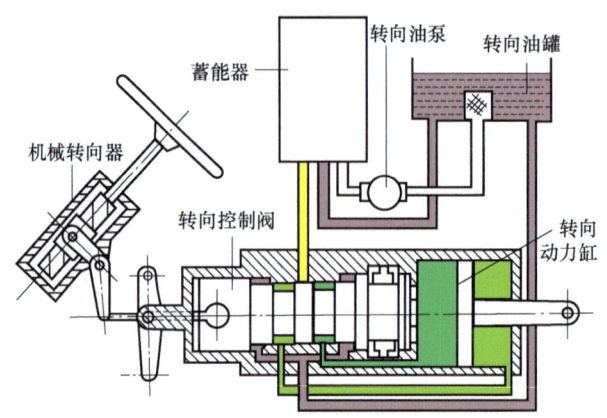

图 7-2-3 常压式液压动力转向装置示意图

常流式液压动力转向系统如图 7-2-4 所示，其特点是转向油泵始终处于工作状态，但液压助力系统不工作时，基本处于空转状态。多数商用车采用常流式液压动力转向系统。

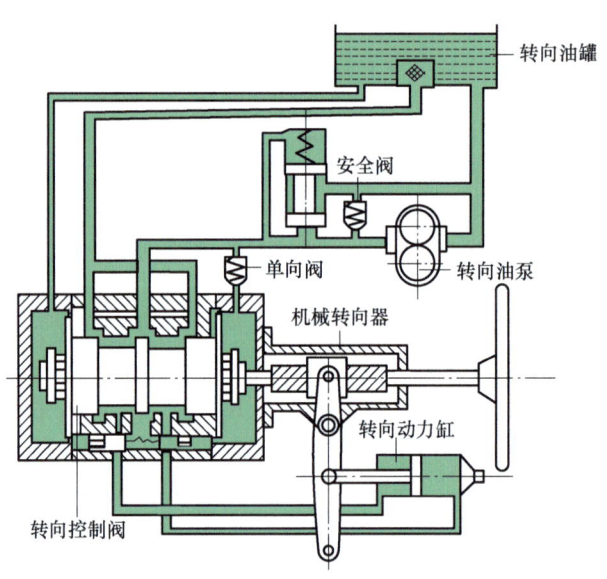

图 7-2-4 常流式液压动力转向装置示意图

阀体沿轴向移动来控制油液流量的转向控制阀，称为滑阀式转向控制阀，简称滑阀，如图 7-2-5 所示。阀体绕其轴线转动来控制油液流量的转向控制阀，称为转阀式转向控制阀，简称转阀，如图 7-2-6 所示。

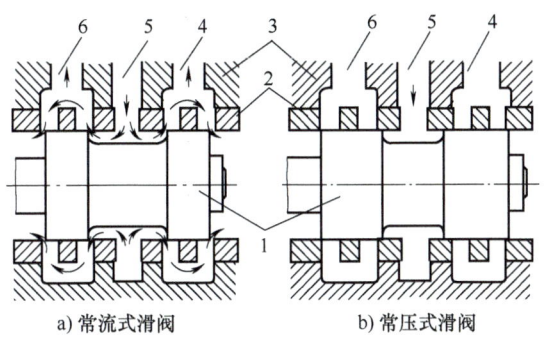

a) 常流式滑阀　　　　　b) 常压式滑阀

图 7-2-5　滑阀的结构和工作原理

1—阀体　2—阀套　3—壳体　4、6—通动力缸左、右腔的通道　5—通油泵输出管路的通道

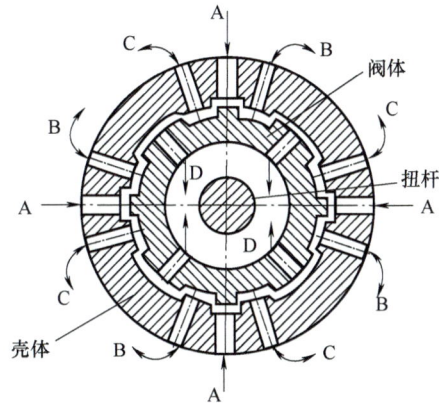

图 7-2-6　转阀的结构和工作原理

A—通油泵输出管路的通道　B、C—通动力缸左、右腔的通道　D—通储油罐的回油通道

知识点 3：液压常流滑阀式转向系统的组成和工作原理

液压常流滑阀式动力转向装置的基本组成如图 7-2-7 所示，主要包括储油罐、转向油泵、转向控制阀、转向动力缸等。

如图 7-2-7 所示，滑阀与阀体为间隙配合，在阀体的内圆柱面有三道环槽：环槽 A 是总进油道，与油泵相通；环槽 D、E 是回油道，与储油罐相通。滑阀上有两道环槽：B 是动力缸 R 腔的进、排油环槽；C 是转向动力缸 L 腔的进、排油环槽。两个反作用柱塞之间装有滑阀复位弹簧。滑阀通过两个轴承支撑在转向轴上，它与转向螺杆的轴向相对位置固定不变。但滑阀处于中间位置（相应于商用车直线行驶的位置）时，滑阀两端与阀体的端面各保持 h 的间隙，因而滑阀随同转向螺杆可以相对于阀体自中间位置向两端作 h 的微量轴向移动。

1）商用车直线行驶时（图 7-2-7a）。滑阀在复位弹簧的作用下保持在中间位置。油泵输出的油液进入阀体环槽 A 之后，经环槽 B 和 C 分别将压力传至动力缸的 R 腔和 L 腔，同时又经环槽 D 和 E 进入回油管道流回油罐。这时，滑阀与阀体各环槽槽肩之间的间隙大小相等，油路通畅，动力缸因其左、右两腔油压相等而不起加力作用。油泵泵出的油液仅需克服管道阻力流回油罐，故油泵负荷很小，整个系统处于低油压状态。

2)商用车右转向时(图 7-2-7b)。开始时,由于转向车轮受到很大阻力,转向螺母暂时保持不动,其反作用力推动有左旋螺纹的转向螺杆向右轴向移动,同时带动滑阀压缩复位弹簧向右轴向移动,消除左端间隙 h。此时环槽 C 与 E 之间、A 与 B 之间的油路通道被滑阀和阀体的相应凸肩封闭。而环槽 A 与 C 之间的油路通道增大,油泵送来的油液自环槽 A 经 C 流入动力缸的 L 腔,油压升高。而动力缸 R 腔的油液则经环槽 B、D 及回油管流回储油罐,R 腔油压降低。在压力差作用下,动力缸的活塞向右移动,并通过活塞杆使转向摇臂逆时针转动,从而起转向加力作用。当这一力与驾驶员通过转向器传给摇臂的力合在一起,足以克服转向阻力时,转向螺母也就随着螺杆的转动而向左轴向移动,并通过转向直拉杆带动转向车轮向右偏转。由于动力缸 L 腔的油压很高,商用车转向主要靠活塞的推力,使转向更轻便。

液压常流滑阀式
转向系统的
工作过程

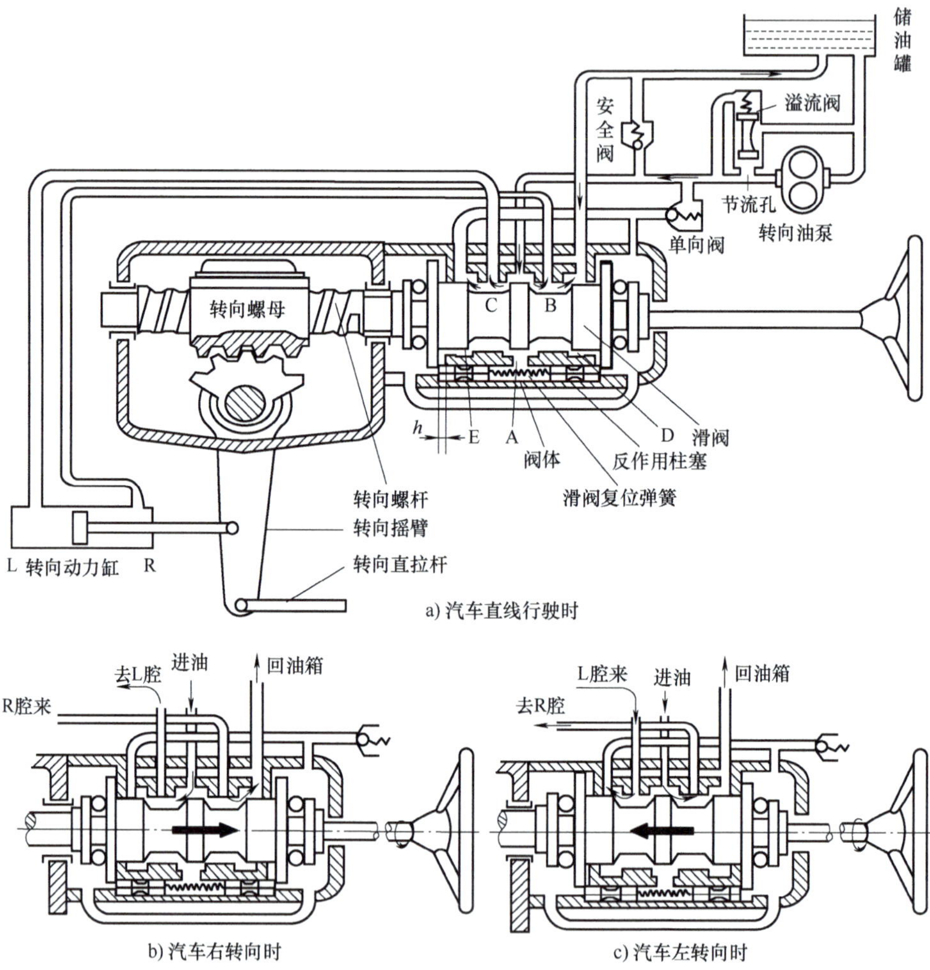

图 7-2-7 液压常流滑阀式动力转向装置

只要转向盘和转向螺杆继续转动,上述液压加力作用就一直存在。当转向盘在一定角度保持不动时,螺杆作用于螺母的力消失,螺母不再相对于螺杆左移。但动力缸中的活塞在油压差作用下,仍继续向右移动,并推动转向摇臂逆时针方向转动,从而使得转向螺母在转向摇臂上端的拨动下,带动转向螺杆及滑阀一起向左移动,直到滑阀回复到中间稍偏右的位置。此时滑阀中间凸肩右边的缝隙小于左边的缝隙,由于节流作用,使进入 L 腔的油压仍高于 R 腔的油压。此压力差在动力缸活塞上的作用力用来克服转向轮的回正力矩,使转向轮的偏转角保持不变。如欲使转向轮进一步偏转,则须继续转动转向盘,重复上述全部过程。

3)动力转向装置能使转向轮的偏转角随转向盘转角的增大而增大,若转向盘保持不动则转向轮的偏转角也保持不动,即具有"随动"作用。动力缸只提供动力,转向过程仍由驾驶员通过转向盘进行控制。在工作过程中,转向轮偏转的开始和终止较转向盘转动的开始和终止都略微滞后一些。

4)自动回正。若驾驶员松开转向盘,滑阀在复位弹簧的张力和反作用柱塞油压的推力下回到中间位置,转向控制阀中各环槽凸肩间的缝隙相等,动力缸 L 腔与 R 腔间的油压差随之消失,动力缸停止工作,转向轮在回正力矩的作用下自动回正,并通过转向螺母带动转向螺杆反向转动,使转向盘回到直线行驶位置。在此过程中,螺母作用在螺杆上的轴向力小于复位弹簧的预紧力,故滑阀不再轴向移动,所以在转向轮自动回正过程中不会出现自动加力现象。

5)"打手"现象的消除。商用车直线行驶时,若遇路面不平,转向轮有可能左右偏转而产生振动,迫使转向摇臂摆动,动力缸 L、R 两腔充满着的油液便对活塞移动起阻尼作用,从而吸收振动能量,减轻了转向轮的振动。

若路面冲击力使转向轮偏转很大,假设向右偏转,而驾驶员仍保持转向盘处于直线行驶位置,此时转向螺杆将受到一个向左的轴向力,这个力使滑阀向左移动,于是 L 腔油压降低,R 腔油压升高,动力转向装置的加力方向与转向轮偏转方向相反,使转向轮回正,抵消路面冲击的影响。尽管循环球—齿条齿扇式机械转向器逆传动效率较高,也不会出现"打手"现象。

6)商用车左转向时(图 7-2-7c)。开始时,滑阀随同螺杆向左轴向移动,油液通路与右转向时相反,动力缸活塞的加力方向也与右转向时相反。

7)"路感"作用。反作用柱塞的内端、复位弹簧所在的空间,在转向过程中总是与动力缸高压油腔相通,此油压与转向阻力成正比,并作用在反作用柱塞的内端。转向阻力增大,作用在柱塞上的油液压力也增大,驾驶员施于转向盘上的力也须相应增大,使驾驶员感觉到转向阻力的变化情况。

8)如果动力转向装置失效,则该装置不但不能使转向省力,反而会增加转向阻力。当油泵失效后靠人力强制进行转向时(设向右转,如图 7-2-7b 所示),进油道变为低压(油罐中的油液已不能通过失效的油泵流入进油道),回油道却因动力缸中活塞移动而具有稍高于进油道的油压。进、回油道的压力差使单向阀打开,两油道相通,动力缸活塞两侧油腔也相通,油液便从动力缸受活塞挤压的 R 腔,流向活塞移离后产生低压的 L 腔,从而减小了人力转向时的油液阻力。可见单向阀可将不工作的油泵短路。

9)油路中装有节流孔和溢流阀。当油泵输出油量超过一定值时,油液在节流孔节流作用下产生的油压差把溢流阀打开,使多余的油液流回到油泵入口处。安全阀的作用是限制油泵及系统内的最高压力值。

液压常流滑阀式动力转向系统结构复杂、体积大,所以大多应用于大型货车、客车和工程机械上。而小型商用车上主要应用的是液压常流转阀式动力转向装置。

知识点 4：液压常流转阀式转向系统的组成和工作过程

液压常流转阀式动力转向装置的基本组成如图 7-2-8 所示，也是由转向油泵、转向动力缸、转向控制阀等组成的。北京切诺基将循环球—齿条齿扇式机械转向器、转阀式转向控制阀和转向动力缸三部分设计成一个整体。

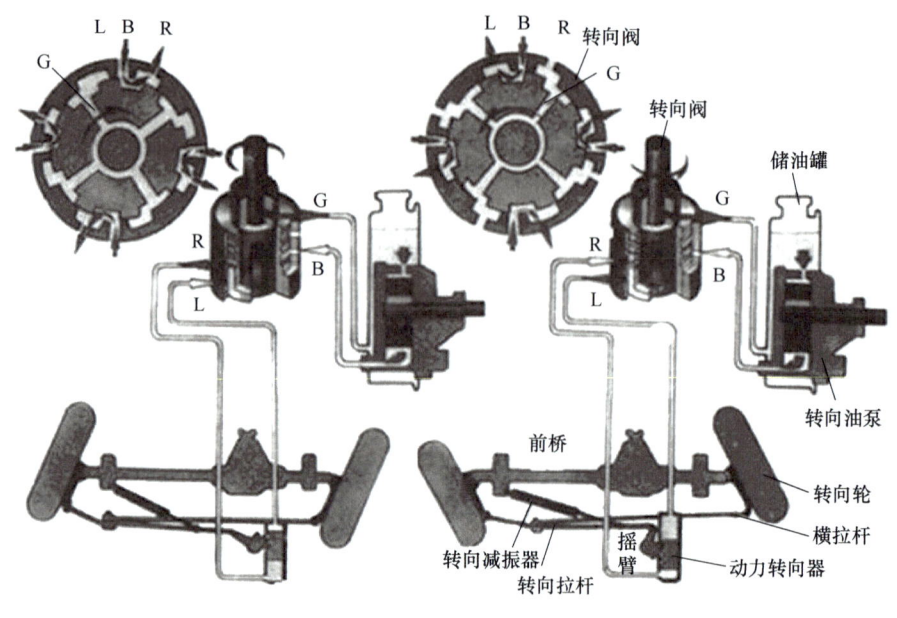

a) 右转向控制过程　　　　b) 左转向控制过程

图 7-2-8　液压常流转阀式动力转向的控制过程

R—接右转向动力缸　L—接左转向动力缸　B—接转向油泵　G—接储油罐

如图 7-2-8 所示，转向油泵安装在发动机上，由曲轴通过传动带驱动并向外输出液压油。转向油罐有进、出油管接头，通过油管分别与转向油泵和转向控制阀连接。转向控制阀用以改变油路。机械转向器和缸体形成左右两个工作腔，它们分别通过油道和转向控制阀连接。

其控制过程如下：

1）右转向时，转向控制阀将转向油泵的高压油（B 通路）与右转向动力缸（R 通路）接通，将左转向动力缸（L 通路）与油罐（G 通路）接通，在油压的作用下，动力转向器活塞向上移动，通过传动机构使转向轮向右偏转，从而实现右转向，如图 7-2-8a 所示。

2）当商用车直线行驶时，转向控制阀处于中间位置，将转向油泵高压油（B 通路）与油罐（G 通路）相通，转向油泵处于卸荷状态，动力转向器不起作用。工作油液从转向器壳体的进油孔（B 通路）流到阀体的中间油环槽中，经过其槽底的通孔进入阀体和阀芯之间，此时阀芯处于中间位置。进入的油液分别通过阀体和阀芯纵槽和槽肩形成的两边相等的间隙，再通过阀芯的纵槽以及阀体的径向孔流向阀体外圆上、下油环槽，通过壳体油道流到动力缸的左转向动力腔（L 通路）和右转向动力腔（R 通路）。流入阀体内腔的油液在通过阀芯纵槽流向阀体上油环槽的同时，通过阀芯槽肩上的径向油孔流到转向螺杆和输入轴之间的空隙中,从回油口经油管回到油罐中去,形成常流式油液循环。此时,上、下腔油压相等且很小,齿条—活塞既没有受到转向螺杆的轴向推力,也没有受到上、下腔因压力差造成的轴向推力。齿条—活塞处于中间位置,动力转向器不工作。

商用车直线行驶时,若遇路面作用力而使转向轮偏转(设转向轮向左偏转,驾驶员握住转向盘处于直线行驶位置),转向阻力通过转向传动机构、齿条—活塞、转向螺杆作用于阀体,使阀体相对于不转动的阀芯逆时针方向转动(图7-2-8a所示位置上,阀体相对于阀芯逆时针方向转动),动力缸下腔油压升高,上腔油压降低,压力差作用在齿条—活塞上使其上移,并通过转向传动机构使转向轮向右偏转而回正,从而保证了商用车直线行驶的稳定性,并有效地避免了转向盘"打手"现象。

3)左转向时,如图7-2-8b所示,转向控制阀将转向油泵的高压油(B通路)与左转向动力缸(L通路)接通,将右转向动力缸(R通路)与油罐(G通路)接通,在油压的作用下,动力转向器活塞向下移动,通过传动机构使转向轮向左偏转,从而实现左转向。

商用车左转向时(图7-2-9),短轴在转向轴驱动下逆时针方向转动,并分两路传递运动和力:一路通过其左端的定位销拨动转阀同步转动;另一路则通过其右端的锁销传至弹性扭杆的右端,并经扭杆左端的三角形花键传给下端轴盖,又通过其圆盘外缘上的缺口和锁销传给阀体和转向螺杆。由于受到路面转向阻力,刚转向时齿条—活塞和转向螺杆暂时不能轴向移动,所以转向螺杆暂时不能随短轴同步转动,即阀体暂时不能随短轴同步转动,弹性扭杆发生扭转变形,从而使阀芯相对于阀体转过不大的角度,二者纵槽槽肩两边的间隙不再相等,通向L油道的一边增大,通向R油道的一边减小,如图7-2-8b所示。来自油泵的油液从油道B进入阀体与转阀之间,流向间隙增大的一边,并经L油道流进动力缸的上腔,使该腔油压升高;而与R油道相通的动力缸下腔油压则降低(下腔油液通过R油道流进阀体与转阀之间,再经传阀的4条径向油道、回油道G流回转向油罐)。左、右两腔的压力差作用在齿条—活塞上,帮助转向螺杆迫使齿条—活塞开始下移,转向轮开始向左偏转,转向加力起作用。同时转向螺杆本身也开始与短轴同向转动,只要转向盘继续转动,弹性扭杆的扭转变形便一直保持不变,阀体与转阀之间的相对角位置也不变,转向加力作用就一直存在,转向轮将继续向左偏转。在转向过程中,转向盘转得越快,弹性扭杆的扭转速度就越快,转阀相对于阀体产生角位移的速度也越快,从而使动力缸左、右两腔产生压力差的速度加快,转向轮的偏转速度也相应加快。

4)渐进随动原理:一旦转向盘停止转动并维持在某一转角位置不动,短轴及转阀便不再转动。但齿条—活塞在油压差的作用下仍继续左移,导致转向螺杆连同阀体沿原转动方向继续转动,使弹性扭杆的扭转变形减小,阀体与转阀的相对角位移量减小,动力缸左、右两腔油压差减小。减小的油压差仍作用在齿条—活塞上,以克服转向轮的回正力矩,使转向轮的偏转角维持不动。

5)自动回正。若松开转向盘,弹性扭杆右端将自动转过一定的角度而恢复自由状态,阀芯随短轴回复到中间位置,动力缸停止工作,转向轮在回正力矩作用下自动回正。如果需要液压加力,驾驶员可以回转转向盘,使动力转向装置帮助转向轮回正。

6)"路感"作用。在转向过程中,转向阻力增大,弹性扭杆的扭转变形量也增大,阀芯相对于阀体的角位移量增大,从而使动力缸中油压升

液压常流转阀式
转向系统的
工作过程

高；反之则动力缸中油压降低。在此过程中，弹性扭杆产生的反作用力，与转向阻力成递增函数关系，传到转向盘上，使驾驶员能感觉到转向阻力的变化情况，所以这种转阀式动力转向装置具有"路感"作用。

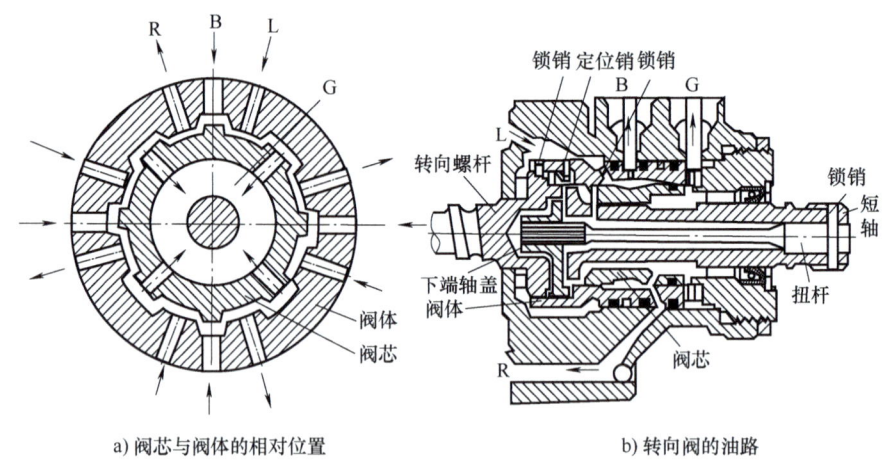

图 7-2-9　液压常流转阀式动力转向的结构
R—接右转向缸　L—接左转向缸　B—接转向油泵　G—接储油罐

由上述分析可知，转阀式动力转向装置能使转向轮偏转的角度随转向盘转角的增大而增大；转向轮偏转的速度随转向盘转动速度的加快而加快；转向盘停止转动并维持转角不动，转向轮也随之停止偏转并维持偏转角不动，因而具有随动作用。在正常情况下，驾驶员操纵转向盘所提供的转向力矩主要用来使弹性扭杆产生扭转变形，以控制转向过程，而克服路面转向阻力及转向传动机构摩擦阻力使转向轮偏转所需要的动力主要由转向动力缸提供。

小结：动力转向系统由机械转向器、转向控制阀、转向动力缸以及将发动机输出的部分机械能转换为压力能的转向油泵（或空气压缩机）、转向储油罐组成。其主要功能是实现"渐进随动原理"，即快转快助，大转大助，不转不助。

知识点 5：动力转向器

动力转向器是在机械转向器的基础上引入动力输入装置，驾驶员通过转动转向轴，控制转向阀的开启和关闭，将转向泵的动力输出作为转向器的动力输入，从而降低驾驶员的劳动强度。

1. 循环球式动力转向器

循环球转阀整体式动力转向器在商用车上应用广泛，陕汽重卡采用的 ZF8098 型转向器即为该类型的转向器，其实物剖解图如图 7-2-10 所示，零件分解图如图 7-2-11 所示，装配图如图 7-2-12 所示。

循环球式动力转向器主要由 3 部分构成，即机械转向器、转向控制阀和转向动力缸。

1）机械转向器：为循环球式，有两级传动副，第一级是螺杆螺母（活塞—齿条）传动副，第二级是齿条—齿扇传动副，如图 7-2-12 所示，转向器壳体侧盖上的调整螺栓 22 及锁紧螺母 23，用来调整齿条和齿扇的啮合间隙。

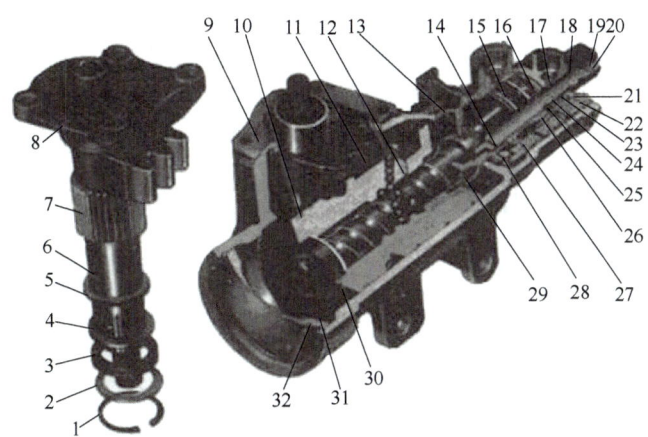

图 7-2-10 液压常流转阀式动力转向器实物剖解图

1—弹簧卡环 2、4—支撑挡圈 3—双唇油封 5—单唇油封 6—摇臂轴 7、13—轴承 8—侧盖 9—转向器壳体 10、16、22—油封 11—齿条活塞 12—钢球 14—转阀总成 15—进油口 17—出油口 18—输入轴 19—扭力杆 20—定位销 21、30—弹簧卡环 23—调整盖 24—滚针轴承 25—止推轴承 26—阀芯 27—阀体 28—定位销 29—转向螺杆 31—活塞端堵 32—壳体端盖

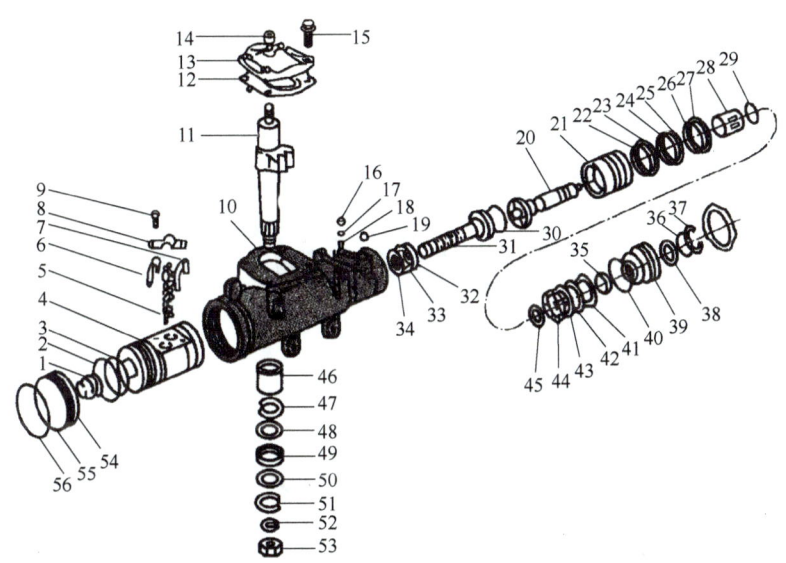

图 7-2-11 循环球式动力转向器的组成

1—活塞端堵头 2—聚四氟乙烯密封环 3—O形密封环 4—齿条活塞 5—钢球 6—钢球导管（半边） 7—钢球导管（另半边） 8—导管固定夹 9—导管固定夹螺栓 10—转向器壳体 11—摇臂轴 12—侧盖衬垫 13—侧盖 14—锁紧螺母 15—螺栓 16—软管接头座 17—单向阀 18—弹簧 19—软管接头座 20—输入轴总成 21—阀体 22—密封圈 23—聚四氟乙烯密封圈 24—密封圈 25—聚四氟乙烯密封圈 26—密封圈 27—聚四氟乙烯密封圈 28—阀心 29、30、40、54—O形密封圈 31—转向螺杆 32—锥形止推轴承座圈 33—止推轴承 34—轴承座圈 35—滚针轴承 36—防尘密封圈 37—卡环 38—油封 39—调整螺钉 41—大止推挡圈 42—止推轴承 43—小止推轴承 44—隔圈 45—卡圈 46—滚针轴承 47、49—单唇油封 48、50—支撑挡圈 51—卡环 52—垫圈 53—螺母 55—壳体前端盖 56—卡环

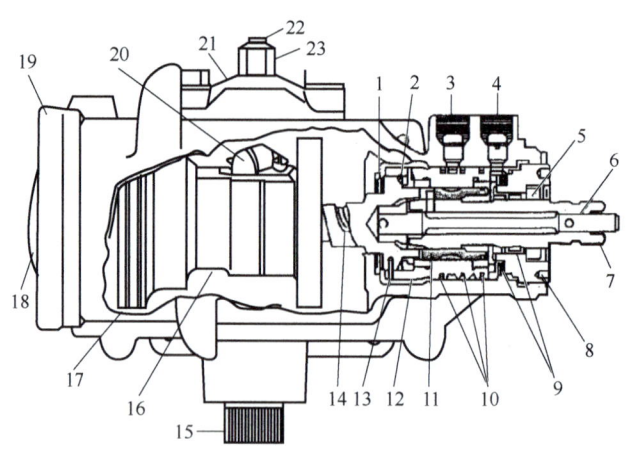

图 7-2-12 循环球式动力转向器装配图

1—止推轴承 2、10—密封圈 3—进油口 4—出油口 5—油封 6—扭杆 7—枢轴 8、22—调整螺栓 9—轴承 11—滑阀 12—阀体 13—定位销 14—转向螺杆 15—摇臂轴 16—转向齿条活塞 17—齿条活塞密封圈 18—端盖 19—壳体 20—钢球导管 21—侧盖 23—锁紧螺母

2）转向控制阀：用于控制压力油的流动方向，主要由阀体（阀套）、阀芯、输入轴组件及密封件等组成，如图 7-2-13 所示。扭杆的一端同阀体连接在转向轴上，另一端通过定位销与阀芯相连。阀体和阀芯上开有相对应的油道，动力缸左腔和右腔分别与阀体上相对两油道相连，阀上还开有回油道。

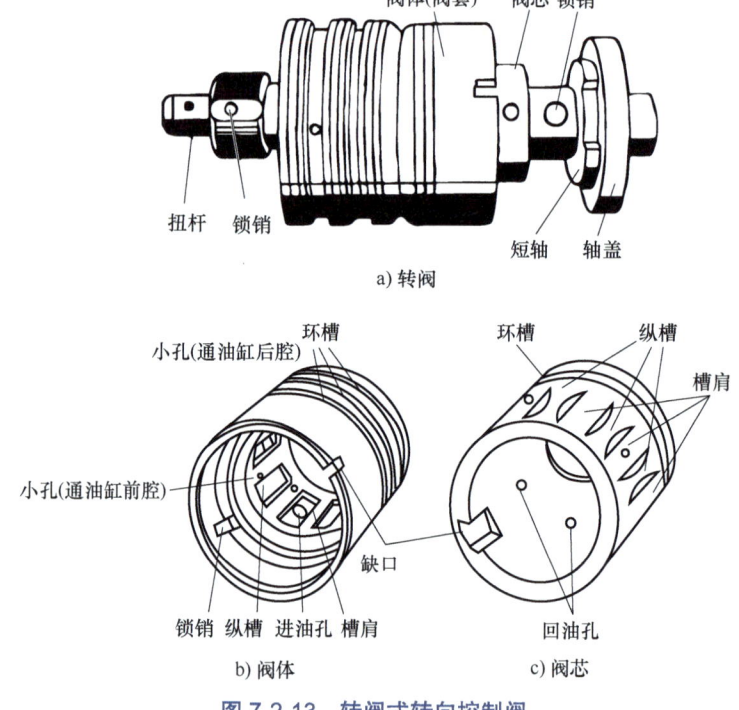

图 7-2-13 转阀式转向控制阀

3）转向动力缸：为双向作用型，其作用是利用油压来扩大传送到转向传动机构上的转向力。动力缸缸体即转向器壳体，动力缸活塞即齿条活塞。

2. 齿轮齿条式动力转向器

齿轮齿条式动力转向器有两种形式，即动力中间输出和动力两端输出，如图 7-2-14 所示。两端输出齿条转阀式动力转向器的结构如图 7-2-15 所示。

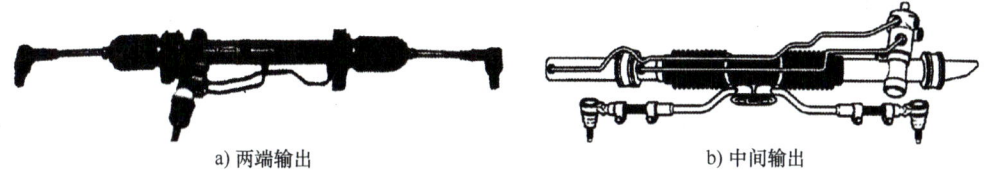

a) 两端输出　　　　　　　　　　　b) 中间输出

图 7-2-14　两种齿轮齿条式动力转向器

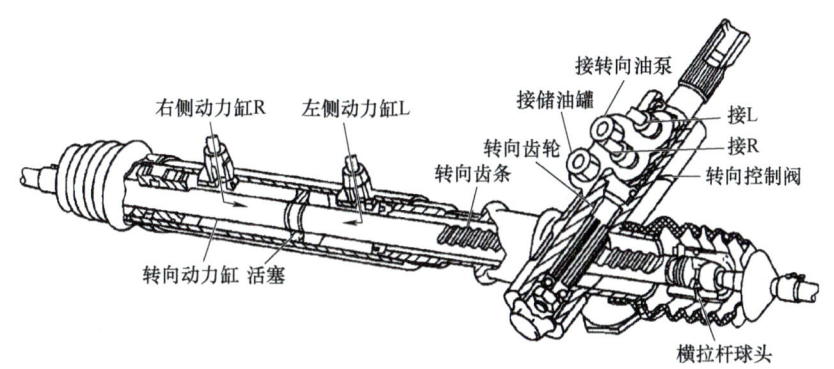

图 7-2-15　两端输出齿条转阀式动力转向器

齿轮齿条式动力转向器在商用车上应用较少，本书只做简要描述，它由齿轮齿条式机械转向器、转向控制阀、转向动力缸、储油罐及拉杆等组成。工作原理同图 7-2-8 控制过程。

【技术前沿】

线控转向技术

线控转向系统以电信号传递与控制替代汽车转向盘与转向轮之间的机械连接，是一种全动力转向系统。如蔚来 ET9 首搭的 "skyride·天行" 全线控智能底盘中的线控转向系统，具有控制更精准、延迟更低、效率更高的特点，可实现真正意义上的可变转向比，能过滤路面振动并定制转向盘路感。同时，该技术采用了 "双重供电、双重通信、双重硬件、双重软件" 全冗余设计，可靠性相比电动助力转向系统（EPS）提升了 2.2 倍。

智能转向系统

智能转向系统结合了传感器、电子控制单元和先进的软件算法，能够根据车速、路况、驾驶员的驾驶习惯等多种因素自动调整转向助力的大小和转向比。在高速行驶时自动增加转向阻力，使车辆行驶更稳定；在低速行驶或停车时，减小转向阻力，让转向更轻便灵活。一些高端车型还能通过该系统实现自动泊车、车道保持辅助等功能。

工作任务 3　转向助力油的更换与排气

【情境描述】

一辆陕汽德龙 X3000 商用车经过技师诊断，发现其转向助力油过少，需要添加至足量并排除油路内的空气。转向助力油储液罐如图 7-3-1 所示。

图 7-3-1　转向助力油储液罐

【学习目标】

1. 学生应以小组工作的方式完成本项工作任务。
2. 学生应能在小组成员的配合下，利用车辆维修手册（或实训指导书），制订工作计划，实施工作计划。
3. 会说明转向助力油的更换和排气过程。
4. 树立 S（安全）+5S 理念 + 质量意识。

【任务分组】

班级		组号		指导教师	
组长		组员			
任务分工					

【获取信息】

引导问题 1： 转向助力油过少有什么不良影响？
_____
_____

引导问题 2： 行驶过程中，转向沉重是什么原因引起的？
_____
_____

引导问题 3： 转向系统的维护工作有哪些？
_____
_____

【工作实施】

第一步：查找维修手册。
第二步：制定操作方案。

_____

_____

_____

第三步：实施操作。

转向助力油减少、进入空气或磨料污染，会直接影响到动力转向装置的工作性能，还会影响转向系统的使用寿命。因此，检查、补充、更换转向助力油和排气，是动力转向装置工作性能检查的前提，也是一项重要的常规性维护作业。下面介绍如何检查和更换转向助力油。

1. 转向助力油的检查

发动机怠速运转，反复将转向盘打到底，使转向助力油温度达到 40~80℃，如转向助力油液起泡或发白，应换油（油面应在规定范围之间，若油液不足，在检查各部位无泄漏后，应按规定牌号补足转向助力油）。

2. 转向助力油的更换

除液压油油质变坏须更换外，还应定期更换。更换方法是首先架空汽车前轮，松开动力转向装置下的放油螺塞或回油管，把油放到容器中。起动发动机怠速运转，一面排油，一面将转向盘反复打到底，直至液压油排净。添加转向助力油时，应向储油罐内加注规定牌号的液压油至规定液面，并用滤网过滤，以免杂质混入油中。在发动机怠速运转情况下，左右转动转向盘，但不要打死，直到油液中没有气体存在，油液呈现乳白色为止。

然后把转向盘打到直行位置，让发动机继续运转 2~3min，观察油液是否又发白，正常后即可停止发动机运转。汽车进行路试后，再检查油面高度是否符合要求。由于动力转向装置中油液流通的通道弯曲而细小，而且正常工作温度较冷态时温差较大，所以油面高度应在热状态下确定。

3. 转向助力油的排气

动力转向装置在使用和加油时不允许有空气存在，尤其在对其组件拆修后必须进行排气，以保证工作正常。架起转向轮，发动机怠速运转，将塑料软管的一端套在动力转向装置放气螺塞上，一端插入容器中，反复将转向盘打到底。等到动力转向装置内初步充满液压油后将车轮放下，旋松放气螺塞，使系统在较高压力下通过放气螺塞放气。

将转向盘再次反复打到底，再放气直至容器不再有气泡和乳化现象为止，且发动机停转后，液面变化不大，说明空气已排净。

上述排气过程中液面会下降，油面过低时会再次进入空气，因此应随时添加转向助力油，维持标准液面高度。

以上步骤完成后，再进行动力转向装置密封性检查。确保没有管路泄漏现象，到此转向助力油的更换完成。

第四步：学生分组及工作实施和总结。

1）每 5~8 名学生组成 1 个工作小组，确定 1 名小组长，接受工作任务，做好工作准备。

2）准备好实训用的底盘台架。
3）研读工单，查阅维修手册（或实训指导书）。
4）介绍转向助力油的更换和排气过程。
5）回答指导教师的现场提问，接受指导教师的技能考核。
6）完成工作任务后，对工作过程进行自我评价和小组互评，听取指导教师的点评。
7）清洁工作场所，清点保养工具设备，完成任务交接。

【评价反馈】

检查评估	维修资料、工具、设备的正确使用	A	B	C	D
	操作规范和任务完成情况	A	B	C	D
	任务工单填写	A	B	C	D
	纪律和回答现场提问	A	B	C	D
	团队合作	A	B	C	D
	安全和环保	A	B	C	D
成绩					
评语				教师签字：_____ 日期：_____	

【相关知识】

知识点 1：机械转向系统的维护

为保障转向系统工作的可靠性和安全性，应对转向系统进行定期维护。

在对机械转向系统进行维护时，均应对转向装置做常规性检查，主要检查零件的紧固情况，主要包括转向盘、转向轴管及转向器外壳和转向梯形机构的连接部分螺栓、开口销的连接情况等。

此外，还应检查转向盘的自由转动量，若超过标准，则必须消除所有足以影响的因素，如调整转向操纵拉杆球头销中的间隙及转向器中传动副的啮合间隙等。

转向横、直拉杆两端的球头销，应经常进行清洁和润滑，并定期拆卸清洗。装复时应加足润滑油脂，装好密封垫和防尘罩。

为了检查直拉杆球头销的松紧度，可将转向盘向左右回转，凭观察及感觉来确定拉杆球头销是否有间隙。如有，应调节球头销的松紧度。调整时，先拆下直拉杆一端螺塞上的开口销，将螺塞拧到底，然后反转退到与开口销孔第一次重合的位置，插上开口销。再以同样方法调整拉杆另一球头销的松紧度。重新检查转向盘的自由转动量，如大于规定的极限值，则应检查和调整转向器。

知识点 2：机械转向系统常见故障的诊断与排除

机械转向系统在使用过程中由于维护调整不当、磨损、碰撞变形等原因，会使转向器过紧、转向传动机构和转向操纵机构松旷、变形、发卡等，从而造成转向沉重、车轮回正不良、单边转向不足、低速摆头、高速摆头等故障。

1. 转向沉重

（1）故障现象　车辆在行驶中，转动转向盘感到沉重费力，转弯后又不能及时回正方向。

（2）故障原因　前束调整不当；转向器轴承装配过紧；传动副啮合间隙过小；横、直拉杆球头销装配过紧或接头缺油；转向节主销与衬套配合过紧；转向轴或柱管弯曲，互相摩擦或卡住；转向装置润滑不良。

（3）诊断与排除

1）顶起前桥，转动转向盘，若感到转向盘变轻，则说明故障部位在前桥、车轮或其他部位。此时应首先检查轮胎气压，如气压偏低，则应充气使之达到正常值，接下来应用前轮定位仪检查前轮定位，尤其应注意后倾角和前束值，如果是因为前束过大造成的转向沉重，同时还能发现轮胎有严重的磨损。

2）若转向仍感沉重，说明故障在转向器或转向传动机构，可进一步拆下转向摇臂与直拉杆的连接，此时若转向变轻，说明故障在转向传动机构，应检查各球头销是否装配过紧或止推轴承是否缺油损坏，各拉杆是否弯曲变形等。通常检查时，可用手扳动两个车轮左右转动察看各传动部分，并转动车轮检查车轮轴承松紧度。

3）拆下转向横拉杆球头螺母后，若转向仍沉重，则转向器本身有故障，可检查转向器是否缺油，转动转向盘时倾听有无转向轴与柱管的碰擦声，检查调整转向器主动轴上下轴承预紧度和啮合间隙，转向摇臂轴转动是否发卡等，如不能解决就将转向器解体检查内部有无部件损坏。

4）经过上述检查，如仍不见减轻，可检查车桥、车架或下控制臂（独立悬架式）与转向节臂，看其有无变形，如发现变形，应予修整或更换。同时检查前弹簧（板簧或螺旋弹簧），看其是否折断，若有应更换。

2. 车轮回正不良

（1）故障现象　车辆在行驶中，转向后车轮发生不能完全回正的现象。

（2）故障原因　转向车轮轮胎气压不足；前轮定位失准；转向器齿轮调整不良或损坏。

（3）诊断与排除

1）首先检查车轮气压，如气压不准，按标准充气。

2）若气压正常，用前轮定位仪检查前轮定位参数，如不正确，应调整前轮定位参数。

3）若仍不能排除故障，应拆检转向器，调整转向器或更换损坏的齿轮。

3. 单边转向不足

（1）故障现象　车辆转弯时，有时会出现转向盘左右转动量或车轮转角不等。

（2）故障原因　转向摇臂安装位置不对；转向角限位螺钉调整不当；前钢板弹簧、骑马螺栓松动，或中心螺栓松动；直拉杆弯曲变形；钢板弹簧安装时位置不正，或是中心不对称的前钢板弹簧装反。

（3）诊断与排除　诊断这类故障，主要根据使用维修情况判断。若车辆转向原来良好，由于行驶中的碰撞而造成转向角不足或一边大一边小，应检查直拉杆、前轴、前钢板弹簧有无变形和中心螺栓是否折断等现象；若维修后出现转角不足，可架起前桥，先检查转向摇臂安装是否正确。将转向盘从左边极限位置转到右边极限位置，记住总圈数，再回转总圈数的一半，察看转向轮是否处于直线行驶位置，如不是则应重新安装转向摇臂。

4. 低速摆头

（1）故障现象　车辆在低速行驶时，感到方向不稳，产生前轮摆振。

（2）故障原因　转向器传动副啮合间隙过大；转向传动机构横、直拉杆各球头销磨损松旷、弹簧折断或调整过松；转向节主销与衬套的配合间隙过大或前轴主销孔与主销配合间隙过大；前轮轮毂轴承装配过松或紧固螺母松动；后轮胎气压过低；车辆装载货物超长，使前轮承载过小；前悬架弹簧错位、折断或固定不良。

（3）诊断与排除

1）检查车辆是否装载货物超长，而引起前轮承载过小。

2）检查后轮胎气压是否过低，若轮胎气压过低，应充气使之达到规定值。

3）检查前悬架弹簧是否错位、折断或固定不良，若错位应拆卸修复；若折断应更换；若固定不良，应按规定力矩拧紧。

4）由一人握紧转向摇臂，另一人转动转向盘，若自由行程过大，说明转向器啮合传动副间隙过大，应调整。

5）放开转向摇臂，仍有一人转动转向盘，另一人在车下观察转向拉杆球头销，若有松旷现象，说明球头销或球碗磨损过甚、弹簧折断或调整过松，应先更换损坏的零件，再进行调整。

6）通过以上检查均正常，可支起前桥，并用手沿转向节轴轴向推拉前轮，凭感觉判断是否松旷。若有松旷感觉，可由另一人观察前轴与转向节连接部位。若此处松旷，说明转向节主销与衬套的配合间隙过大或前轴主销孔与主销配合间隙过大，应更换主销及衬套；若此处不松旷，说明前轮毂轴承松旷，应重新调整轴承的预紧度。

5. 高速摆头

（1）故障现象　车辆行驶中出现转向盘发抖，车头在横向平面内左右摆动、行驶不稳等。有下面两种情况：在高速范围内某一转速时出现和转速越高上述现象越严重。

（2）故障原因　转向轮动不平衡；前轮定位不正确；车轮偏摆量大；转向传动机构运动干涉；车架、车桥变形；悬架装置出现故障：左右悬架刚度不等、弹簧折断、减振器失效、导向装置失效等。

（3）诊断与排除

1）检查减振器是否失效，若漏油或失效，应更换。

2）检查左右悬架弹簧是否折断、刚度是否一致，若有折断或弹力减弱，应更换。

3）检查悬架弹簧是否固定可靠，转向传动机构有无运动干涉等，若有应排除。

4）支起驱动桥，用三角架塞住非驱动轮，起动发动机并逐步使车辆换入高速档，使驱动轮达到车身摆振的车速。若此时车身和转向盘出现抖动，说明传动轴严重弯曲或松旷、转向轮动不平衡或偏摆量大（前驱动）；若此时车身和转向盘不抖动，说明故障在车架、车桥变形或前轮定位不正确。

5）支起前桥，在前轮轮辋边上放一划针，慢慢地转动车轮，察看轮辋是否偏摆过大，若轮辋偏摆量过大，应更换。

6）拆下前轮，在车轮动平衡仪上检查前轮的动平衡情况，若不平衡量过大，应加装平衡块予以平衡。

7）经上述检查均正常，应检查车架、车桥是否变形，并用前轮定位仪检查调整前轮定位。

知识点 3：液压动力转向系统常见故障的诊断与排除

动力转向系统常见故障主要表现为方向沉重、方向跑偏、转向异响与漏油等情况。在分析故障时应注意从机械故障和转向助力故障两方面查找原因。

1. 两侧方向都沉重

（1）机械故障　引起方向沉重机械方面的原因主要在于转向节。

转向节长时间不保养会造成转向立柱和衬套严重缺油、磨损甚至烧蚀，进而引起方向沉重。在每次保养时，必须向转向立柱空腔内注满润滑脂。可以用肉眼观察转向立柱、转向节外观及用手扳动前轮来感受左前轮左右摆动的阻力。

（2）液压助力故障

1）助力泵故障：检查助力泵泵压是否达到标准值，若达不到则会造成转向沉重。首先检查流量控制阀与阀座的啮合面、安全阀钢球是否密封良好。若是流量阀或安全阀泄漏，可通过研磨的方法予以修复。其次，检查安全阀的弹簧是否失效，可通过在弹簧后面加垫片的方法进行检查，如果增加一个垫片后，最大泵压有明显增加，说明弹簧失效，应予以更换。如果以上检查都没有问题，则应拆卸解体助力泵，观察叶片泵的腔壁是否拉伤或者磨损，若则进行修复或更换。

2）转向机故障：通过检查，如果发现转向机助力油压较低，说明方向沉重的原因在转向机。一般来讲，转向机故障大部分是由活塞、缸筒拉伤或是活塞上密封圈损坏进而引起油液泄漏造成的。此外，活塞圆周面上的各种密封圈、转向螺杆上的密封圈破损，也会造成高压卸荷，进而使助力压力降低。

3）缺油、系统有空气：如果助力系统缺油，造成系统内有空气，此时转向不仅沉重，而且在转向时还有噪声，此时按照前面讲述的加油与放气程序进行排障即可。

4）储油罐内回油滤清器堵塞：储油罐内回油滤清器长期不更换、保养，造成堵塞，使助力油循环不畅，引起回油背压，同样会使方向沉重，应定期对滤清器进行清洗、保养、更换。

5）限位阀密封圈失效：限位阀密封圈失效，会造成活塞两腔相通，进而引发助力失效。

2. 单边转向沉重

商用车在行驶过程中，如果发生向一个方向转向轻快，而向另一个方向转向沉重的现象，这一般是由于负责密封一侧高压腔的密封件泄漏所致。还有一种原因是转向沉重一侧的限位阀密封不严。密封不严的原因有两个：一是限位阀调整不当，需按照前面讲的限位阀调整方法重新调整；二是限位阀上两个 O 形圈失效，需进行更换。

3. 转向有异响或噪声

转向有异响一般是机械故障，例如主销与衬套损伤、立柱止推轴承损坏等。检查时可以左右打转向，观察异响位置进行拆检。

转向有噪声，严重时转向高压油软管抖动，这显然是缺油进空气所致，按照前面所述的放空气方法操作即可。

4. 快速打方向沉重

慢打方向轻,急转弯时快打方向沉,这说明在快速转向时,助力泵的有效排量不够,助力油对高压油腔的补充跟不上活塞的运动,这类故障原因主要在助力泵。按照助力泵的检修方法排障即可。

5. 方向回位较困难

一般车辆都有转向自动回位的功能,油液助力转向的车辆,由于液压阻尼的作用,自动回正的功能有所减弱,但还应保持一定的自动回正能力。

如果回正时也像转向时那样施力,说明自动回正功能有故障,这种故障一般发生在转向机械部分,例如转向节主销与衬套缺油、转向横拉杆、直拉杆锈蚀、转向轴扇齿与活塞直齿啮合太紧等。

6. 方向跑偏或者摆动

(1) 方向跑偏　方向跑偏的故障首先应检查外界因素和机械部分。

1) 外界因素：当商用车行驶在拱形路面一侧或倾斜路面时,车辆的跑偏是由外界因素造成的,该现象也是正常的。

2) 机械故障　前轮轮胎气压不同、轮胎新旧程度不同、前钢板错位、前轮定位偏差较大等都会造成方向跑偏。

3) 液压助力故障　如果排除机械故障,方向仍然跑偏严重,则可能是液压助力故障,例如转向机内控制转向螺母的偏摆杆初始位置调整不当,使商用车直线行驶时,转向螺母在偏置位置,偏置的滑阀总使活塞某一侧产生高压助力,造成商用车自动跑偏。

(2) 方向摆动　商用车在行驶时无规律地两边摆动,方向不好掌握,说明转向系统机械传动各机构松旷,应予以检修紧固,例如前轮轮毂轴承松旷、横直拉杆球头松旷、前轮钢圈变形等。

7. 转向机漏油

转向机漏油主要集中在转向机上盖、侧端盖和转向轴拐臂连接处。这三个位置都有密封圈,更换新的密封圈和油封就可解决。

如果其他位置漏油就很可能是转向机壳体砂眼或者裂痕,细小的砂眼和裂痕可以用高渗透性密封胶来堵漏。

8. 助力泵漏油

如果助力泵后端盖漏油,更换后端盖密封圈即可。

如果发现转向油罐的油不断减少,而发动机油底壳内的机油不断增多或者表面上看起来丝毫不烧机油,放出部分油底壳机油观察也没有什么异常和异味,这种情况是由于助力泵驱动轴端的油封漏油所致。助力泵低压油腔的液压油由油封漏至发动机正时齿轮室,流入油底壳。

9. 部分制动时方向摆动

商用车在全负荷急制动时工作正常,在轻踩制动踏板时前轮发生摆动,这一现象在许多车上都曾发生。

引起这一故障的原因是多方面的,但绝大多数是因为前制动鼓失圆所致,当制动鼓失圆时,轻踩制动踏板会使左右轮间歇制动而制动不同步,进而造成车轮摆动。对制动鼓修复或者更换即可。

项目7 转向系统的构造与检修

【团队协作】

汇聚力量　合作高效

某大型汽修厂承接了一批物流货车转向系统的集中检修任务。由于车辆数量多、故障类型复杂,单靠个人力量难以高效完成。于是,汽修厂组建了一支跨部门的诊断与维修团队,成员包括经验丰富的老师傅、精通电子技术的年轻工程师以及熟练的维修工人。

在工作过程中,大家各司其职又密切配合。老师傅凭借多年积累的经验,能够快速判断出一些常见机械故障的大致方向;年轻工程师则利用专业的电子检测设备和知识,对转向系统中的电子元件和控制系统进行精准检测;维修工人则在一旁协助拆卸、安装部件,确保各项维修操作能够迅速落实。

在诊断一辆重型货车转向沉重的故障时,老师傅初步判断是转向助力泵的问题,工程师通过检测进一步确定是助力泵的电子控制模块出现故障,维修工人则迅速更换新的模块,使车辆恢复正常。团队成员之间相互信任、相互支持,遇到难题共同商讨,充分发挥各自的优势,高效地完成了检修任务。

在面对复杂艰巨的任务时,个体的力量是有限的,只有大家心往一处想、劲往一处使,发挥团队成员的专业特长,才能汇聚成强大的攻坚合力,战胜困难,实现目标。

项目 8
制动系统的构造与检修

工作任务 1　制动器拆装

【情境描述】

一辆陕汽德龙 L5000 载货车制动距离过长，经过技师检查诊断，制动摩擦片磨损严重，需要拆卸更换新片。鼓式制动器如图 8-1-1 所示。

图 8-1-1　鼓式制动器

【学习目标】

1. 学生应以小组工作的方式完成本项工作任务。
2. 学生应能在小组成员的配合下，利用车辆维修手册（或实训指导书），制订工作计划，实施工作计划。
3. 会说明鼓式制动器和盘式制动器的摩擦片的更换过程。
4. 树立 S（安全）+5S 理念 + 质量意识。

【任务分组】

班级		组号		指导教师	
组长		组员			
任务分工					

【获取信息】

引导问题 1：制动系统由哪几部分组成？各有什么功用？
_____
_____

引导问题 2：制动系统的工作原理是什么？
_____
_____

引导问题 3：什么时候需要更换制动器摩擦片？
_____
_____

制动系统的分类、组成及工作原理

【工作实施】

第一步：查找维修手册。
第二步：制定操作方案。
_____
_____

第三步：实施操作。

1. 更换鼓式制动器摩擦片

操作人员全程需佩戴手套，穿着安全鞋。根据空间位置及观察到的各零部件的连接关系，确定鼓式制动器的拆卸顺序。

1）沿对角线，分别在车轮的前后各放置一个车轮止动块，防止车辆意外移动。

2）将 10~20t 千斤顶置于车桥下部（承受车重部位必须是车轴，平整且不会滑动），顶起车轮，放置安全凳在车桥或大梁部位。然后缓慢放下千斤顶，由安全凳承受重量，千斤顶仍接触车桥，仅起保护作用。

3）拆卸车轮前，对任意一个车轮螺栓与轮辋接触位置做标记，确保安装时恢复原位。

4）如果拆卸后轮制动器，先确认制动气压足够，然后松开驾驶室驻车制动手柄。

5）如果不拆卸轮毂轴承，仅拆装制动片，需对制动鼓与轮毂相对位置做标记，确保恢复原位。

6）使用工具将制动间隙调节螺栓逆时针拧到底，然后抬出制动鼓。

7）如果制动鼓内部粉尘过多，需对其清洁吸尘。

8）鼓式制动片、制动鼓磨损量检查方法，参照原厂维修手册。

9）如果拆卸轮毂轴承，必须检查轴承滚珠表面有无划痕变色情况，并加注润滑脂。安装后检查轴承间隙，并转动听有无异响。

10）如果有 ABS 轮速传感器，需在车轮轴承装配完成后，将传感器向轴承方向撬动，以消除间隙。

2. 更换盘式制动器摩擦片

操作人员全程需佩戴手套，穿着安全鞋。根据空间位置及观察到的各零部件的连接关系，确定盘式制动器的拆卸顺序。

1）沿对角线，分别在车轮的前后各放置一个车轮止动块，防止车辆意外移动。

2）将 10~20t 千斤顶置于车桥下部（承受车重部位必须是车轴，平整且不会滑动），顶起车轮，放置安全凳在车桥或大梁部位。然后缓慢放下千斤顶，由安全凳承受重量，千斤顶仍接触车桥，仅起保护作用。

3）拆卸车轮前，对任意一个车轮螺栓与轮辋接触位置做标记，确保安装时恢复原位。

4）如果拆卸后轮制动器，先确认制动气压足够，然后松开驾驶室驻车制动手柄。

5）使用工具将制动间隙调节螺栓逆时针拧到底，取出一块制动片。然后推动制动卡钳，取出另一块制动片。如果推动时不灵活，需对活动销润滑或更换。

6）检查制动器活塞防尘罩，若破损必须更换。使用撬棍撬动卡钳，如有明显"咔嗒"异响，需更换铜套和固定销。

7）制动片、制动盘厚度检查及裂纹检查。参照原厂维修手册。

8）转动轮毂，如有异响，且为可维护轴承时，分解检查轴承，加注润滑脂，或更换新轴承；如为免维护轴承，直接更换新件。

9）制动片安装完成，必须按维修手册调整制动片间隙。

第四步：学生分组及工作实施和总结。

1）每 5~8 名学生组成 1 个工作小组，确定 1 名小组长，接受工作任务，做好工作准备。

2）准备好实训用的底盘台架。

3）研读工单，查阅维修手册（或实训指导书）。

4）介绍鼓式制动器和盘式制动器的更换工艺过程。

5）回答指导教师的现场提问，接受指导教师的技能考核。

6）完成工作任务后，对工作过程进行自我评价和小组互评，听取指导教师的点评。

7）清洁工作场所，清点保养工具设备，完成任务交接。

【评价反馈】

检查评估	维修资料、工具、设备的正确使用	A	B	C	D
	操作规范和任务完成情况	A	B	C	D
	任务工单填写	A	B	C	D
	纪律和回答现场提问	A	B	C	D
	团队合作	A	B	C	D
	安全和环保	A	B	C	D
成绩					
评语				教师签字：_____ 日期：_____	

【相关知识】

知识点 1：安全注意事项

1）制动部件拆卸时可能高温，并有大量粉尘，小心皮肤烫伤，并佩戴口罩。

2）拆卸商用车轮胎、制动鼓，需要两人配合搬运，应特别注意协同合作，防止伤害到团队成员。

3）拆装鼓式制动器的回位弹簧，必须使用专用工具，防止人身伤害。

4）使用气动扳手拆装轮胎螺栓，一定要先将套筒完全套住螺栓再启动，防止损坏套筒和螺栓。

知识点2：商用车制动系统概述

1. 制动系统的分类

（1）按制动系统的功用分类

1）行车制动装置是指使行驶中的商用车减速甚至停车的一套专门装置。一般通过液压或气压将踏板力传到制动器，利用制动器内旋转件与固定件之间的机械摩擦作用，使旋转的车轮减速或停止转动。制动器安装在车轮上，由驾驶员用脚操纵，俗称脚制动。

2）驻车制动装置是指使已停驶的商用车驻留原地不动的一套装置。它在坡道起步、行车制动效能失效后可以临时使用或配合行车制动器进行紧急制动，俗称手制动。

3）第二制动装置是指在行车制动系统失效的情况下保证商用车仍能实现减速或停车的一套装置，也叫紧急制动装置。在许多国家的商用车安全法规中规定，第二制动系统也是商用车必须具备的。

4）辅助制动装置在商用车下长坡时用以稳定商用车行驶车速、减轻行车制动器的磨损。

（2）按照制动能量的传输方式 制动系统又可分为机械式、液压式、气压式和电磁式等。同时采用两种传能方式的制动系统称为组合式制动系统，如少数商用车上使用的气顶液制动系统。

2. 制动系统的组成

任何制动系统都由以下四部分组成。

1）供能装置。包括供给、调节制动所需能量以及改善传能介质状态的各种部件。其中产生制动能量的部分称为制动能源，人的肌体也可作为制动能源。

2）控制装置。包括产生制动动作和控制制动效果的各种部件，如制动踏板、制动阀等。

3）传动装置。包括将制动能量传输到制动器的各个部件，如制动主缸和制动轮缸等。

4）制动器。产生制动摩擦力矩的部件。

较为完善的制动系统还具有制动力调节装置（ABS）、报警装置、压力保护装置等附加装置。

【生命至上】

责任重于泰山

在平坦整洁的高速公路上，一辆满载救济物资的厢式货车正在急速行驶。突然，制动系统毫无预兆地失灵，驾驶员虽全力采取紧急措施，却无力回天，货车撞上路边护栏，造成车辆侧翻，驾驶员和同伴受了重伤，后被紧急送往医院，由于送医及时，才保住了性命。这起悲剧，时时刻刻提醒我们制动系统对于生命安全的重要意义。

该商用车制造企业听闻此事件后，深受触动，立刻展开内部整顿。制动系统工程师老张，主动请缨负责制动系统升级项目。他带领团队日夜奋战，深入研究每一个制动部件的性能，不放过任何一个可能影响安全的细节。经过数月艰苦努力，新的制动系统不仅提高了制动灵敏度，还增加了多重故障预警与应急制动功能。

我们无论是从事科研、生产还是其他工作，都要将保障生命安全视为首要责任，以高度的责任感对待每一项工作任务，因为每个细微的疏忽都可能酿成大祸。

【精益求精】

铸就品质传奇

德国的博世公司，在制动系统领域堪称行业典范。他们对制动系统的制造工艺有着近乎苛刻的要求。以博世的防抱死制动系统（ABS）为例，从最初的理论研究到产品问世，研发团队花费了数年时间。

为确保 ABS 在各种极端路况和气候条件下都能稳定可靠地工作，工程师们在全球不同地区进行了大量的实地测试，从北欧的冰天雪地到非洲的酷热沙漠，累计测试里程超过数百万公里。在生产过程中，每一个零部件都要经过数十道精细工序，严格的质量检测环节更是多达十几道。哪怕是一个极其微小的电子元件，只要参数稍有偏差，就会被坚决淘汰。

正是这种对品质的执着追求，博世的制动系统成为全球汽车行业信赖的品牌。无论从事何种工作，都应追求卓越、精益求精，以一丝不苟的态度对待每一个环节，才能打造出高质量的"产品"，赢得他人的尊重与信赖。

知识点 3：鼓式制动器结构和工作原理

与其他形式的制动器相比，对制动踏板施加一定的力，鼓式制动器产生的制动力更大，常用于中型以上的客、货车和一些轿车的后制动器。鼓式制动器的旋转元件是制动鼓，固定元件是制动蹄，制动时制动蹄在促动装置作用下向外旋转，外表面的摩擦片压靠到制动鼓的内圆柱面上，产生制动摩擦力矩。

1. 鼓式制动器的工作原理

鼓式制动器的组成如图 8-1-2 所示，主要由制动鼓、制动蹄、制动轮缸等组成。当驾驶员踏下制动踏板 1，使主缸活塞 3 压缩制动液时，轮缸活塞 7 在液压的作用下将摩擦片 9 压向制动鼓 8，使制动鼓 8 减小转动速度，或保持不动。

2. 鼓式制动器的结构

制动器的固定部分包括制动底板、制动蹄等元件；旋转部分为制动鼓；张开机构有轮缸、凸轮和楔三种形式。定位调整机构有支承销、回位弹簧等。制动时，轮缸活塞在制动液的作用下向外推动制动蹄，制动蹄克服复位弹簧的弹力使制动蹄向外张开，压向制动鼓，产生制动力矩使商用车制动。解除制动时，制动液压力消失，在复位弹簧的作用下制动蹄复位。

1)制动底板。制动底板是鼓式制动器的基础,所有摩擦总成部件都安装在制动底板上,如图 8-1-3 所示。底板安装在后桥轴端支撑座上,具有防尘和防水保护制动器不受污染的功能。制动轮缸固定在底板上方,支架、止挡板紧固在底板下方。下复位弹簧使制动蹄的下端钳入底板的切槽中。

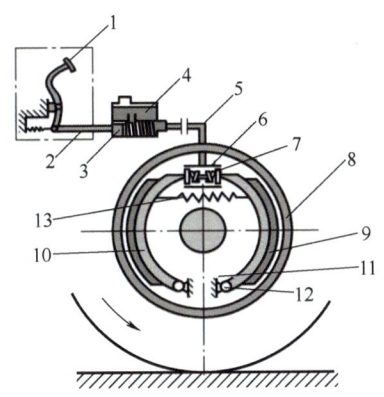

图 8-1-2 鼓式制动器的结构与工作示意图

1—制动踏板 2—推杆 3—主缸活塞 4—制动主缸 5—油管 6—制动轮缸 7—轮缸活塞
8—制动鼓 9—摩擦片 10—制动蹄 11—制动底板 12—支承销 13—制动蹄回位弹簧

鼓式制动器结构及工作原理

2)定位调整机构。复位弹簧使两制动蹄的上端压靠到推杆上,楔形调节板在其拉簧作用下,向下拉紧在制动蹄与推杆之间。定位销、定位弹簧及弹簧座用以限制制动蹄的轴向移动,并保持蹄面与底板的垂直。

3)制动鼓。制动鼓安装在车轮轮毂上,与车轮一起旋转,内表面与制动蹄摩擦片匹配,常由铸铁或带铸铁摩擦片的铸铝制成。

4)制动蹄。制动蹄由钢材焊制,它的外面部分弯曲与制动鼓外形相匹配,制动摩擦片铆在制动蹄外部表面上,制动蹄端部与轮缸接触,如图 8-1-4 所示。制动蹄内面腹板上有制动蹄复位弹簧、自动调节装置、驻车制动连杆装置等。

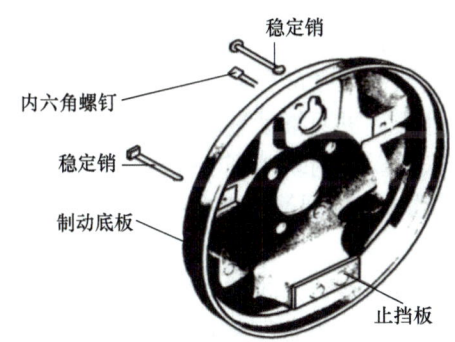

图 8-1-3 制动底板

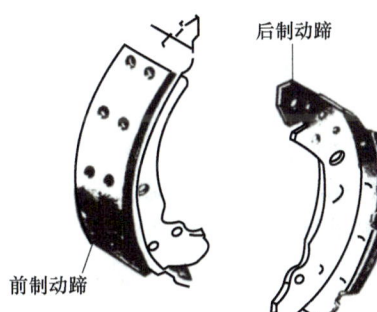

图 8-1-4 制动蹄

5)张开机构。凡对制动蹄端加力使蹄转动的装置统称为制动蹄张开装置,制动蹄张开装置有轮缸、凸轮和楔三种形式。

以液压制动轮缸作为制动蹄张开装置的制动器称为轮缸式制动器,如图 8-1-5 所示,轿车多用此种机构;用楔作为张开装置的制动器称为楔式制动器,如图 8-1-6a 所示,适用于冰雪路面制动,可缩短制动距离 15%;以凸轮作为张开装置的制动器称为凸轮式制动器，如图 8-1-6b 所示，通常利用气压使凸轮转动，用于大型商用车的气压制动系统。

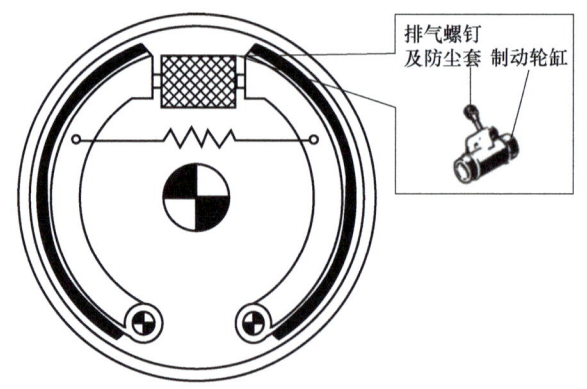

图 8-1-5　轮缸式张开机构示意图

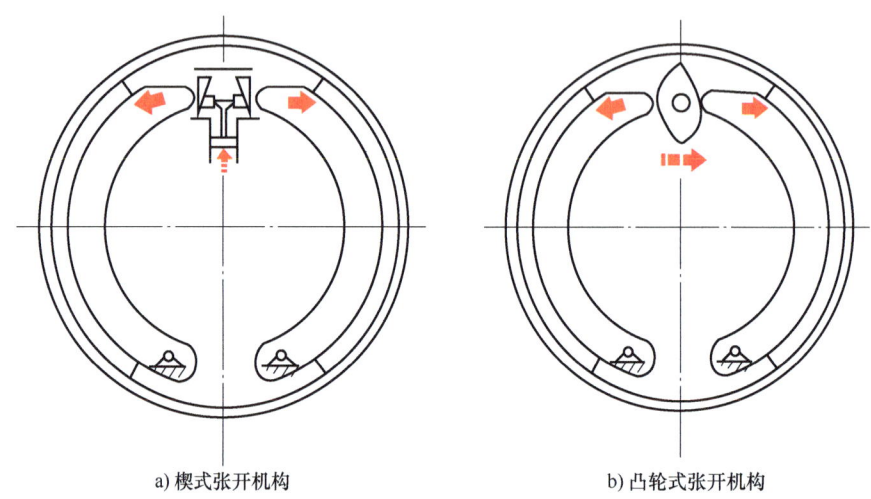

a) 楔式张开机构　　　　　　　　　b) 凸轮式张开机构

图 8-1-6　张开机构

气压制动的车辆一般都采用凸轮张开式制动器。制动底板用螺栓与转向节的凸缘连接。制动鼓与轮毂用螺栓连接，而轮毂通过圆锥滚子轴承支承在转向节上。制动凸轮与凸轮轴制成一体，通过支座固定在制动底板上，其尾部花键部分装在制动间隙调整臂的花键孔中。进入制动气室的压缩空气推动其推杆外伸，进而推动制动调整臂转动，调整臂的转动带动了凸轮轴和凸轮转动，迫使制动蹄张开。两制动蹄下端孔内压入青铜衬套后支承于制动底板的两个偏心支承销上，两蹄的上端由复位弹簧拉靠在制动凸轮上。

3. 制动蹄的增势和减势作用

在鼓式制动器中，如果制动蹄片张开方向与制动鼓旋转方向相同称为增势，该制动蹄片称为领蹄；如果制动蹄片张开方向与制动鼓旋转方向相反称为减势，该制动蹄片称为从蹄。领蹄在摩擦力的作用下，蹄和鼓之间的正压力较大，制动作用较强。从蹄在摩擦力的作用下，蹄和鼓之间的正压力较小，制动作用较弱。

如图 8-1-7 所示，商用车前进时制动鼓的旋转方向如箭头所示，其中左侧制动蹄为领蹄，右侧制动蹄为从蹄，此结构称为领从蹄式制动器。其特点是两个制动蹄各有一个支点，两个制动蹄受到的轮缸促动力相等，称为等促动力制动器。领从蹄式制动器的两个制动蹄作用在制动鼓上的法向反力大小不等，这种制动器称为非平衡式制动器，目前商用车均采用领从蹄式鼓式制动器。

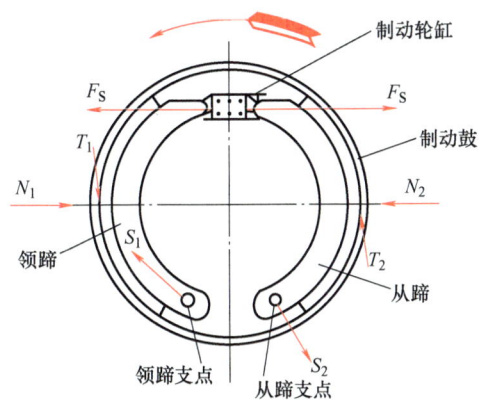

图 8-1-7　领从蹄式制动器示意图

> 【科技前沿】
>
> ### 线控液压制动系统（EHB）
>
> 工作原理：以电动机为动力源，通过电子控制单元（ECU）对制动过程进行精确控制，踏板传感器监测踏板位置，并通过电线将信号传递给ECU，从而实现精确的制动力控制。
>
> 优势：解决了传统真空助力器制动系统的真空依赖问题；可实现高性能的主动制动功能，如防抱死制动系统（ABS）、电子稳定程序（ESP）等；可以与能量回收系统相结合，提高制动能量的回收率；制动感觉可以根据驾驶条件和驾驶员的偏好进行调整；结构紧凑，减少了传统液压系统中的许多部件，简化了车辆设计和布局。

知识点 4：盘式制动器分类及结构

盘式制动器主要有钳盘式和全盘式两种，其中前者更常用。

1. 钳盘式制动器

钳盘式制动器如图 8-1-8 所示，主要由制动钳和制动盘组成。制动衬块及其促动装置都安装在制动盘两侧的夹钳形支架中，总称为制动钳。钳盘式制动器的制动钳为固定元件，制动盘为旋转元件。钳盘式制动器以制动钳固定在支架上的结构形式分为定钳盘式和浮钳盘式两种。

 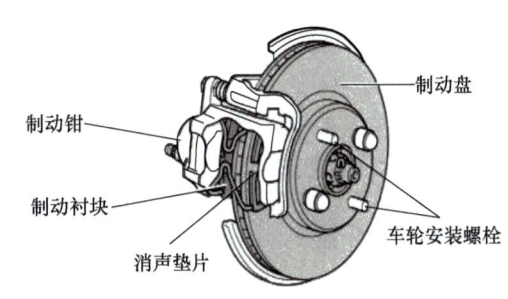

图 8-1-8　钳盘式制动器

2. 浮钳盘式制动器

制动钳体通过导向销与车桥相连，可以相对于制动盘轴向移动，内侧的制动块由活塞推动，外侧的制动块由浮动的制动钳体推动。现在车辆上基本都采用浮钳盘式制动器，其特点是制动效能稳定，尺寸和质量较小。其结构如图 8-1-9 所示。制动时，液压油通过进油口进入制动油缸，推动活塞及其上的制动块向左移动，并压到制动盘上，并使得油缸连同制动钳体整体沿导向销向右移动，直到制动盘左侧的制动块也压到制动盘上，实现制动。

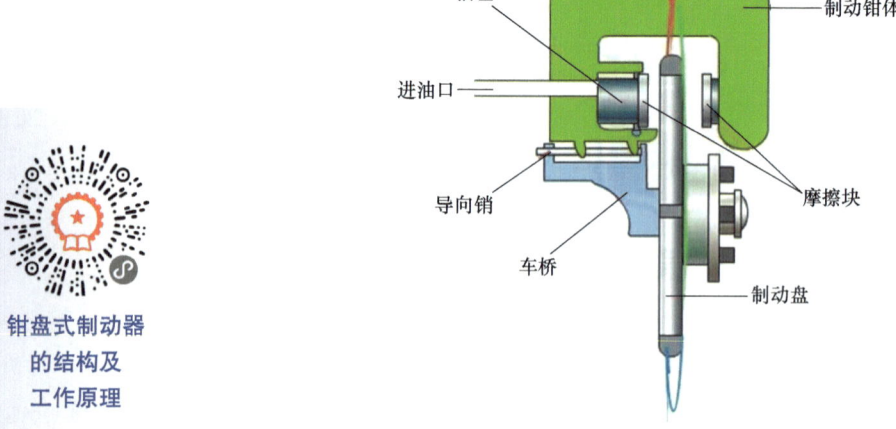

图 8-1-9　浮钳盘式制动器的结构

3. 全盘式制动器

在重型载货商用车上，要求有更大的制动力，为此采用了全盘式制动器。全盘式制动器摩擦副的固定元件和旋转元件都是圆盘形的，分别称为固定盘和旋转盘，全部工作面可同时与摩擦片接触，其结构原理与摩擦离合器相似。

4. 盘式制动器的特点

（1）盘式制动器的优点

1）盘式制动器无摩擦助势作用，制动力矩受摩擦系数的影响较小，即热稳定性好。

2）盘式制动器浸水后效能降低较少，而且只需经一两次制动即可恢复正常，即基本不存在水衰退问题。

3）在输出相同制动力矩的情况下，盘式制动器尺寸和质量一般较小。

4）制动盘沿厚度方向的热膨胀量极小，不会像制动鼓的热膨胀那样使制动器间隙明显增加而导致制动踏板行程过大。

5）较容易实现间隙自动调整，其他维修作业也较简便。

（2）盘式制动器的缺点

1）因制动时无增势作用，故要求管路液压比鼓式制动器高，一般要用伺服装置和采用较大直径的液压缸。

2）防污性能差，制动片摩擦面积小，磨损较快。

3）兼用于驻车制动时，需要加装的驻车制动传动装置较鼓式制动器复杂。

知识拓展：气压盘式制动器

目前已经有气压盘式制动器，如图 8-1-10 所示，钳体总成如图 8-1-11 所示。

项目 8　制动系统的构造与检修

图 8-1-10　气压盘式制动器

图 8-1-11　钳体总成

工作任务 2　低气压报警故障排除

【情境描述】

北汽福田一重卡起动后，气压表读数不能上升，气压警告灯点亮，蜂鸣器报警。经维修技师检测诊断后，需要对制动系统气路进行检修。商用车气压表如图 8-2-1 所示。

图 8-2-1　商用车气压表

【学习目标】

1. 学生应以小组工作的方式完成本项工作任务。
2. 学生应能在小组成员的配合下，利用车辆维修手册（或实训指导书），制订工作计划，实施工作计划。
3. 能检查漏气，进行气路基本保养，能测量和调节气压。
4. 树立 S（安全）+5S 理念 + 质量意识。

【任务分组】

班级		组号		指导教师	
组长		组员			
任务分工					

【获取信息】

引导问题 1：怎样检查制动系统轻微漏气？

161

引导问题 2：储气瓶怎样定期排水？为什么有些气瓶会排放出油、水？油、水会对气路产生什么危害？

引导问题 3：拆卸空气干燥器滤芯前为什么要对气路放气？用什么方法放气？使用什么工具拆卸空气干燥器滤芯？安装新干燥器滤芯前要清洁哪些部位？怎样清洁？安装前使用润滑脂润滑哪些部位？

引导问题 4：仪表上正常制动气压值范围是多少？

【工作实施】

第一步：查找维修手册。
第二步：制定操作方案。

第三步：实施操作。

1. 检查气路漏气

根据气压表读数下降情况，检查车辆漏气部位。

1）车辆气压卸载后，静置一夜，气压下降超过 100kPa，应对气路进行检查。
2）将洗洁精兑水后装入喷壶，对可疑气管喷上溶液，如果看到有明显气泡产生或变大，可确定为漏气点。
3）使用压缩空气吹干净漏气部位的水溶液，更换气管、接头或相关密封件。

2. 气路的基本保养

根据空间位置及观察到的各零部件的连接关系，确定干燥过滤器滤芯的拆卸顺序。

1）拉动气瓶泄放阀时，小心有水或油喷射出来。
2）释放完气瓶压力后，才能拆卸干燥过滤器滤芯。
3）拆卸滤芯后，使用压缩空气对过滤器底座彻底清洁。
4）安装滤芯前，对其密封圈涂抹润滑脂或凡士林。

3. 测量、调整压力调节器断开压力

根据空间位置及观察到的各零部件的连接关系，确定测量气压的接头及调压螺钉。

1）使用 1.2MPa 以上的机械压力表，找到干燥过滤器总成附近测量气压的快速接头，如果没有，可以用气瓶上的测量气压快速接头连接好压力表。
2）起动发动机，待听到干燥过滤器下部排气泄压后，读取仪表气压值及机械表数值。

项目 8 制动系统的构造与检修

3）松开干燥过滤器底座的调压螺钉固定螺母，顺 / 逆时针旋转 45°。连续踩下制动踏板，至仪表出现低气压蜂鸣器响起后停止。等待下一次的干燥过滤器底部泄压排气，记录此时的机械压力表读数，对比调整前后数据的变化。（注意：如果变化微小，可再旋转 45° 观察，一次不可调整过多）

4）测量制动轮缸内气压，需两人配合。其中一人缓慢将制动踏板踩到底，另一人将气压表连接在制动轮缸上的测压接头，观察数据变化并记录。

5）测量后制动压力时，注意区分后制动轮缸上的两个测试口（一个为行车制动压力，一个为驻车制动压力），需松开仪表驻车制动开关。

6）测量驻车制动气压时，气压表连接在后制动轮缸的驻车制动压力测试口，松开仪表驻车制动开关，读取数值。

第四步：学生分组及工作实施和总结。

1）每 5~8 名学生组成 1 个工作小组，确定 1 名小组长，接受工作任务，做好工作准备。

2）准备好实训用的底盘台架。

3）研读工单，查阅维修手册（或实训指导书）。

4）介绍气路检漏、气路基本保养、测量和调节气路气压的工艺过程。

5）回答指导教师的现场提问，接受指导教师的技能考核。

6）完成工作任务后，对工作过程进行自我评价和小组互评，听取指导教师的点评。

7）清洁工作场所，清点保养工具设备，完成任务交接。

【评价反馈】

检查评估	维修资料、工具、设备的正确使用	A	B	C	D
	操作规范和任务完成情况	A	B	C	D
	任务工单填写	A	B	C	D
	纪律和回答现场提问	A	B	C	D
	团队合作	A	B	C	D
	安全和环保	A	B	C	D
成绩					
评语					教师签字：_____ 日期：_____

【相关知识】

知识点 1：气压制动系统主要部件结构和原理

1. 气压制动回路

气压制动系统各元件之间的连接管路有 3 种，如图 8-2-2 所示。

1）供能管路，如空气压缩机（空压机）和储气瓶之间的连接管路。

2）促动管路，如继动阀和制动气室之间的连接管路。

气压制动系统的组成及工作原理

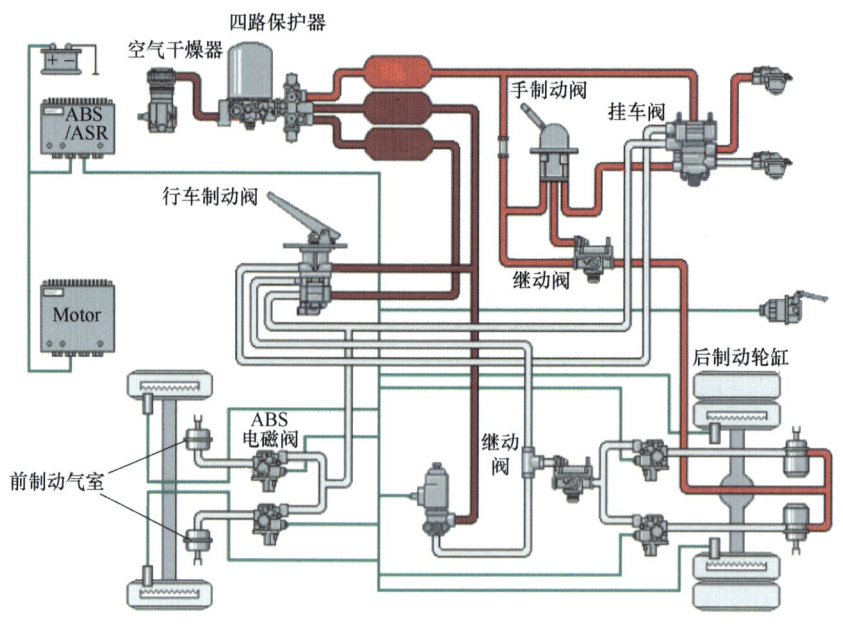

图 8-2-2　气压制动回路

3）操纵管路，如制动主缸和继动阀之间的连接管路。

气压制动系统的供能装置包括：①产生气压能的空压机和积储气压能的储气筒；②将气压限制在安全范围内的调压阀及安全阀；③改善传能介质（空气）状态的进气滤清器、排气滤清器、油水分离器、空气干燥器、防冻器等；④在一个回路失效时用以保护其余回路，使其中气压能不受损失的多回路压力保护阀等。

2. 空气压缩机和空气干燥器

空气压缩机一般固定在发动机缸体的一侧，多由发动机通过传动带或齿轮来驱动，作用是产生压缩空气，是整个制动系统的动力源。最常见的结构是往复活塞式空气压缩机，它与往复活塞式发动机结构相似，如图 8-2-3 所示。发动机运转时，空气压缩机即随之运转。当活塞下行时，吸开进气阀片，外界空气经空气滤清器、进气阀进入气缸。活塞上行时，进气阀片关闭，气缸内空气被压缩并顶开出气阀片，压缩空气经出气口和气管送到湿储气筒。

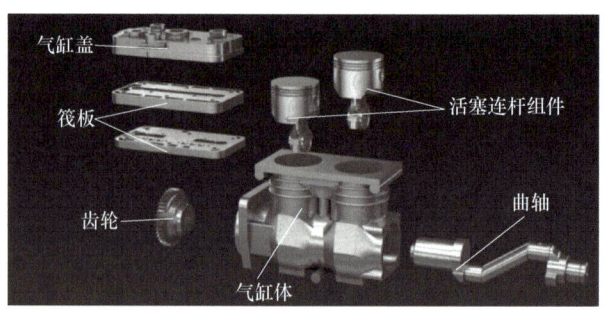

图 8-2-3　往复活塞式空气压缩机结构

由于空压机压缩后的气体温度较高，含有水蒸气的压缩空气，经过管道会凝聚水分。这些水分会引起金属零件锈蚀、橡胶密封件龟裂、管路堵塞等故障，严重影响行车安全性。在寒冷的冬季，存留在气路中的水分会冻结成冰，破坏阀的正常工作，甚至使制动失效。因此必须加装空气干燥器，如图 8-2-4 所示。空气干燥器利用分子筛作为干燥剂，采用与卸载阀一体的整体式结构，巧妙利用卸载阀排气的动作过程，使再生储气筒中的压缩空气反向通过干燥筒，将干燥剂表面吸收的水分和油污排入大气，实现了分子筛的再生活化，能长期有效地吸收空气中的水分。

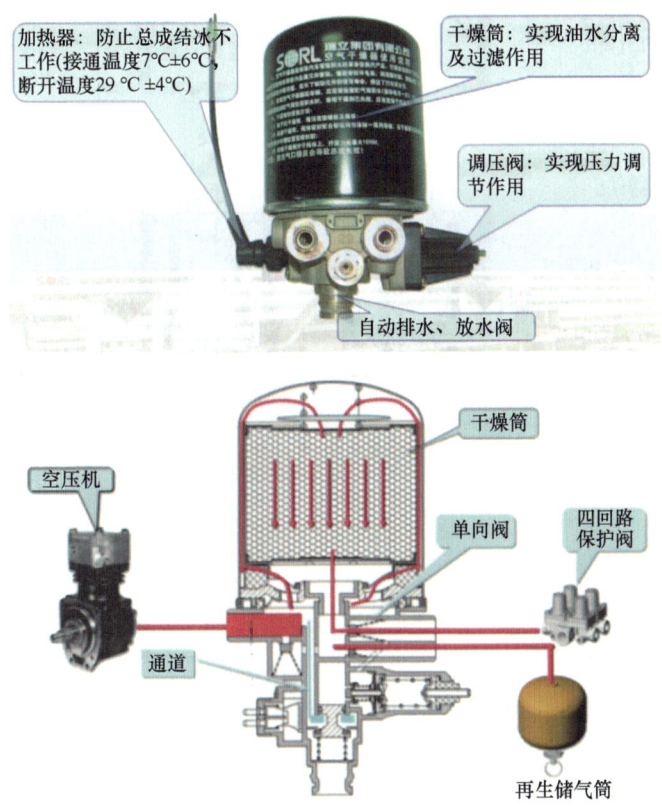

图 8-2-4　空气干燥器结构

3. 四回路压力保护阀

四回路压力保护阀的作用是保证储气筒间的隔离，在行驶过程中，该阀所连接的任一回路损坏漏气时，其他回路中的压力首先下降到安全压力之下，然后未失效的回路中的压力回到安全压力之上，最低安全压力为 670kPa，空压机产生的多余气体由损坏回路排入大气。博世四回路压力保护阀示意图如图 8-2-5 所示。

（1）制动阀　制动阀是气压行车制动系统中的主要控制装置，故又称为制动控制阀，结构如图 8-2-6 所示。驾驶员踩的制动踏板就是用来控制制动阀的，从而控制主储气筒进入制动气室和挂车制动控制阀的压缩空气量，保证作用在制动器上的力与制动踏板的行程成正比，进而控制车轮制动器产生的制动力矩的大小。

如图 8-2-6 所示，当向顶杆座 a 施加制动力时，平衡活塞 c 下移，关闭排气阀门 d，打开进气阀门 j，从后桥储气筒来的气压经 11 口进入到 A 腔，从 21 口输出到后回路中的弹簧制动气室的膜片腔。在 A 腔中的气压通过孔道 D 进入 B 腔，作用在继动活塞 f 的上部，使继动活塞 f 下行，同时压缩回位弹簧，关闭排气阀门 h，打开进气阀门 g，从前桥储气筒来的气压经 12 口到达 C 腔，从 22 口输出到前回路中。

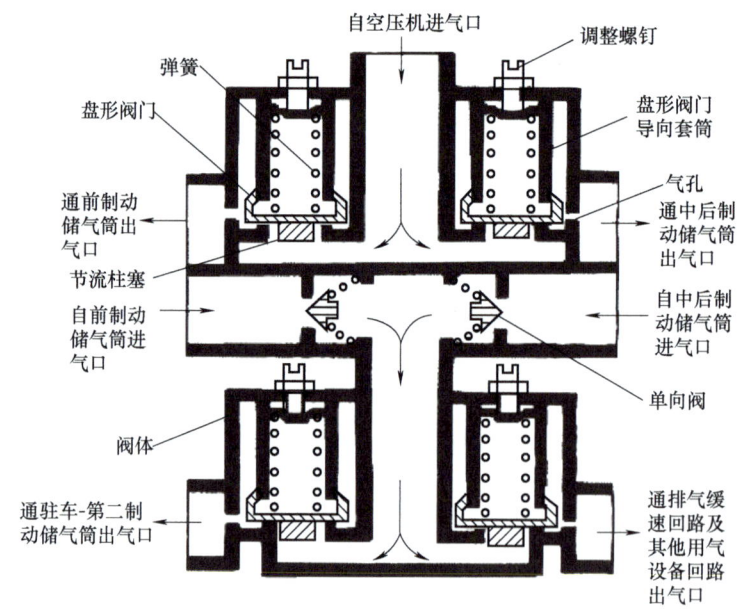

图 8-2-5　博世四回路压力保护阀示意图

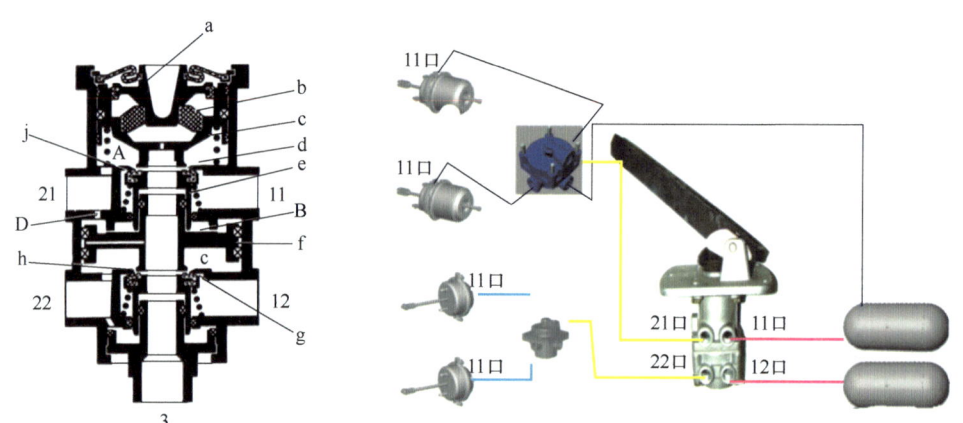

图 8-2-6　制动控制阀结构

当 A 腔中气压升高时，使平衡活塞 c 压缩橡胶弹簧 b 向上移动，当平衡活塞 c 达到平衡时，进排气阀门 j 和 d 同时关闭。同理，当继动活塞 f 和作用在它上面的压力、弹簧的作用力达到平衡时，进排气阀门 g 和 h 也同时关闭。制动气室中得到一恒定的气压值。在弹簧的调节下，维持在 C 腔的气压总比 A 腔和 B 腔的气压稍低。因此，两腔的输出气压与踏板力成正比关系。

解除制动时，21 口和 22 口的气压分别经排气阀门 d 和 h 从排气口 3 排向大气中。当前回路失效时，其工作过程仍如上述，并不影响后回路的工作。当后回路失效时，阀门总成 e 推动继动活塞 f 向下移动，关闭排气阀门 h，打开进气阀门 g，使前回路正常工作。

（2）手控制动阀　手控制动阀用于控制商用车后桥上的制动气室而实施紧急制动和

驻车制动，也可以用于带双管路挂车控制阀的挂车断气制动。结构如图 8-2-7 所示，当手柄在行车位置（0°~10°）时，手柄上凸轮处在最高点，使进气阀门全开，排气阀门关闭，气压从 11 口进入，从 21 口和 22 口输出，通向弹簧式制动气室的弹簧腔，完全解除制动。

1）紧急制动操作。当手柄转到 10°~55° 范围内时，进、排气阀门同时关闭，输出气压随手柄转角的增加而按比例下降，逐步到零，而在弹簧制动气室里所形成的制动力却逐步增加而达到最大，这就保证了一个可控制（调节）的制动作用。

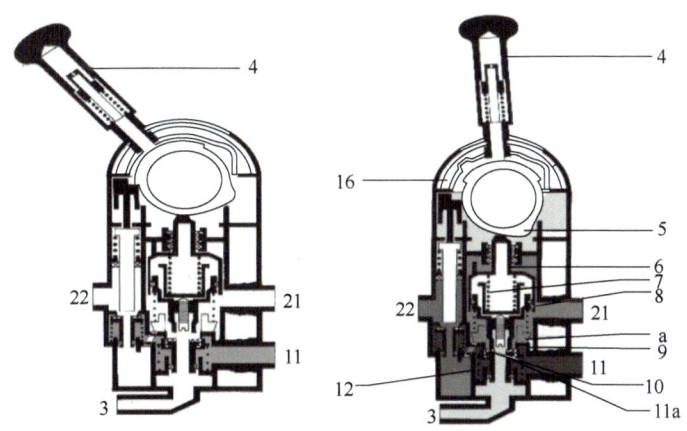

图 8-2-7　手控制动阀结构

11—进气 1 号口　21—出气 1 号口　22—出气 2 号口　3—排气口　4—手柄　5—凸轮　6—平衡活塞　7—平衡弹簧　8—弹簧座　a—阀芯　9—阀座　10—进气阀门　11a—排气阀门　12—弹簧　16—制动阀阀体

2）停车制动操纵。当手柄从紧急制动止推位置继续向右转动时，手柄被锁住，21 口输出气压保持为零。附加阀推杆向下打开阀门，22 口输出全气压。牵引车处于全制动状态，挂车处于完全解除制动状态。列车只依靠牵引车进行停车制动。

（3）继动阀　图 8-2-8 所示的绿色箭头为继动阀气路走向。继动阀进气口接通储气筒，出气口接制动气室。当踩下制动踏板时，制动阀的输出气压作为继动阀的控制压力输入，在控制压力作用下，将进气阀推开，于是压缩空气便由储气筒直接通过进气口进入制动气室，而不用流经制动阀，这大大缩短了制动气室的充气管路，加速了气室的充气过程。因此继动阀又叫加速阀。图 8-2-9 所示 A、B、C、D 分别为继动阀在初始状态、踩下制动踏板、平衡阶段以及松开制动踏板四个阶段的工作示意图。

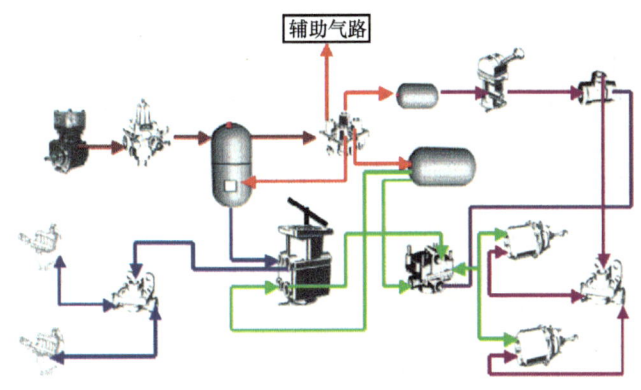

图 8-2-8　继动阀气路走向示意图

1）初始状态。没有踩下制动踏板时，进气口 4 没有来至制动踏板的压缩空气。阀 6 在弹簧 7 的作用下，将进气口 1 和通往出气口 2 的气路关闭。进气口 1 与后制动回路气瓶连接，一直充有压缩空气。

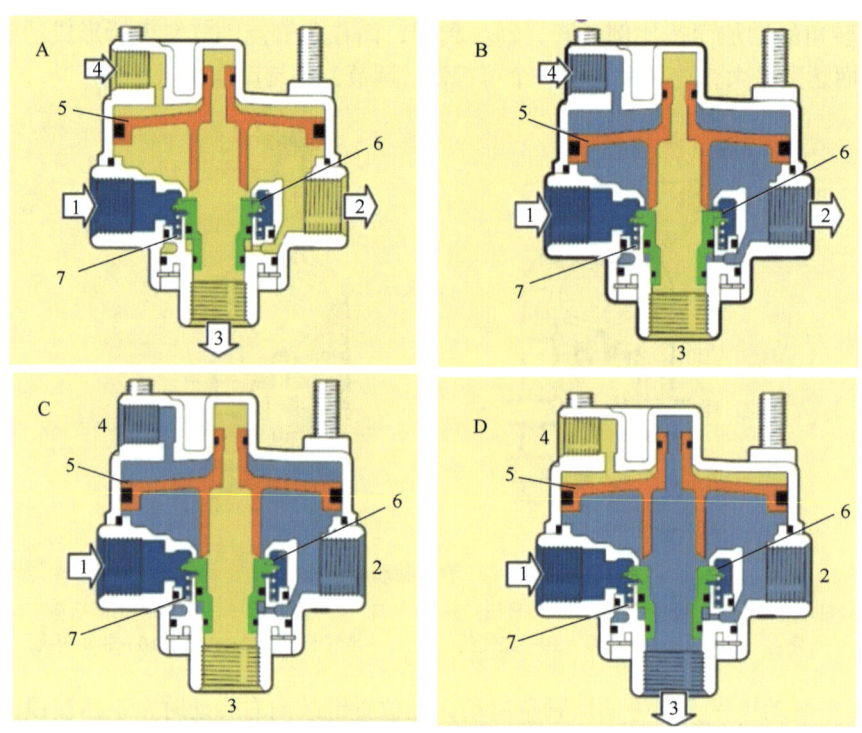

图 8-2-9　继动阀工作过程

2）踩下制动踏板。踩下制动踏板后，来自行车制动阀的压缩空气从进气口 4 进入，将活塞 5 向下压，顶住阀 6 时，出气口 2 通往排气口 3 的通道被关闭。活塞 5 继续向下压阀 6，阀 6 向下运动离开阀座（白色）。进气口 1 和出气口 2 之间通道被打开，压缩空气从进气口 1 流向出气口 2，进而流入制动气室。

3）平衡阶段。出气口 2 气压作用于继动活塞 5 底部，与继动活塞上部气室压力平衡。阀 6 在回位弹簧 7 的作用下回到底座，进气口 1 到出气口 2 的气路被关闭。同时阀 6 将继动活塞往上顶，出气口 2 通向排气口 3 的排气通道依然关闭。此时，继动阀处于平衡位置，只要进气口 4 的气压不变，出气口 2 的气压就保持不变。

4）松开制动踏板。松开制动踏板时，进气口 4 的压缩空气从行车制动阀排空。继动活塞上部气室压力消失，继动活塞在出气口 2 气压作用下向上移动，出气口 2 通向排气口 3 的排气通道打开，制动气室压缩空气被排空。同时，阀 6 在弹簧 7 的作用下使进气口 1 到出气口 2 的气路依然关闭。

4. 制动气室

制动气室的作用是将气压能转换成机械能输出，输出的机械能传给制动凸轮等促动装置，使制动器产生制动力矩。制动气室有膜片式和复合式两种。

（1）膜片式制动气室　膜片式制动气室的两腔通过膜片隔离，连接叉与制动调整臂相连，结构如图 8-2-10 所示，常用于商用车前轮制动。

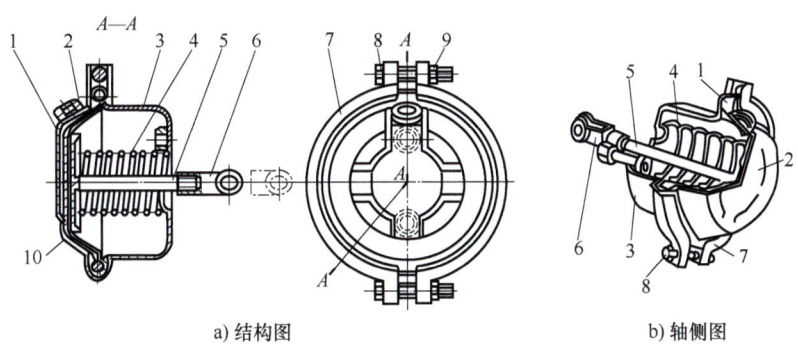

a) 结构图 b) 轴侧图

图 8-2-10 膜片式制动气室

1—橡胶膜片 2—盖 3—壳体 4—弹簧 5—推杆 6—连接叉 7—卡箍 8—螺栓 9—螺母 10—支承盘

（2）复合制动气室　复合制动气室的特点是制动气室由行车制动气室和驻车制动气室两部分组成，兼起行车制动和驻车制动的作用，结构如图 8-2-11 所示，工作原理如图 8-2-12 所示，常用于商用车后轮制动。

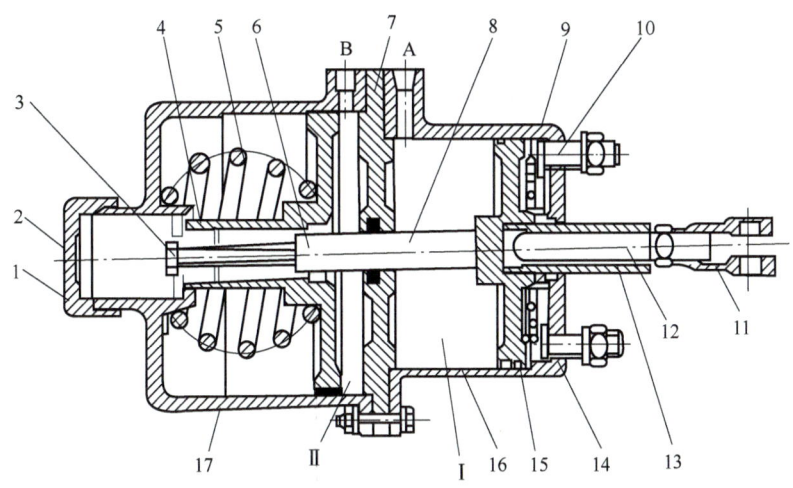

图 8-2-11 复合制动气室

1—防尘盖 2—滤网 3—传动螺杆 4—螺塞 5—储能弹簧 6—驻车制动活塞 7—隔板 8—驻车制动气室推杆 9—行车制动活塞回位弹簧 10—安装螺栓 11—连接叉 12—行车制动气室推杆 13—导向套筒 14—推杆座 15—行车制动活塞 16、17—行车制动气室
A—行车制动气室通气口　B—驻车制动气室通气口　Ⅰ—行车制动气室　Ⅱ—驻车制动气室

1）驻车制动状态（图 8-2-12a）。驻车制动时，操纵手控制动阀，使驻车制动气室内的压缩空气经 12 口从差动阀排入大气。在压缩弹簧的作用下，推动推杆 C 以及制动臂，对车轮产生制动力矩。

2）解除驻车制动状态（图 8-2-12b）。解除制动时，操纵手控制动阀，气压从 12 口进入 B 腔压缩弹簧，可解除驻车制动。

在弹簧制动气室上装有螺钉 1，可在 B 腔内没有气压时，拧出螺钉 1，压缩弹簧解除制动。要使驻车制动弹簧完全收缩需要总共约 45 圈。

3）行车制动状态（图 8-2-12c）。在行车状态时，A 腔气压为零。从手控制动阀来的气压经 12 口进入 B 腔，作用于活塞 e 上，压缩弹簧 f，驻车制动器被放松。行车制动时，压缩空气经 11 口进入 A 腔，压缩回位弹簧 c 将活塞 a 推出。

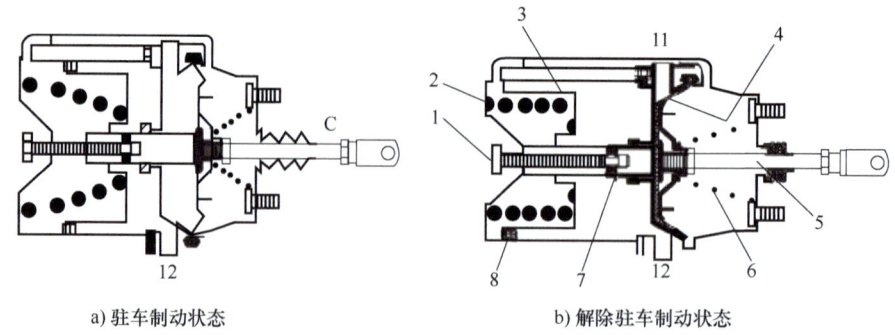

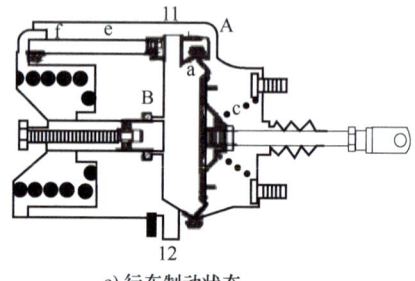

a) 驻车制动状态　　　　　　　　　b) 解除驻车制动状态

c) 行车制动状态

图 8-2-12　复合制动气室工作状态

1—驻车制动手动解除螺钉　2—驻车制动压缩弹簧　3—驻车制动气室膜片　4—行车制动气室膜片　5、7—推杆　6—回位弹簧　8—密封圈　11—行车制动气室排气口　12—驻车制动气室排气口

知识点 2：气路维修的注意事项

1. 整车气路漏气检测

将检测气压表（图 8-2-13，量程为 1.3MPa）与检测口连接，起动发动机，整车气路压力升高至干燥器卸荷，然后关闭发动机，保压 3~10min 观察压力表显示，如无明显压降或压降小于 0.1bar，则说明整车密封性合格，如压降大于 0.1bar，气路存在漏气。明显漏气可以通过耳听、手摸判断。轻微漏气需用喷壶将肥皂水或洗洁精水溶液喷于气管上观察气泡变化。

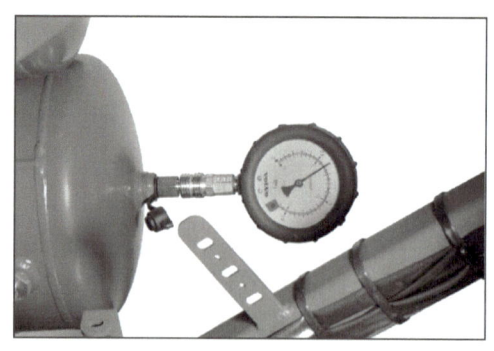

图 8-2-13　气压表

2. 气路保养

干燥筒（图 8-2-14）每使用两年必须更换一次。如果使用环境的空气中含有过多的灰尘和水分，更换周期必须缩短；或者气瓶底部的排放阀能排出油、水时必须更换干燥器。同时要检查气路、空气压缩机是否窜油。

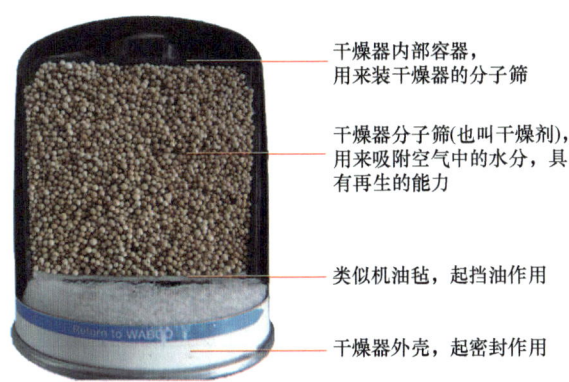

图 8-2-14　干燥筒

清理干燥筒底座，更换 O 形圈，在进行组装前一定要清除内部的所有积炭。至少每 6 个月对油气分离器进行清洁/检查，并且在更换干燥筒时始终进行此操作。

工作任务 3　制动跑偏故障排除

【情境描述】

一辆陕汽德龙 X3000 商用车驾驶员报修，车辆在制动过程中跑偏；经过技师试车检查，发现其后桥两侧车轮制动力大小不相等，需要检修后桥制动系统。

【学习目标】

1. 学生应以小组工作的方式完成本项工作任务。
2. 学生应能在小组成员的配合下，利用车辆维修手册（或实训指导书），制订工作计划，实施工作计划。
3. 会检测同一车桥制动力是否不均。
4. 树立 S（安全）+5S 理念 + 质量意识。

【任务分组】

班级		组号		指导教师	
组长		组员			
任务分工					

【获取信息】

引导问题 1：如果没有专用设备，怎样测试同一车桥不同车轮制动力是否均衡？

引导问题 2： 如果发现车轮内侧漏油，需要检查哪些部位？

引导问题 3： 如何清洁制动蹄片上的油污？

【工作实施】

第一步：查找维修手册。
第二步：制定操作方案。

第三步：实施操作。
1）首先确认故障现象：商用车在行驶的过程中，制动时自动向一侧偏驶。
2）分析故障可能原因。
① 左、右车轮制动器制动力不等。左、右车轮制动器间隙不一致，制动鼓与制动摩擦片接触面积相差太大，个别制动鼓失圆，内径相差过大；回位弹簧弹力相差悬殊，制动蹄与支承销锈蚀，转动困难；个别摩擦片有油污、硬化、铆钉外露或材料不一样或质量不同。
② 左、右车轮制动操纵力不平衡。个别制动气室连接软管腐蚀、老化、破裂、堵塞或接头漏气；个别制动气室膜片破裂、老化、弹簧折断或弹力过小及推杆弯曲变形；制动凸轮转角大小不一，支架磨损、松旷或凸轮轴颈与支架锈蚀卡滞。
③ 其他原因。左、右轮胎气压大小不一致，轮胎花纹不一样，前轴两侧钢板弹簧弹力不等，车架变形，前轴位移，前后轴不平行等。
3）诊断与排除过程。
① 商用车行驶中制动时，若商用车向左偏斜，即为右轮制动性能差，反之则为左轮制动性能差。通常是根据路试，由后轮轮胎拖印判断或经制动试验台进行检测，确定其故障部位。
② 应先检查制动气室。一人踩住制动踏板，另一人检查该车轮制动气室、气管或接头有无漏气。若无漏气，检查制动气室推杆伸缩情况，查看是否有弯曲、变形或卡死现象及左右推杆是否一致。
③ 如果上述良好，可将车轮架起，从制动鼓检视孔察看摩擦片是否有油污等；检测制动间隙是否过大。若上述良好，可踩下制动踏板，并迅速抬起，观察制动蹄回位是否自如。若不能迅速回位，多为制动蹄回位弹簧弹力不足或凸轮轴卡死，则应进行修理或换用新件。
④ 若上述检查调整无效，则应检查制动鼓是否失圆，摩擦片是否磨损或硬化，铆钉头是否外露，以及弹簧弹力是否符合技术标准，检查凸轮轴转动是否灵活。根据具体情况进行维修或换用新件。

第四步：学生分组及工作实施和总结。

1）每 5~8 名学生组成 1 个工作小组，确定 1 名小组长，接受工作任务，做好工作准备。
2）准备好实训用的底盘台架。
3）研读工单，查阅维修手册（或实训指导书）。
4）介绍制动跑偏故障诊断与排除的过程。
5）回答指导教师的现场提问，接受指导教师的技能考核。
6）完成工作任务后，对工作过程进行自我评价和小组互评，听取指导教师的点评。
7）清洁工作场所，清点保养工具设备，完成任务交接。

【评价反馈】

检查评估	维修资料、工具、设备的正确使用	A	B	C	D
	操作规范和任务完成情况	A	B	C	D
	任务工单填写	A	B	C	D
	纪律和回答现场提问	A	B	C	D
	团队合作	A	B	C	D
	安全和环保	A	B	C	D
成绩					
评语				教师签字：_____ 日期：_____	

【相关知识】

知识点 1：商用车制动器间隙的调整

1）架起车桥，使车轮能自由转动。
2）用规定的塞尺在蹄片上端和下端检查间隙。
3）转动制动臂上蜗杆，调整上端间隙，前轮顺时针方向转动蜗杆，间隙变小，反之增大；后轮逆时针方向转动蜗杆，间隙变小，反之增大。调整时，反复拉动塞尺，当感觉到有轻微阻力时，即为合适，当间隙调好后，发现摩擦片与制动鼓仍有轻微摩擦响声时，允许将间隙稍微放大一些。

知识点 2：商用车气压制动不良故障

1. 故障现象

1）制动时不能迅速减速或停车。
2）第一次踏下制动踏板时制动不良，连续踩踏制动踏板，踏板逐渐升高，但脚踏触感减弱，且制动效果不佳。

2. 故障原因

1）空气压缩机故障：传动带打滑或断裂，活塞与缸筒严重磨损，卸荷阀关闭不严，气压调节阀起不到很好的调节作用。

2）储气筒上安全阀失效导致气压过低。

3）制动阀故障：进排气阀关闭不严，膜片破裂，活塞的密封圈密封性不好，排气间隙过大。

4）快放阀膜片破裂。

5）制动气室膜片破裂。

6）车轮制动器发生故障。例如：①制动鼓与制动蹄之间间隙过大或接触面积过小；②制动蹄片上沾有油污或水；③制动蹄片上铆钉松动；④制动鼓失圆或磨出沟槽；⑤凸轮轴、制动蹄的支承销锈死或磨损松旷；⑥调节臂上的调整蜗杆调整不当。

7）制动气室推杆行程过小。

8）制动踏板自由行程太大。

9）制动管路凹瘪、内壁积垢严重或软管内孔不畅通，或制动管路漏气。

3．诊断与排除

1）先起动发动机运转数分钟，观察气压表读数是否达到技术标准。如果气压不足，应检查空气压缩机是否工作正常、管路是否漏气、空气压缩机传动带是否过松。

2）若发动机运转时，未踩下制动踏板，储气筒内气压不断升高，而发动机熄火后，气压又不断下降，则空气压缩机至制动控制阀之间的气道漏气。

3）若储气筒内气压符合标准，当踩下制动踏板时，气压不断下降，即为制动控制阀至各制动气室之间有漏气处或膜片破裂而漏气。

4）若无漏气，则应检查制动踏板自由行程，检查摩擦片与制动鼓之间的间隙是否过大，再检查制动臂的调整是否适当，否则应进行调整。

知识点 3：商用车气压制动失效故障

1．故障现象

商用车行驶中，将制动踏板踩到底，制动装置不起作用，或在使用一次或几次制动后，制动装置突然不起作用，都属于制动失效故障。

2．故障原因

1）储气筒无气或充气量不足。例如：①空气压缩机传动带折断或打滑；②空气压缩机与储气筒之间的储气管路破损、堵塞，或管路接头松脱漏气严重；③卸荷阀卡死；④挂车制动分离开关未关或关闭不严；⑤储气筒破裂，储气筒各功能阀失效、漏气。

2）制动阀故障。例如：①制动阀的进气阀被卡住或关闭不严造成进气阀不能打开，压缩空气从排气口排出；②制动踏板传动机构折断；③制动管路折断，接头松脱或管路堵塞。

3）制动气室故障。例如：①制动气室膜片破裂；②壳体破损，接合面松动；③推杆在壳体孔中卡死而不能移动；④调整臂调整不当导致制动气室推杆行程过小。

4）车轮制动器故障。例如：①制动凸轮轴与支架衬套卡死，导致凸轮轴不能转动，或转角过小；②制动蹄摩擦片、制动鼓磨损后间隙过大；③制动蹄摩擦片大面积脱落或严重烧蚀；④制动鼓开裂破碎；⑤制动器过热或潮湿。

3．诊断与排除

1）先检查储气筒内有无压缩空气。若无压缩空气，应查找有无漏气之处。若无漏气，则为空气压缩机故障，应检修空气压缩机。

2）若空气压缩机工作正常，则检查制动踏板与制动控制阀拉臂是否脱节，制动控制阀的调整螺钉是否松动。若上述都正常，则应拆检制动控制阀，疏通气道。

知识点 4：商用车气压制动拖滞故障

1. 故障现象

抬起制动踏板，制动阀排气缓慢或不排气，不能迅速解除制动，致使车辆出现起步困难，行驶无力等现象。

2. 故障原因

1）制动阀故障。例如：①制动阀排气间隙小；②制动阀排气阀座橡胶发胀，堵塞排气口；③排气阀导向座锈蚀、发卡。

2）传动机构故障。例如：①踏板传动机构卡住不回位；②制动踏板无自由行程；③制动踏板自由行程过小。

3）车轮制动器故障。例如：①制动气室推杆卡住不回位；②制动凸轮轴支架固定螺栓松动，使凸轮轴不同心而导致转动不灵活；③制动蹄摩擦片与制动鼓间隙过小；④制动蹄摩擦片与制动鼓烧结、粘住、脱落，回位弹簧脱落、折断或弹力过小；⑤制动蹄轴因锈蚀、润滑不良或与衬套配合间隙过小而导致转动困难。

4）其他故障。例如：①半轴套管与轮毂轴承配合松旷导致制动鼓偏斜；②轮毂轴承外圈与轮毂配合松旷导致制动鼓倾斜；③制动气室膜片老化、膨胀、变形，制动软管老化、发胀、堵塞；④制动踏板轴发卡，踏板回位弹簧脱落、折断引起踏板不回位。

3. 诊断与排除

1）抬起制动踏板时，制动控制阀排气缓慢或不排气大多属于制动控制阀故障。若排气快或断续排气而制动拖滞，则属个别车轮制动器故障。若用手摸试各车轮制动鼓时，如果是制动阀故障，则所有车轮制动鼓发热；若个别车轮制动器有故障，则该车轮制动鼓发热，应拆检该车轮制动鼓。

2）若制动控制阀有故障，应先检查制动踏板自由行程。若行程正常，则拆检制动控制阀排气阀弹簧及座。若良好，则检查制动控制阀推杆是否锈滞。

3）若个别车轮拖滞，可在抬起制动踏板时，观察制动气室推杆情况。若其回位缓慢或不回位，应检查制动凸轮轴与支架间润滑程度和同轴度。若回位正常，可检测制动间隙。若架起车轮检测的间隙与落下车轮检测的间隙有变化，则轮毂轴承松旷，或半轴套管与轮毂配合松旷。若上述良好，则应拆下制动鼓，检测制动器各机件并进行必要的维修或换用新件。

工作任务 4　液力缓速器的保养

【情境描述】

北汽福田一重卡驾驶员发现液力缓速器制动力矩小，经维修技师检修后发现缓速器内工作油量过少，需要添加。重卡液力缓速器如图 8-4-1 所示。

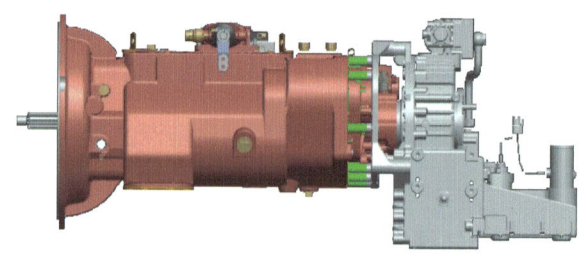

图 8-4-1　重卡液力缓速器

【学习目标】

1. 学生应以小组工作的方式完成本项工作任务。
2. 学生应能在小组成员的配合下，利用车辆维修手册（或实训指导书），制订工作计划，实施工作计划。
3. 会对液力缓速器进行基本保养和简单故障排除。
4. 树立 S（安全）+5S 理念 + 质量意识。

【任务分组】

班级		组号		指导教师	
组长		组员			
任务分工					

【获取信息】

引导问题 1：液力缓速器为什么叫辅助制动？安装在什么部位？有哪两种安装方式？

引导问题 2：什么天气、道路条件下应关闭液力缓速器功能？

引导问题 3：图 8-4-2 所示为液力缓速器的什么部件？它有几个档位？分别起什么作用？

图 8-4-2　液力缓速器部件

【工作实施】

第一步：查找维修手册。
第二步：制定操作方案。

第三步：实施操作。

正确合理地使用缓速器，定期进行维护保养，对于保证汽车安全可靠的行驶和延长缓速器寿命十分重要，请遵循以下使用要求。

1. 选择合适的液力缓速器油

液力缓速器选用汽机油，环境温度在 –10℃以上时推荐使用 10W40 的汽机油，环境温度在 –10℃以下时推荐使用 0W40 或 5W40 的汽机油，油品性能等级需达到 API SL 以上。

为了防止不同型号、品牌的油液发生化学反应，在补充油液时应尽量保证与原来的油液型号、品牌相同，在不能保证型号一样的情况下，应保证品牌相同。

2. 确定加油量

法士特 FHB320B 初次加油 6L，以后维修更换油液时按照放出的油液量加入或重新加油 6L（先加 4L，整车气打足、手柄循环拉 3 次再补 2L）。放油螺塞分别在缓速器油池壳底部和热交换器下部（图 8-4-3），放油时两处都要放。

FH400B 串联液力缓速器初次加油时加 9L。以后维修更换油液时，通过缓速器壳体放油螺塞和热交换器后部放油螺塞放油，两处都要放。使用标尺确定加油量是否合适时，将加油螺塞及标尺自然放置于加油孔上，无需拧螺塞，取出加油螺塞及标尺，查看油液印记是否到达 9L 刻线。

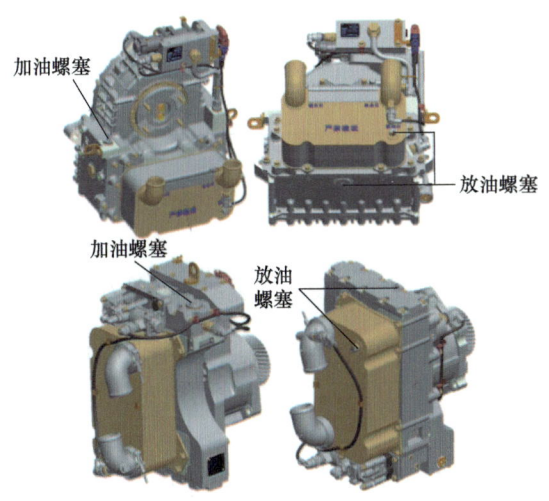

图 8-4-3 串、并联液力缓速器加、放油螺塞位置

油量对液力缓速器工作有直接的影响，过多的油液会引起缓速器从消声器处喷油，过少的油量会使缓速器制动力小或无制动力。

3. 严格遵循换油周期

换油周期严格按行驶里程进行。

1）非公路用车：7 万 km。
2）公路用车：10 万 km。
3）客车：12 万 km。
少于以上里程数，至少每两年更换一次油液。

第四步：学生分组及工作实施和总结。

1）每 5~8 名学生组成 1 个工作小组，确定 1 名小组长，接受工作任务，做好工作准备。
2）准备好实训用的台架。
3）研读工单，查阅维修手册（或实训指导书）。
4）介绍液力缓速器油的更换过程。
5）回答指导教师的现场提问，接受指导教师的技能考核。
6）完成工作任务后，对工作过程进行自我评价和小组互评，听取指导教师的点评。
7）清洁工作场所，清点保养工具设备，完成任务交接。

【评价反馈】

检查评估	维修资料、工具、设备的正确使用	A	B	C	D
	操作规范和任务完成情况	A	B	C	D
	任务工单填写	A	B	C	D
	纪律和回答现场提问	A	B	C	D
	团队合作	A	B	C	D
	安全和环保	A	B	C	D
成绩					
评语					教师签字：_____ 日期：_____

【相关知识】

知识点 1：液力缓速器系统介绍

法士特液力缓速器以汽机油为工作介质，通过转子带动工作介质作用到定子上，由于油液的冲击和阻尼作用产生制动力矩，汽车的动能也因油液的阻尼作用转换为热能，并由整车散热系统将热能散发。

液力缓速器的主要优点是制动力矩大，可长时间、大功率持续制动，质量轻，制动柔和，自动控制可实现恒速功能，可选择使用不影响后取力器安装的型号。该系统提供了恒速模式和制动力矩逐步增大的分档制动模式。恒速模式下，缓速器 RCU 根据车速、车辆制动状态以及路面状况综合判断开启液力缓速器的时机以及自动调节制动力矩大小，实现车辆恒速下坡行驶。制动模式可由手控开关或脚控开关控制，制动力矩随制动档位增加而增大，驾驶员可以根据路况、实际需要等选择不同制动档位。两种模式均由 ECU 控制电磁比例阀自动完成。缓速器控制系统工作时，缓速器 ECU 会通过自带的传感器实时监测工作介质以及冷却液的温度,确保制动过程中不会造成发动机过热及油温过热变质。

1. 系统组成

液力缓速器是在液力机械基础上以电子控制单元(RCU)为核心,应用电子技术,通过执行机构电磁比例阀控制制动力矩的机、电、气、液一体化系统,可通过CAN总线(SAE J1939)与整车其他部件进行通信。

液力缓速器系统(以法士特FH400B为例)由缓速器驱动齿轮、花键轴、转子、定子、工作腔壳体、油池壳体、热交换器、电磁比例阀、温度传感器等组成的机械本体以及换档手柄、控制器(RCU)、相关线束等组成,如图8-4-4所示。

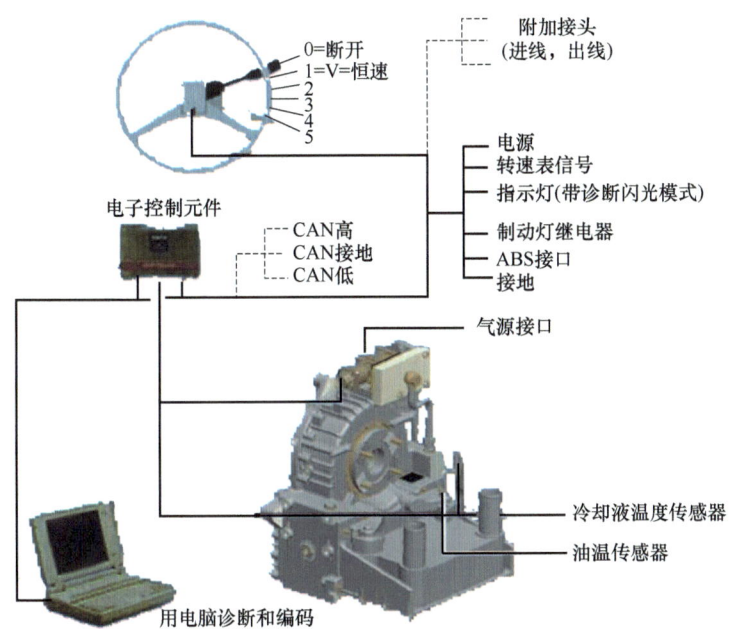

图8-4-4 液力缓速器系统组成

2. 工作原理

(1)流体动力学原理 图8-4-5所示为液力缓速器工作循环示意图。其定子固定在工作腔壳体上。转子、缓速器驱动齿轮通过花键固定在花键轴上,缓速器驱动齿轮与变速器输出轴上的齿轮啮合,从而间接制动传动轴。转子和定子上铸有许多叶片,制动时通过电磁比例阀向油池施加气压,将工作油液压入转子与定子间的工作腔内,当转子转动时带动油液一起旋转,并高速作用在定子上,定子对转子产生反作用力,即制动力矩。车辆行驶的动能在此工作过程中转换成热能,发热后的工作液在油压的作用下流向热交换器,经发动机冷却液冷却后重新回到油池,从而使缓速器可以长时间、大功率制动。

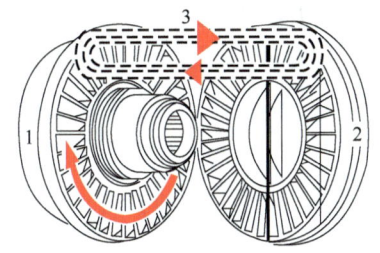

图8-4-5 液力缓速器工作循环示意图
1—转子 2—定子 3—工作循环

（2）系统工作原理　液力缓速器工作原理如图 8-4-6 所示，控制阀 1 与汽车的气压系统相连，打开控制阀时则产生一个精确的压力，向下作用于油底壳。油底壳受压，其中一部分机油经导管 2 上升，到达节流装置 3，进入定子 4 与转子 5 之间的工作空间。注入机油的同时，缓速器中的空气经通风口被压出。机油到达球阀时，浮球上升并关闭通向通风壳的出口。为了使缓速器不至于过热，部分工作机油必须通过热交换器 8 不断流动。热交换器中的限制垫片 7 则控制热交换器中的机油流动。从热交换器到缓速器的回流导管中有一个溢流阀 9，在缓速器无制动旋转（空转）时，此阀可防止热交换器内形成气泡。制动停止后，控制阀中的压力通过通风管 R 释放，并打开通风壳内的止回阀 10。缓速器中的机油向油底壳回流时，排气阀 6 打开，因此，能够快速排空缓速器中的机油。定子中有许多装有弹簧的定子销 11，在缓速器空转时，它们通过扰乱空气流动可以减少能量损失。缓速器的功能及工作状况可以通过控制单元的两个温度传感器和一个压力传感器来监控，其中一个温度传感器用于机油，另一个用于冷却液，而通过压力传感器 14 确保所施加的压力与要求的压力一致。

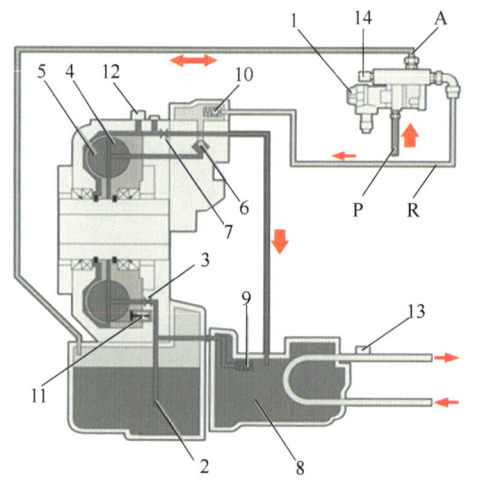

图 8-4-6　液力缓速器工作原理图

A—制动线缆　P—提供压缩空气　R—通风管
1—控制阀　2—导管　3—节流装置　4—定子　5—转子　6—排气阀　7—限制垫片　8—热交换器　9—溢流阀
10—止回阀　11—定子销　12—机油温度传感器　13—冷却液温度传感器　14—压力传感器

3. 液力缓速器的分类

1）串联液力缓速器。缓速器旋转轴与变速器输出轴共线的缓速器称为串联缓速器，位置关系以及代号含义如图 8-4-7 所示。

图 8-4-7　串联液力缓速器位置关系及代号含义

2）并联液力缓速器。缓速器旋转轴与变速器输出轴并行的缓速器称为并联缓速器，位置关系以及代号含义如图8-4-8所示。

图 8-4-8　并联液力缓速器位置关系及代号含义

4．液力缓速器操作方法

液力缓速器有两种操作方法：一种是手动操作，另一种是脚动操作。

（1）手动操作　采用手动操作时，一般有5个档位开关，即有"恒速档"1档和4个制动档2~5档，操作方法如图8-4-9所示。

图 8-4-9　液力缓速器手动档档位

A—缓速器控制器指示灯（汽车特定安装位置）　B—缓速器档位开关（汽车特定安装位置）

（2）恒速档的使用　恒速档的使用方法如图8-4-10所示。

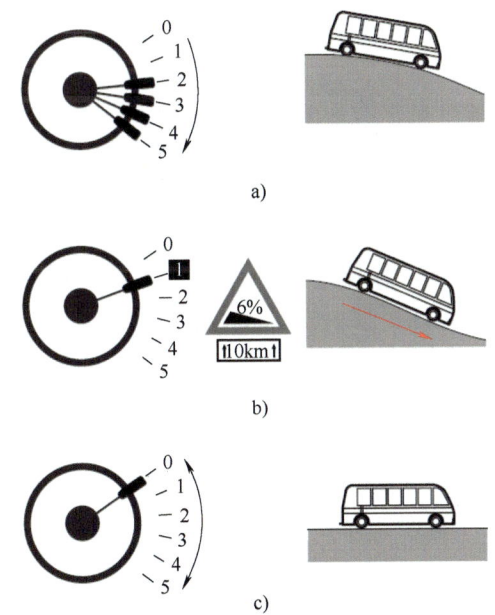

图 8-4-10　液力缓速器恒速档使用方法

0—缓速器关闭　1—恒速制动档　2—制动1档　3—制动2档　4—制动3档　5—制动4档

1)调整车速。

2)在需要的车速下,启用"恒速"档。缓速器在最大制动力矩和整车散热能力范围内保证汽车恒速行驶。

如果已处在"恒速"档工作,但需重新定恒速下坡,需要把档位拨回"0"档后再拨至恒速档"1"档。

如果"恒速"功能启用并且车速增加,需要主制动来调整车速。

如果手柄不在"恒速档"位置,自动调节功能立即关闭。

3)在平路行驶状况下退出"恒速"档。

使用完恒速档后车辆在平路或上坡行驶,切记关闭缓速器。

(3)制动档的使用 2~5档为制动档,制动力矩依次增加,可以根据车重、制动距离等选择合适的制动档位。

逐级拨下缓速器档位开关(严禁阶跃式拨动)以获得适当的制动力矩。

为了降低实际制动力矩,可以把缓速器手柄开关从高档位越过多级换到低档位。

使用完制动档后车辆在平路或上坡行驶,切记关闭缓速器。

(4)脚动操作 在匹配有缓速器脚动开关的车辆上可以通过脚动开关操作缓速器,一般客车上会匹配缓速器脚动开关,档位布置如图8-4-11所示。其中:A位置缓速器单独作用;B位置缓速器和行车制动器同时作用;1代表制动档位"1";2代表制动档位"2";3代表制动档位"3"。通过踏板操作缓速器制动档位与通过手柄操作缓速器制动档位效果相同。如果仅采用脚动操作是没有恒速功能的。

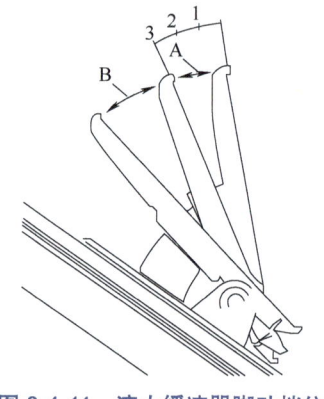

图8-4-11 液力缓速器脚动档位

5. 缓速器使用注意事项

1)如果户外温度低,汽车起动后首次使用缓速器制动,缓速制动作用会出现滞后。在装备有巡航控制功能的车辆上,当缓速器启动"恒速"功能时,巡航控制功能将自动取消。

2)液力缓速器制动是将整车的动能转化成热能并由发动机循环冷却液将热量散发,当发动机冷却液温度和缓速器油温超过设定值时,缓速器以报警的形式提示驾驶员并先降矩再退出制动。为了更好地发挥液力缓速器功能,在实际使用中,可根据车重、坡度、坡长等因素合理地选择下坡车速和发动机转速,使得缓速器不报警、不退出工作;具体来说,当车辆较重、坡长且陡,此时需提高发动机转速并保持以相对低的车速恒速下坡。

3)无论缓速器手柄处于何种工作档位,变速器一定要保证在合适的前进档(不允许在空档滑行下使用缓速器),以便发动机冷却系统能将制动产生的热量带走(恒速档时发动机转速应不低于1500r/min,同时也要注意防止发动机飞车)。

4)缓速器应该在适时的、路面安全的情况下使用。路面为积雪、冰面、大量积水情况下禁用缓速器,这时使用缓速器存在车辆制动跑偏的隐患,如果使用过程中发现车辆制动跑偏,应关闭缓速器。

5)严禁阶跃拨动缓速器制动档位,以免缓速器制动力矩过大造成制动过猛及车辆跑偏。

6）牵引车在急弯工况下行驶时，禁止使用缓速器。

7）缓速器不能当作驻车制动使用。

8）发动机冷却介质不能用水，以免锈蚀堵塞热交换器而影响热交换能力；缓速器涉水深度不超过其底部；在使用和维修过程中，严禁踩踏/砸压控制阀和热交换器总成。

> 【知识拓展】
>
> 1）为什么在冰雪、雨天及转弯路况不能使用缓速器？
>
> 答：缓速器制动力矩通过传动轴作用在驱动轮上，缓速器只制动车辆驱动轮。在急转弯时使用缓速器制动档，尤其对牵引车，容易引起"推头"。冰雪、雨天路面摩擦系数低，仅靠驱动轮的摩擦力不足以制动整车，使用缓速器制动容易跑偏。
>
> 2）使用缓速器为什么不能一下拉到最高档？
>
> 答：缓速器最高档所提供的制动力矩很大，如果一下拉到最高档，制动力矩过大容易造成危险；缓速器制动档位由低到高制动力矩依次增大，驾驶员应可逐级拨下缓速器制动档位，每档间隔1~2s，以获得不同的制动力矩。
>
> 3）怎样实现下坡恒速？
>
> 答：首先调整车速至想要恒定的车速，保证此时发动机转速在1500r/min以上（可通过降低变速器档位实现），拨缓速器1档即可（推荐缓速器与其他辅助制动装置联合使用，当然在下坡过程中也可使用行车制动）。
>
> 4）为什么使用缓速器时离合器应接合，变速器不得挂空档？
>
> 答：液力缓速器是将车辆动能转化为热能的辅助制动装置，液力缓速器产生的热量由发动机冷却液散发，发动机处于较高的转速时，水泵和散热风扇转速相对较高，有利于整车散热。

知识点2：挂车制动系统

商用车列车的制动系统由牵引车制动系统和挂车制动系统两大部分组成。每一种制动系统又由制动器、制动传动和控制装置组成。挂车制动器通常和牵引车制动器相同，制动传动和控制装置则取决于牵引车的制动形式和拖挂的载荷。

挂车的制动系统除必须具备对一般商用车制动系统要求的减速、驻车功能和制动力大、制动平稳、散热性好等性能外，还须满足下列要求。

1）挂车与牵引车的制动系统应相互关联，工作可靠。

2）牵引车和挂车的制动应协调，即满足一定的制动顺序。例如半挂商用车列车的制动顺序是牵引车前轮、半挂车车轮及牵引车后轮；对于全挂车列车，希望挂车制动略早于牵引车，以免因挂车迟后制动造成列车折叠或甩尾等现象。

3）当挂车意外自行脱挂，制动管路切断时，挂车制动系统应能立即使挂车自行制动。

4）商用车列车满载拖挂时能在16%的坡道上停住；此外，挂车应另设驻车制动系统，以保证脱挂停放时可靠制动。

商用车列车的双管路双回路气压制动系统的工作原理如图8-4-12所示。在双管路制动系统中，挂车的一条主制动管路由牵引车储气筒引出，对挂车的储气筒充气，称为供气管路，管接头往往漆成红色。另一条管路由牵引车的制动控制阀引出，操纵挂车制动阀（又称继动阀或分配阀）。通过挂车储气罐供给挂车制动气室实现制动。这一管路称为操纵管路，管接头一般漆成蓝色。正常行驶时，空压机产生的压缩空气经调节阀2、双回路保护阀3充入牵引车两个储气筒4Ⅰ和4Ⅱ。前者的压缩空气一路进入牵引车前制动阀5；另一路经双管路分别进入挂车制动阀11和充气管路7、紧急继动阀9、挂车储气筒8，牵引车储气筒4Ⅱ的压缩空气则进入牵引车后制动阀5。若有一条回路漏气，双回路保护阀3可使另一条回路保持一定的气压。进行制动时，踩下牵引车制动阀5的踏板，压缩空气经阀5进入牵引车前后制动气室15，同时进入挂车制动阀11的上腔，经操纵管路12，打开紧急继动阀9的进气门，使挂车储气筒8的压缩空气经阀和调载阀10进入挂车制动气室13，实施制动。

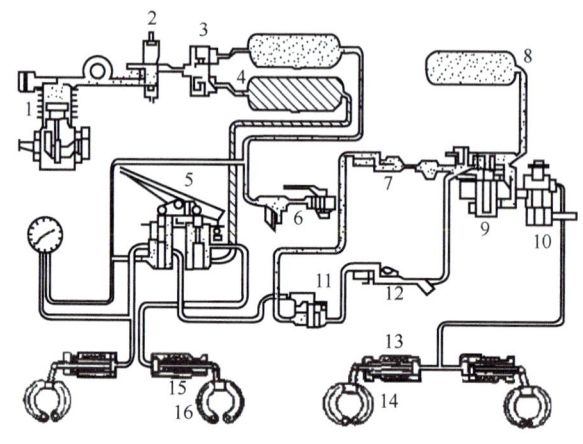

图8-4-12 双管路双回路气压制动系统（含挂车）

1—空气压缩机 2—调节阀 3—双回路保护阀 4—牵引车储气筒（Ⅰ、Ⅱ） 5—牵引车制动阀（前、后）
6—压力保护阀 7—充气管路 8—挂车储气筒 9—紧急继动阀 10—调载阀 11—挂车制动阀
12—操纵管路 13—挂车制动气室 14—挂车制动器 15—牵引车制动气室 16—牵引车制动器

双管路双回路气压制动系统在驾驶室内设有手制动阀，实施挂车的驻车制动，若需要单独解除挂车制动，则要将调载阀放在"松开"位置，挂车意外脱挂时，该系统能将挂车自行制动，压力保护阀6可防止牵引车储气筒压缩空气外泄。

双管路制动系统的挂车储气筒无论列车在行驶或制动时一直处于充气状态，在列车下长坡连续制动时压缩空气也能得到及时的供应，使制动连续、可靠，保证了车辆的安全行驶，这是双管路系统的主要优点。

知识点3：排气制动系统

商用车在坡度较大的道路上长距离下坡行驶时，需要不断进行制动，以使车速不至过高。但频繁地使用行车制动，不仅会使制动器的摩擦片过度磨损，还会使制动器发生热衰退，出现制动失灵的情况。若采用辅助制动系统，则能避免这种情况的发生。排气制动系统为最常见的辅助制动系统，即用发动机的排气制动作为辅助制动，以减轻因频繁使用行车制动而出现的制动器衰退现象，也可避免发动机被动地超转速运行，从而延长了机件的使用寿命。

虽然辅助制动系统能够降低车速或保持车速稳定，但不能将车辆紧急制停。

1. 排气制动应用

排气制动作为辅助制动系统，常应用于矿山或山区公路上行驶的商用车；在行车密度很高、交通情况复杂的城市街道上行驶的商用车；在冰雪泥泞等滑溜路面上行驶的越野车；在高速公路上行驶的商用车。

2. 排气制动原理

使用时，通过操纵排气制动开关，使电磁阀向排气制动阀充气，排气制动阀上的蝶形开关关闭排气管，增加了发动机运转的阻力。在排气制动的控制电路中，由于设置了加速开关和离合器开关，因而在踩加速踏板和离合器踏板时，能自动地解除排气制动。排气制动系统原理如图 8-4-13 所示。图 8-4-14 所示为排气制动装置简图。

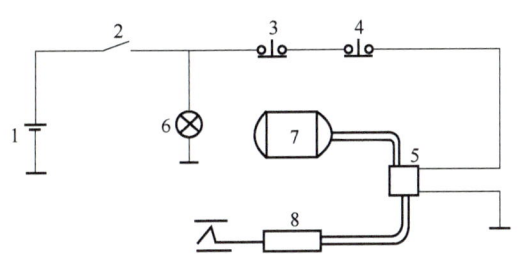

图 8-4-13　排气制动系统原理图

1—电源　2—排气制动开关　3—加速开关　4—离合器开关　5—电磁阀　6—指示灯　7—储气筒　8—排气制动阀

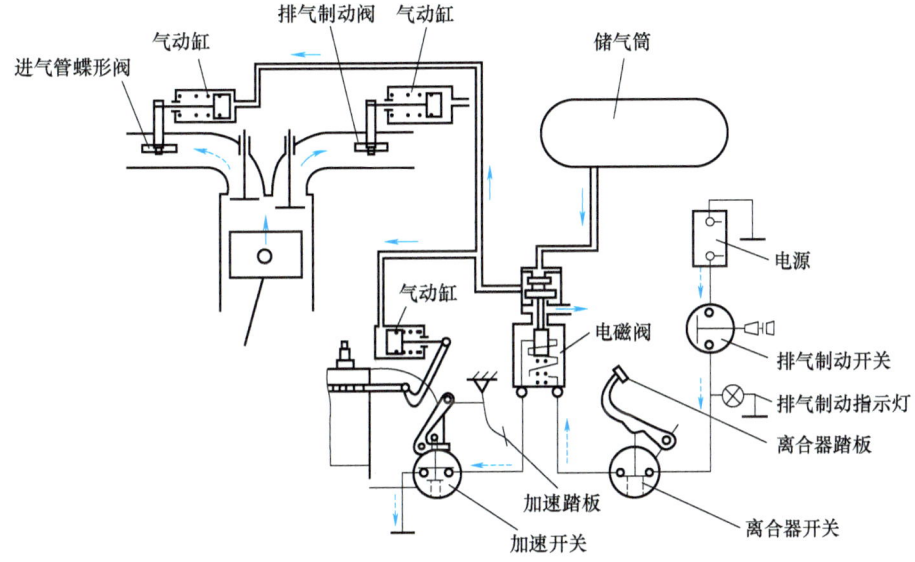

图 8-4-14　排气制动装置简图

参 考 文 献

[1] 叶新娜. 商用车底盘构造与维修 [M]. 北京：化学工业出版社，2018.
[2] 董光，尹力卉. 汽车底盘系统与故障诊断技术 [M]. 北京：机械工业出版社，2022.
[3] 周林福. 汽车底盘构造与维修. [M]. 4版. 北京：人民交通出版社，2019.
[4] 刘文举. 柴油载货汽车故障诊断与检修实例 [M]. 北京：金盾出版社，2016.
[5] 张国彬，董宏国. 东风系列载货汽车构造与维修手册 [M]. 北京：化学工业出版社，2013.
[6] 李清德，汪超. 重型车辆维修 [M]. 北京：机械工业出版社，2020.